Stefan Wischner

OneNote

auf dem iPad

Das inoffizielle Handbuch

Danke an

Karen

Eichenstr. 17

82347 Bernried

Verlag: Selfpublishing

Coverdesign: Norbert Maier, Stefan Wischner

Herstellung: Amazon CreateSpace

ISBN: 978-1517309848

Inhaltsverzeichnis

Vorwort

Ich kann mir zwei Gründe vorstellen, warum Sie sich dieses Buch gekauft haben:

- Sie kennen OneNote schon in einer anderen Version; wahrscheinlich die Desktop-Ausgabe OneNote 2010 oder 2013 für Windows oder OneNote für den Mac. Glücklich darüber, dass es auch eine iPad-App von OneNote gibt, fragen Sie sich, wo die eine oder andere Funktion geblieben ist, wie das mit der Handschrift funktioniert, was es mit der Dokumentenkamera auf sich hat oder wie sich der Webclipper im mobilen Safari nutzen lässt. Ich hoffe, dieses Buch liefert Ihnen die Antworten, die Sie suchen.
- Oder Sie sind OneNote-Neuling und im Apple-Store über die App gestolpert. Oder vielleicht sind Sie ein Evernote-Umsteiger, der eine (die einzige) Alternative ausprobieren möchte. Sie haben OneNote noch nie gesehen und finden die Oberfläche möglicherweise verwirrend. Leider hat sich Microsoft aber jedwede Dokumentation gespart. Auch (und gerade) für Sie habe ich dieses Buch als Starthilfe geschrieben.

Über Feedback, Kritik und Anregungen in Form einer Rezension auf Amazon oder einer Mail an **onenote-secrets@outlook.com** würde ich mich sehr freuen.

Besuchen Sie auch meinen Blog unter www.onenote-blog.de. Hier finden Sie weitere Tipps, Upgrade-Infos und die aktuellsten News zu allen OneNote-Versionen.

Ihr

Stefan Wischner

1. Was ist OneNote?

Wenn Sie sich die iPad-Version von OneNote nicht deshalb besorgt haben, weil Sie das Programm schon auf dem Mac oder unter Windows nutzen (dann können Sie dieses Kapitel auch gerne überspringen), werden Sie sich möglicherweise fragen, wozu OneNote überhaupt gut ist. Eine Ahnung, dass es gut ist, haben Sie aber sicher schon, sonst hätten Sie sich dieses Buch nicht gekauft ☺

Was man nicht im Kopf hat...

...schreibt man eben auf. Dabei hat jeder seine eigenen Methoden und „Medien“. Als Gedächtnishilfe halten vollgekritzelte Schreibtischunterlagen, Post-it-Mosaike am Bildschirmrand, herumliegende Briefumschläge, aber auch gebundene Notizbücher (wie die beliebten Moleskins), College-Ringblocks oder gar Ordnungsmappen her. Die Zahl der Menschen, die statt dessen einen Computer oder Tablet verwenden, dürfte eher gering sein. Dafür gibt es viele Gründe. Auf Nachfrage antworten die meisten mit „so geht's einfach schneller“ oder „ich bin es so gewohnt“.

Ich glaube, es gibt noch einen weiteren: Computer wurden in erster Linie erfunden, um Informationen zu speichern und – noch wichtiger – schnell wiederzufinden. Gerade dabei wären sie der Loseblattsammlung oder dem dicken Notizbuch aus Papier weit überlegen.

Von Anfang an wurde aber praktisch nur Software entwickelt, die Informationen ausschließlich strukturiert und vorsortiert annimmt. Adressverwaltungen und Datenbanken geben meist starre Felder vor; Grafiken müssen ins Grafikprogramm, Fotos in ein Verzeichnis, natürlich aussagekräftig benannt. Jede Form der Textverarbeitung – die ja der klassischen Notiz am nächsten kommt – erfordert ebenfalls eine Organisation in benannten Dateien und ist zudem rein zeilen- und absatzorientiert: Die neue Notiz gehört gefälligst linksbündig unterhalb bereits vorhandenem Text. Und wehe, man vergisst den Speicherort oder – noch schlimmer – das Speichern selbst.

Gängige Computer-Software passt einfach nicht zur Aufgabe, unstrukturierte Informationen festzuhalten – ohne großartige Gedanken über das Wo und Wie. Werden sie gebraucht, müssen sie aber da sein – sofort und ohne Aufwand. Hier kommt OneNote ins Spiel.

Nur ein weiteres Notizprogramm?

Richtig, OneNote ist ein Notizprogramm. Also eine Software, die Merkenswertes festhält. Soweit noch nicht sonderlich aufregend; schließlich steckt eine solche App namens „Notizen" standardmäßig schon in iOS und ist somit auf jedem iPad vorhanden. Die ist – zumindest in der Version für iOS bis 8.x – ziemlich einfach gestrickt.

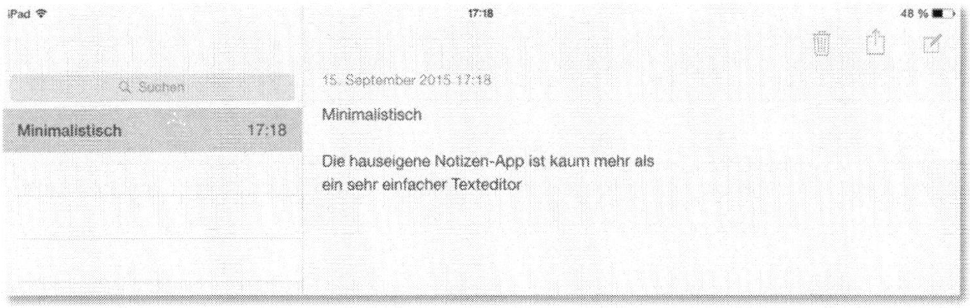

iOS enthält zwar schon eine Notizen-App. Deren Funktionsumfang ist aber eher … übersichtlich. Zumindest bis iOS 8, denn…

Mit iOS 9 kommt eine erweiterte Notizen-App, die auch einfache Checklisten, Bilder und sogar Handschrifteingaben speichert.

Schon wesentlich besser sind spezielle kostenlose oder kostenpflichtige Notiz-Apps für iOS wie zum Beispiel **Notability**, **Noteshelf**, **Paper** oder **Notesuite**. Die lassen sich einfach bedienen, sehen zumeist „sexy“ aus und sind stark auf die handschriftliche Eingabe per Stift ausgelegt. Auch wenn das mangels geeigneter Hardware eigentlich gar nicht die Domäne des iPads ist (siehe Seite 76), kommt diese Eingabemethode dem einen oder anderen Nutzer möglicherweise sehr entgegen.

*Der App-Store hat jede Menge Notizen-Apps zu bieten (Im Bild: **Noteshelf**). Die meisten sind schön anzusehen, aber sehr auf Stifteingabe ausgelegt und wirken mehr wie ein Malkasten.*

Stifteingabe und Handschrift gibt es zwar auch bei OneNote (siehe Seite 75). Es sind aber andere Eigenschaften, mit denen es sich weit von Notability & Co. absetzt:

- OneNote gibt es für nahezu alle namhaften Systeme und Geräte (siehe Seite 17)
- Notizen werden zentral in der Cloud gespeichert und stehen somit auf allen Geräten gleichermaßen zur Verfügung.
- Notizbücher lassen sich freigeben und mit anderen Nutzern teilen – entweder zum Lesen oder sogar zur Teamarbeit. Änderungen werden allen Beteiligten nahezu in Echtzeit angezeigt.

- OneNote speichert so ziemlich alles auf Notizseiten, was sich digital speichern lässt: Texte, Tabellen, Listen, Grafiken, Fotos, Handschrift, Skizzen, Audio, Dokumente, Dateien....
- Manuelles Speichern entfällt. Alle Änderungen und Ergänzungen werden permanent automatisch gesichert.
- Sie dürfen Texte, Bilder und alle sonstigen Objekte beliebig auf einer Notizseite (die wiederum endlos groß sein darf) verteilen und anordnen – eher wie bei einem Grafik- als einem Textprogramm. Oder eben wie bei einer großen Schreibunterlage oder einer Wandtafel.
- Inhalte lassen sich aus vielen anderen iPad-Apps direkt an OneNote senden – etwa zum Festhalten einer Webseite beim Browsen. Sie können sogar Mails an OneNote schicken, um etwas zu notieren oder Nachrichten zum Archivieren weiterzuleiten.
- OneNote kennt mehr als nur eine Ansammlung loser Seiten. Durch seine pfiffige Ordnungsstruktur hilft es bei der Organisation auch sehr umfangreicher Notizsammlungen. Dazu gleich mehr.

> Angesichts dieser Eigenschaften von OneNote schrumpft die Konkurrenz tatsächlich auf ein einziges Produkt zusammen: **Evernote**. Diese Multiplattform-Notiz-App (auch für das iPad erhältlich) ist OneNote in vielen Punkten ebenbürtig, in manchen sogar überlegen und hinkt dafür in einigen anderen hinterher. Hier ist aber nicht der Platz für einen ausführlicheren Vergleich zwischen OneNote und Evernote. Dieser Disput wird an vielen Stellen geführt (im Internet, in Fachzeitschriften...). Dabei gibt es übrigens keinen eindeutigen Sieger. Beide Programme haben ihre Fan-Gemeinde.

Ordnung oder Chaos

Um mit vielen Notizen und Informationsschnipseln umzugehen, haben Sie grundsätzlich zwei Möglichkeiten: Entweder Sie organisieren sich mit sauber getrennten Notizbüchern oder Ringordnern und heften alles säuberlich ab, möglichst mit Trennblättern oder Registern unterteilt und kategorisiert. Oder Sie frönen dem kreativen Chaos, kritzeln auf jedes Stück Papier in Reichweite, werfen alles auf einen Haufen und vertrauen darauf, dass Sie mit ein wenig Suchen früher oder später schon finden, was Sie gerade brauchen.

Das Besondere an OneNote: Es unterstützt beide Arbeitsweisen gleichermaßen und erlaubt sogar, sie miteinander zu vermischen.

OneNote bietet eine klare hierarchische Struktur als Arbeitsgrundlage. Diese Struktur orientiert sich in etwa an einem klassischen Ringbuch mit farbigen Registern bzw. Seitentrennern:

- An oberster Ebene steht das Notizbuch. Es trägt einen frei wählbaren Namen und entspricht dem Ringbuch selbst. Sie dürfen so viele Notizbücher führen, wie Sie möchten.
- Jedes Notizbuch enthält Abschnitte. Sie entsprechen den Registern oder Seitentrennern. Auch die Abschnitte sind frei benennbar. Sie dürfen das Notizbuch in so viele Abschnitte unterteilen wie Sie möchten oder auch nur einen einzigen verwenden. Abschnitte lassen sich jederzeit hinzufügen, löschen, umbenennen oder verschieben – so, wie Sie aus dem Ringbuch die Einlegeblätter umsortieren, neu beschriften oder herausnehmen können.
- Abschnitte lassen sich ihrerseits zu Abschnittsgruppen zusammenfassen. Diese Abschnittsgruppen können ebenfalls Gruppen bilden (beachten Sie den Hinweiskasten auf der nächsten Seite). An dieser Stelle versagt der Vergleich mit dem Ringbuch; über- oder untergeordnete Einlegeblätter sind zwar denkbar, aber in der Praxis nur sehr selten üblich.
- Innerhalb der einzelnen Abschnitte (sozusagen zwischen den Trennblättern) finden sich dann die eigentlichen Notizseiten. Wesentlicher Unterschied zur Papierseite im Ringbuch: OneNote-Seiten dürfen endlos groß sein – es wird Ihnen auf einer Seite nie der Platz ausgehen. So bleibt zusammen, was zusammengehört. Eine Zoomfunktion hilft, die Übersicht zu wahren.
- Außerdem gibt es noch eine Abstufung der Seiten. Wenn Sie möchten, richten Sie Unterseiten oder Unterunterseiten ein, um noch mehr Struktur und Überblick in Ihre Notizen zu bringen.

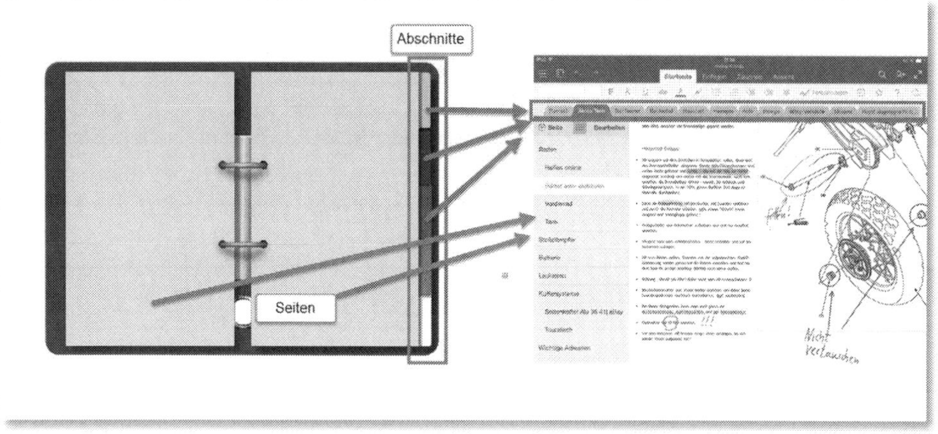

Seiten und Abschnitte übertragen vom Ringbuch-Vorbild

All das ist aber wie gesagt optional. Wenn Sie möchten, arbeiten Sie mit nur einem einzigen Notizbuch, das nur einen Abschnitt enthält und notieren im Extremfall (unübersichtlich, aber möglich) alles, was Sie sich jemals merken möchten, auf einer einzigen riesigen Seite.

In der Praxis werden Sie aber vermutlich beides tun: Neben einer oder mehrerer ungeordneter „Kladden" auch das eine oder andere strukturiertere Notizbuch nutzen. Natürlich können Sie auch jederzeit Seiten oder ganze Abschnitte verschieben – in einen anderen Abschnitt oder sogar in ein anderes Notizbuch. Es spricht also auch nichts gegen eine Arbeitsweise nach dem Muster „erst notieren, später sortieren".

Ganz klar: Je strukturierter die Notizen sortiert sind, um so einfacher ist es später, bestimmte Inhalte einfach durch Blättern wiederzufinden. Genau so, wie Sie einen sauber beschrifteten Ordner aus dem Regal nehmen, dank Register-Trennblättern gezielt den richtigen Bereich aufschlagen und so schnell ein bestimmtes Blatt finden können.

Aber – und hier sind Computer/Tablet und OneNote endgültig vorne – auch mit grober oder komplett ohne Ordnungsstruktur finden Sie jede Notiz dank der Suchfunktion von OneNote sofort wieder. Dabei dürfen die Suchbegriffe nicht nur an beliebiger Stelle der jeweiligen Seiten stehen, und zwar als getippter oder handgeschriebener Text, sondern sogar nur Teil eines Bildinhalts sein.

OneNote: Eine bewegter Lebenslauf

Um OneNote zu nutzen, müssen Sie die Geschichte dieses Programms natürlich nicht kennen und können diesen Abschnitt getrost überspringen. Aber der Blick in die Entwicklungsgeschichte hilft vielleicht dabei, ein wenig zu verstehen, warum manche Dinge so sind wie sie sind und auch warum andere Dinge eben nicht so sind, wie man es sich vielleicht wünscht.

Bitte verzeihen Sie mir, dass der folgende kleine historische Abriss sicher nicht hundertprozentig wasserdicht ist. Er bedient sich nicht nur präziser Recherche-Ergebnisse – in manchen Dingen ist Microsoft alles andere als plauderfreudig. Manches entspringt Beobachtungen und persönlichen Rückschlüssen. Ich bin aber überzeugt, ziemlich richtig zu liegen.

OneNote ist nicht neu, ganz und gar nicht. Tatsächlich gibt es das Programm (ausschließlich für Windows-Rechner) schon seit 2002. Damals gab es die ersten Versuche, so etwas wie Tablet-PCs zu entwickeln. Microsoft lieferte dazu eine angepasste Version des seinerzeit aktuellen Windows, die Windows XP Tablet Edition.

2002: Bill Gates präsentiert einen stiftbedienten Tablet-PC mit angepasstem Windows XP. OneNote sollte die Vorzeigeanwendung werden. (Bild: Reuters)

Jetzt brauchte man ein Vorzeigeprogramm, das die Vorzüge eines Tablet-PCs und der direkten Bedienung per Stift auf einem Bildschirm (kapazitive Displays und damit Fingerbedienung gab es noch nicht) zeigte – am besten irgendwas mit Handschrift oder Zeichnen. Das Notizprogramm OneNote 2003 wurde geboren. Außer Handschriftnotizen konnte man damit auch Bilder, getippte Texte und sogar Sprache festhalten. Ungewöhnlich war das Arbeiten auf einem quasi endlos großen Blatt („Canvas“=Leinwand) und freie Positionieren aller Inhalte. OneNote sollte einem echten Notizzettel näher kommen als herkömmliche Texteditoren.

Die Tablet-PCs floppten, Windows XP for Tablets damit auch. OneNote 2003 wurde zwar zu einem käuflichen Programm mit Microsoft-Logo, fand aber nicht so schrecklich viele Abnehmer. Die Zahl derer, die das Potential dieses Tools auch ohne Stift und Handschriftfunktionen erkannten, war zu klein. Microsoft hielt sich auch mit Marketing-Maßnahmen sehr zurück.

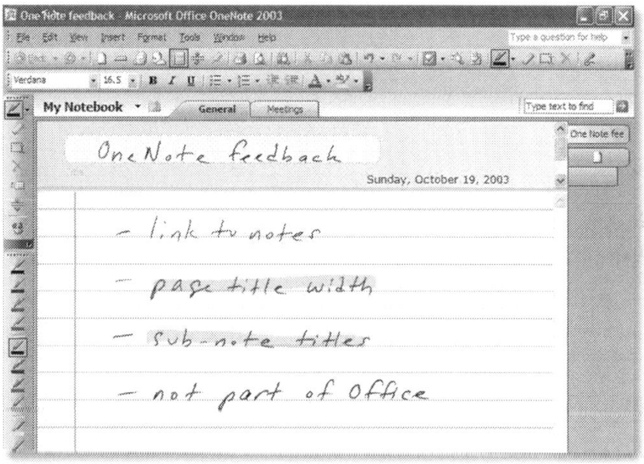

Microsoft hob zunächst nur die Stifteingabe und Handschrifterkennung von OneNote 2003 hervor. Das wahre Potential des Tools erschloss sich nur wenigen.

Erst vier Jahre später gab es ein größeres Update und ein etwas geändertes Oberflächendesign. Wesentliche Neuerung: Notizen ließen sich (zunächst nur via lokalem Netzwerk) mit anderen teilen und gemeinsam quasi in Echtzeit bearbeiten.

Auch OneNote 2007 war als Einzelprodukt erhältlich (der Preis lag so um die 80 Euro), wurde von Microsoft aber auch als Zugabe den MS Office-Paketen beigelegt. Im Schatten von Word, Excel und PowerPoint fristete es ein relativ wenig beachtetes Dasein. Microsoft tat immer noch nicht viel – und das ist freundlich untertrieben – für den Bekanntheitsgrad dieses Software-Kleinods.

Daran änderte sich auch wenig mit den Folgeversionen OneNote 2010 und 2013, jeweils mit den korrespondierenden Neuauflagen von Microsoft Office installiert. OneNote 2010 erhielt via Service-Pack-Update die Möglichkeit, Notizen auch in der hauseigenen Cloud abzulegen (damals noch Microsoft Live). Mit 2013 verschwand dann auch das Einzelpaket – OneNote gab es nur noch als Beigabe zu MS Office 2013. Das Ende eines extrem nützlichen und zugleich dramatisch unterschätzten Microsoft-Produkts schien nah.

Dann kam 2014 und alles wurde anders. Mit der Ablösung an der Unternehmensspitze von Steve Ballmer durch Satya Nadella wandelte sich auch die Strategie und Politik von Microsoft. Statt dem Verkauf von Anwendungssoftware in Schachteln galt ab sofort das neue Credo „Cloud first Mobile first“. Microsoft sieht sich nun mehr als Service-Provider denn als Software-Hersteller; der Windows-Tunnelblick wich einer systemoffenen Politik. Programme und Services auch für Apple- oder Android-Nutzer anzubieten, war kein Tabu mehr.

Aber wie seinerzeit beim unseligen Tablet-Windows fehlte eine „Killer-App“ für die Cloud – eine Vorzeigeanwendung, die das hauseigene OneDrive (das zwischenzeitlich auch unter der Bezeichnung „SkyDrive“ gelaufen war) und OneDrive for Business (SharePoint Online) schmackhaft machen sollte.

OneNote schien dafür perfekt. Also fischte man das Programm aus der Versenkung des Office-Installationsordners, pustete den Staub herunter und gab Gas. In schneller Folge erschienen iPad-App, Android-Version, Ausgaben für den Mac, für Windows Phone, eine rein im Webbrowser laufende Variante und sogar ein funktionsreduzierter kostenloser Ableger von OneNote 2013 nebst einer ganz neuen Tablet-Ausgabe für das junge Windows 8. Gut, die iPad-Version gab‘s schon etwas länger. Deren erste Versionen wirkten aber eher wie eine iOS-Fingerübung mit der Microsoft auch noch versuchte, Geld zu verdienen. Das hierbei eingeführte Freemium-Modell (mehr als 500 Notizen kosteten Geld) wurde aber recht schnell wieder fallengelassen.

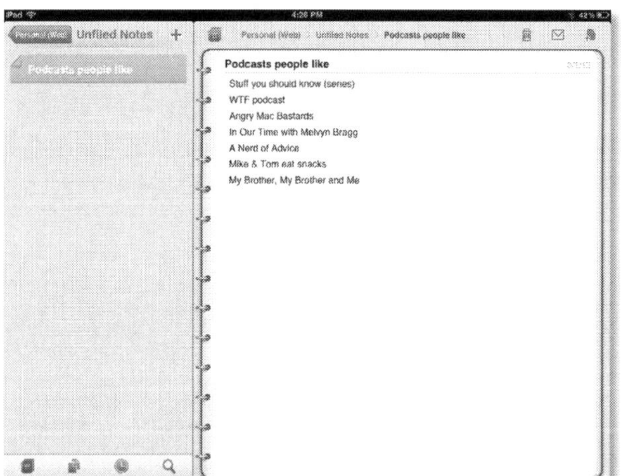

Die ersten Versionen (1.x) der OneNote-App für das iPad sahen nicht nur völlig anders aus. Sie begrenzten die Zahl der erlaubten Notizen auch auf 500. Mehr kostete Geld.

Inzwischen existieren nicht weniger als acht Versionen von OneNote für unterschiedliche Systeme und Geräte, die zwar mit demselben Datenmaterial (sprich: Notizen) umgehen, sich ansonsten aber teilweise extrem voneinander unterscheiden.

Die acht Inkarnationen von OneNote

Neben der in diesem Buch behandelten OneNote-App für das iPad (und seinem nahezu „baugleichen“ Ableger für das iPhone) gibt es sieben weitere aktuelle Ausgaben von OneNote:

OneNote 2013 (Office-Version)

Das ist die (noch) aktuelle Version, die mit Microsoft Office 2013 installiert wird und der direkte Nachfahre des „Ur“-OneNote 2003 (2007/2010). Funktionell hat sich OneNote 2013 gegenüber dem Vorgänger OneNote 2010 nicht wesentlich verändert; ähnlich wenig Bewegung ist für den vor der Tür stehenden Nachfolger OneNote 2016 zu erwarten. Die Office-Ausgaben von OneNote sind nicht nur funktionell die umfangreichsten und bieten zum Beispiel eine enge Verzahnung mit anderen Office-Modulen wie Outlook oder Word. Sie sind auch die einzigen, denen eine begehrte Eigenschaft geblieben ist: Nur sie erlauben das Speichern von Notizbüchern auf der lokalen Platte, im LAN oder auf externen Datenträgern und nicht nur auf OneDrive.

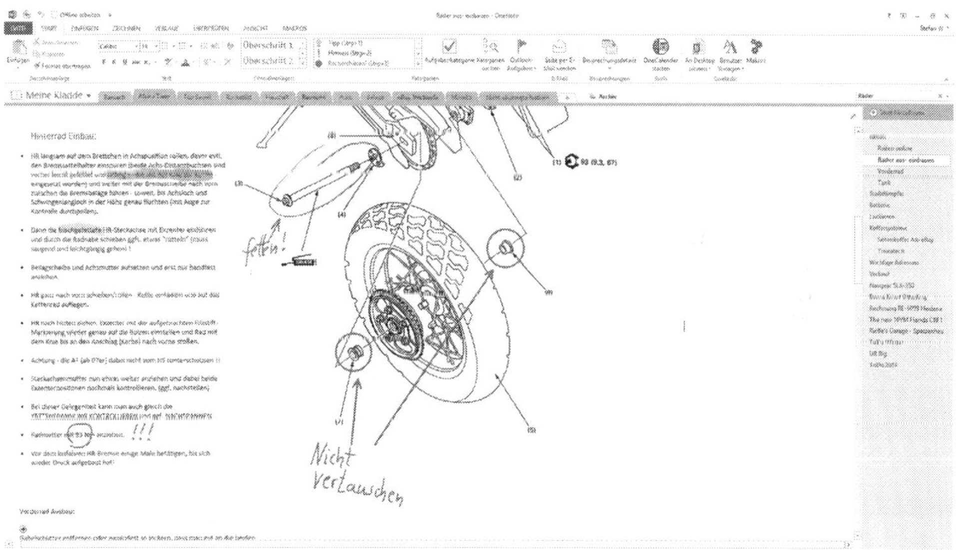

Schon der Umfang des Menüs zeigt: Die Windows-Desktop-Version OneNote 2013 verfügt über den größten Funktionsumfang.

OneNote 2013 (kostenlose Version)

Im März 2014 bot Microsoft überraschend OneNote 2013 völlig kostenlos und unabhängig vom Office-Paket als Download an. Bei näherer Betrachtung fehlten zunächst zwar etliche Funktionen; die hat Microsoft aber im Lauf der nächsten Monate nachgereicht – bis auf eine: Mit dem kostenlosen OneNote 2013 lassen sich nur Notizbücher auf OneDrive speichern und öffnen. Lokale oder LAN-Speicherplätze bleiben gesperrt, das Öffnen von exportierten OneNote-Dateien (.ONE und .ONEPKG) ebenfalls. Auch die Outlook-Anbindung fehlt, aber das macht nichts: Wer Outlook einsetzt, besitzt ohnehin die Office-Version von OneNote.

OneNote Universal App (Windows 10)

Mit dem Erscheinen von Windows 8 (Zusätzliche Touch-taugliche Kachel-Oberfläche, damals bekannt als „Metro", dann „Modern UI") veröffentlichte Microsoft eine zusätzliche OneNote-Spielart. Als reine Windows-8-App im Vollbild, funktionell stark abgespeckt aber mit einem innovativen kreisförmigen Menü (Radial-Menü) gab sie sich besonders Touch-freundlich. Die App (nun „Universal App" genannt) wurde mit Windows 10 stark überarbeitet, verlor zunächst einige weitere Funktionen, die aber nach und nach wieder hinzukamen. Das Radial-Menü jedoch ist und bleibt wohl Geschichte, es bot mit steigendem Funktionsumfang einfach zu wenig Platz, bzw. hätte um zusätzliche Ebenen erweitert werden müssen, was die Bedienung deutlich umständlicher gemacht hätte. Die neue Windows-10-App ähnelt in Optik und Bedienung sehr stark den Versionen für Mac und iPad.

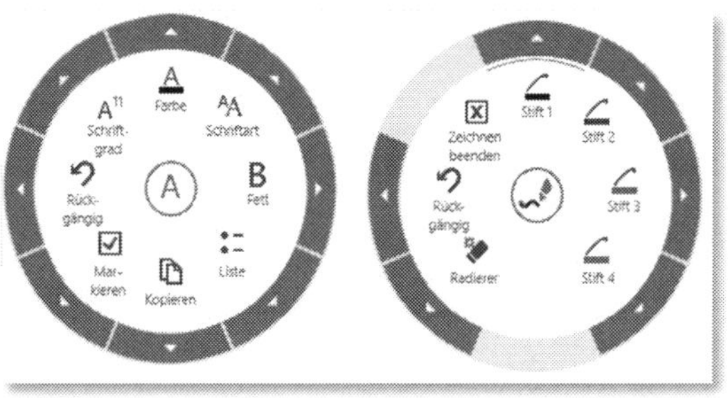

Das für Finger- und Stiftbedienung eigentlich geniale Radial-Menü der Windows-8-App hat es nie auf das iPad geschafft.

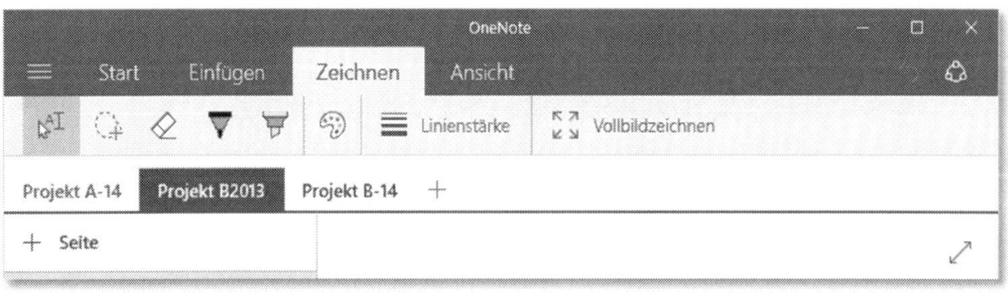

Statt dessen verpasste Microsoft dem Windows-10-Nachfolger eine Benutzeroberfläche mit klassischem Menü, die der iPad-Ausgabe recht ähnlich ist.

OneNote für Mac OS

Zusammen mit dem kostenlosen OneNote 2013 erschien 2014 endlich auch eine Version für den Mac. Leider kommt die im Funktionsumfang nicht annähernd an OneNote 2013 heran. Dafür ähnelt sie stark der iPad-App, so dass gerade Apple-Nutzer keinerlei Probleme beim parallelen Nutzen beider Programme haben dürften.

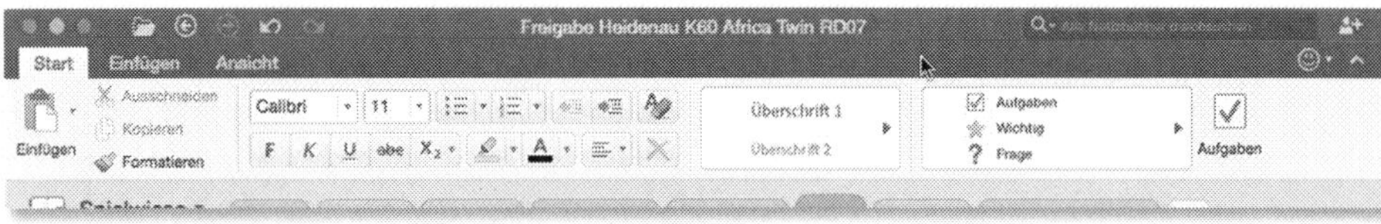

Auch die Oberfläche der Mac-Version orientiert sich am Design der iOS-App.

OneNote Online

Vor allem zum Teilen von Notizen mit Nutzern, die überhaupt kein OneNote besitzen, ist die Web-Ausgabe von OneNote gedacht. Sie läuft in jedem moderneren Web-Browser, kann funktionell aber mit den meisten übrigen Versionen nicht annähernd mithalten. Die Notizenanzeige ist zwar sehr akkurat, aber die Suchfunktion zum Beispiel noch extrem schwach.

OneNote Mobil für Windows Phone 8

Wenig verwunderlich: Auch für das hauseigene Mobil-Betriebssystem Windows Phone 8 gibt es eine OneNote-App. Sehr wohl verwunderlich: Bis heute ist sie die funktionsschwächste – OneNote Online vielleicht ausgenommen. Daran wird Microsoft sehr wahrscheinlich auch nichts mehr ändern, denn die Mobil-Version von Windows 10 steht vor der Tür. Bei der Fertigstellung dieses Buchs gab es zwar vom zugehörigen OneNote noch nichts zu sehen. Es steht aber zu vermuten, dass es sich stark an der Universal App für Windows 10 orientieren wird.

OneNote Mobil für Android

Die ersten OneNote-App-Versionen für Android erschienen in etwa zeitgleich mit der iPad-Ausgabe, unterschieden sich aber in Sachen Optik und Funktionsumfang sehr deutlich von dieser. Das hat sich bis heute nicht geändert. Es scheint, als wäre das Für Android zuständige Entwicklungsteam besonders experimentierfreudig. Sicher der größeren Systemflexibilität von Android zu verdanken sind einige Sonderfunktionen wie zum Beispiel ausgefeilte Widgets für den Startbildschirm oder ein One-Note-Shortcut namens „Floatie", der schnelle Notizen aus jeder App heraus erlaubt. Die Android-App gilt bislang als die instabilste OneNote-Version – sicher auch der unübersichtlichen Hardware-Vielfalt geschuldet.

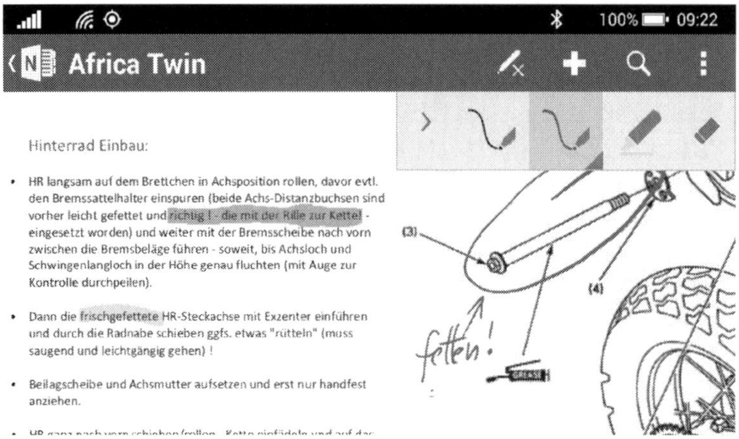

Naturgemäß erfordert schon der kleinere Bildschirm von Smartphones ein geändertes Oberflächen- und Bedienkonzept. Im Bild: OneNote für Android auf einem Samsung Galaxy S3.

> Nur OneNote 2003 bis 2016 für Windows (ausgenommen OneNote 2013 in der kostenlosen Version) funktionieren auch ohne Microsoft-Konto. Sie erlauben auch das Speichern auf der lokalen Platte oder einer Netzwerkfreigabe. Alle anderen Versionen legen Notizbuchdateien nur auf OneDrive ab. Manche unterstützen zudem noch SharePoint Online (auch OneDrive for Business genannt) oder – unter bestimmten Voraussetzungen, wie zum Beispiel ein Office-365-Abo – einen firmeninternen („on premise“) SharePoint-Server.

Das OneNote-Team arbeitet mit Hochdruck an der ständigen Verbesserung und Erweiterung (nahezu) aller Versionen. Die Desktop-Ausgaben für Windows und OneNote Online scheinen dabei in letzter Zeit etwas kürzer zu kommen. Besonders viel Aufmerksamkeit wurde in den vergangenen Monaten neben der Windows-10-App (verständlich) den iOS- und Mac-Versionen zuteil, was bemerkenswert ist.

> Dieses Buch basiert auf der OneNote-App-Version 2.16 vom September 2015. Während Sie es in der Hand halten, könnte der eine oder andere Inhalte durch ein Update veraltet sein. Ich bitte, das nachzusehen. Aktuelle News und Änderungen finden Sie auf meinem Blog unter **www.onenote-blog.de**.

Genug der historischen Exkurse und Marktübersichten. Ab dem nächsten Kapitel gibt’s Praxis pur.

2. Grundlagen und erste Schritte

In diesem Kapitel erfahren Sie, wie Sie nach der Installation der OneNote-App ein Microsoft-Konto einrichten (bzw. ein vorhandenes nutzen) und lernen die Oberfläche und Elemente von OneNote kennen. Außerdem gibt's eine Einführung in die Organisation der Notizen, also die Aufteilung in Notizbücher, Abschnitte und Seiten.

Erster Start und Anmeldung

Es sei einfach mal vorausgesetzt, dass Sie wissen, wie Sie im iTunes-App-Store eine Anwendung finden, herunterladen und auf Ihr iPad installieren. Die folgende Anleitung beginnt an dem Punkt, an dem Sie das neue OneNote-Symbol auf dem Homescreen sehen. Nach dem Start der App geht's so weiter:

1. Zunächst begrüßt Sie eine Reihe von Hinweisfenstern, die in den Nutzen der App einführen sollen. Streichen Sie sie nach rechts weg.
2. Am Ende folgt die Auswahl, ein bestehendes Microsoft-Konto zu nutzen oder ein neues anzulegen. Dieses Konto ist für die Nutzung von OneNote auf dem iPad zwingend notwendig.

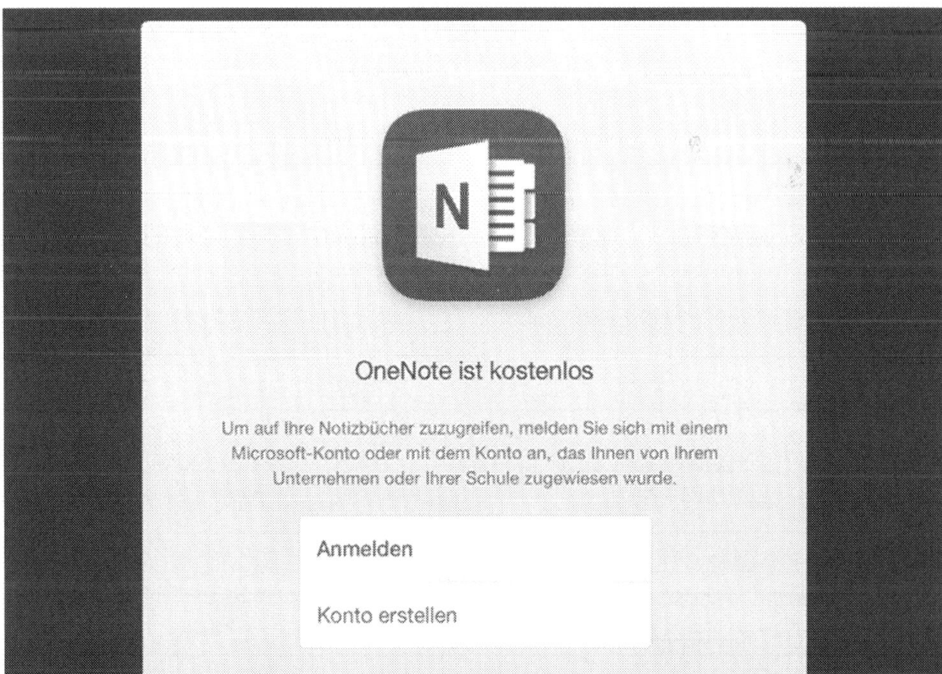

3. Verfügen Sie bereits über ein Microsoft-Konto, tippen Sie auf ***Anmelden*** und machen mit Schritt 8 weiter.

Möglicherweise besitzen Sie schon ein Microsoft-Konto, ohne sich dessen bewusst zu sein. Gültig sind nämlich auch alte Hotmail- oder Windows-Live-Konten. Auch die (Online-) Anmeldung bei Windows ab Version 8 oder ein Xbox-Live-Konto zählen.

4. Wenn Sie noch kein Konto besitzen oder für OneNote ein neues anlegen möchten, tippen Sie auf ***Konto erstellen***.
5. Im folgenden Fenster legen Sie eine existierende E-Mail-Adresse fest, die Sie zur Anmeldung nutzen wollen, tragen ein Kennwort ein und tippen auf Weiter. Tippen Sie zuvor auf ***Weitere Optionen***, öffnet sich ein Fenster, in dem Sie wählen dürfen, sich statt mit einer vorhandenen E-Mail-Adresse (Standardeinstellung) mit einer Mobiltelefonnummer anzumelden oder gleich ein neues Mailkonto bei Microsoft anzulegen.
6. Als nächstes erhalten Sie den Hinweis, dass eine Mail mit einem Zugangscode an die Adresse gesandt wurde, die Sie als Kontonamen benutzen (daher auch keine Phantasieadressen verwenden). Tippen Sie die in der Nachricht erhaltene Zahlenkombination in das Feld ***Code eingeben***.
7. Nach einem weiteren Klick wird Ihr Konto eingerichtet und es geht weiter in OneNote.
8. Haben Sie Ihre Kontodaten richtig eingegeben oder ein neues Konto angelegt (Schritt 5-7), begrüßt Sie ein Fenster mit dem Titel „Alles bereit!". Tippen Sie auf ***OneNote jetzt verwenden***, worauf sich die Benutzeroberfläche öffnet.

Möchten Sie später die Anmeldedaten löschen, um OneNote mit einem komplett anderen Microsoft-Konto verwenden, können Sie das über die Einstellungen des iPad tun. Wählen Sie dort aus der App-Liste den Eintrag ***OneNote***, im rechten Bereich dann ***OneNote zurücksetzen*** und aktivieren Sie den Schalter neben ***Anmeldedaten löschen***. Beim nächsten Start der App werden Sie wieder um die Anmeldedaten eines Microsoft-Kontos gebeten bzw. dürfen ein neues anlegen. Den Notizen auf dem „alten" Konto passiert dabei nichts, sofern sie bereits mit OneDrive synchronisiert wurden. Auch dann nicht, wenn Sie zusätzlich den Schalter ***Alle Notizbücher löschen*** aktivieren. Dabei verschwindet lediglich die lokale Pufferkopie vom Gerät – auf OneDrive bleibt alles erhalten.

Die Benutzeroberfläche

Die Oberfläche von OneNote besteht im Wesentlichen aus vier Bereichen:

- Am oberen Rand finden sich **Menü- und Symbolleiste** für die einzelnen Funktionen und Befehle. Sie lehnt sich stark an die „Ribbon"-Menüs der neueren Ausgaben von Office für Windows an.
- Direkt darunter erstreckt sich die Leiste für die einzelnen **Abschnitte** des aktuell geöffneten Notizbuchs über die gesamte Breite. Sie werden durch farbige Karteireiter repräsentiert, die die jeweilige Abschnittsbezeichnung tragen. Am Anfang ist nur ein Abschnitt namens „Schnellnotizen" vorhanden (Lesen Sie dazu auch den Hinweis auf Seite 25).
- Links steht die **Seitenliste**. Sie listet die im aktuellen Abschnitt enthaltenen Notizseiten mit deren Überschrift und (abschaltbar) einem kurzen Inhaltsabriss auf. An ihrem oberen Rand findet sich das **Seitenmenü** mit einigen Schaltflächen (***+Seite, Bearbeiten***). Längere Seitenlisten scrollen Sie wie gewohnt vertikal mit dem Finger.

In den aktuellen App-Versionen zeigt die Seitenliste standardmäßig ein paar Zeilen als Auszug der jeweiligen Seite an. Das ist praktisch, kostet aber Platz und erfordert viel Scrollen bei längeren Seitenlisten. Tippen Sie das Listensymbol (zwischen ***+Seite*** und ***Bearbeiten***) oben an der Seitenaufstellung an, um auf die kompaktere Darstellung umzuschalten.

- Den größten Platz, nämlich die rechten zwei Drittel belegt der Bearbeitungsbereich für die eigentliche **Notiz**. Haben Sie noch nichts festgehalten, besteht er aus einem horizontalen Strich (über den später die optionale **Titelzeile** kommt), darunter dem Erstelldatum nebst Uhrzeit und ansonsten einer weißen Fläche. Letztere scheint zwar vom Platz begrenzt. Tatsächlich ist sie aber „endlos" groß. Sie können Ihre Notizen nach Belieben in der Höhe und Breite ausdehnen.

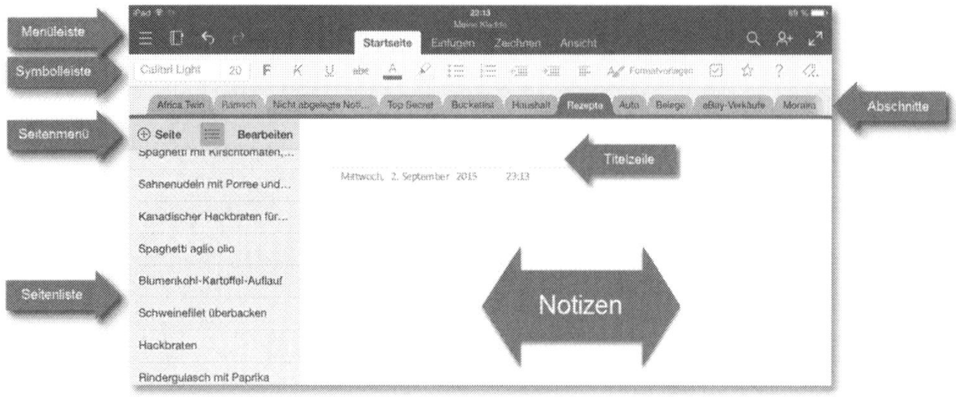

Menü- und Symbolleiste der OneNote-App lehnen sich an die Ribbon-Oberfläche von MS Office auf dem PC (und seit der Version 2016 auch auf dem Mac) an.

Die Menüleiste erinnert an die Ribbon-Menüs von MS-Office plus einige iOS-typische Schaltflächen.

Die Seitenliste wurde erst kürzlich vom rechten an den linken Rand der Oberfläche verschoben. Die Begründung war, dass Rechtshänder bei Handschrifteingaben zu leicht mit dem Handballen versehentlich die Seite wechseln. Aber es gibt ja auch Linkshänder. Darum hat Microsoft mit der OneNote-App-Version 2.16 eine Wahlmöglichkeit eingeführt. Öffnen Sie das Optionen-Menü von OneNote (das „Hamburger-Menü") und dann das Zahnradsymbol, tippen Sie auf ***Schnittstelle*** und dann auf ***Ort der Seitenliste Spiegeln***.

Sowohl die Seitenliste als auch die Leiste mit den Abschnittsreitern lassen sich jederzeit ausblenden, um mehr Platz für das Lesen oder Erfassen von Notizen zu schaffen. Dazu tippen Sie das Symbol in der oberen rechten Ecke an. Es zeigt zwei diagonale Pfeile nach rechts oben und links unten. Ein weiteres Antippen blendet die Abschnitt- und Seitenübersichten wieder ein.

Das Standard-Notizbuch

Beim ersten Start hat OneNote bereits ein leeres Notizbuch mit einem Abschnitt und einer leeren Seite angelegt. Dieses Notizbuch heißt **<Ihr Name>‘s Notizbuch**. Sie können es sofort für Ihre Notizen verwenden oder auch nach Belieben weitere Notizbücher anlegen (mehr dazu ab Seite 30).

Mit diesem Standard-Notizbuch hat es allerdings eine besondere Bewandtnis. Es diente bis vor kurzem noch für alle Inhalte, die „von außen“, also zum Beispiel von anderen Apps (siehe Seite 105) geschickt wurden, als einzig mögliches Ziel – und zwar nur in einem einzigen Abschnitt, nämlich **„Schnellnotizen“**. Der diente also als eine Art Eingangskorb oder „Inbox“. Mittlerweile haben sich iOS und OneNote-Schnittstelle dergestalt erweitert, dass in den meisten Fällen auch beim Senden von außerhalb Zielnotizbuch und –abschnitt frei wählbar sind.

Es steht Ihnen also frei, ob Sie dieses Notizbuch auch für andere Notizen nutzen oder lieber eigene anlegen (Seite 30).

> Sparen Sie sich den Versuch, das Standard-Notizbuch zu löschen! OneNote wird umgehend ein neues, gleichnamiges anlegen.

> Bei der **Namensgebung von Standard-Notizbuch und –Abschnitten** hat sich Microsoft ein wenig „verhudelt“. Die Bezeichnungen des automatisch angelegten Hauptnotizbuchs und des speziellen Abschnitts für schnelle oder nicht einsortierte Notizen haben sich nämlich im Lauf der OneNote-Versionen immer wieder geändert. So hieß das zum Account gehörende Standard-Notizbuch mal „**Persönlich Web**“, dann **„<Name>‘s Notizbuch**“ und aktuell „**Notizbuch von <Name>**“. Der „Inbox“-Abschnitt trug schon Bezeichnungen wie „**Nicht zugeordnete Notizen**“ oder „**Schnelle Notizen**“ und hört aktuell auf den Namen „“**Schnellnotizen**“. In manchen Fällen kann es sogar passieren, dass durch einen Programm- oder App-Update zwei unterschiedliche Abschnitte vorhanden sind, etwa „Schnelle Notizen“ und „Schnellnotizen“ gleichzeitig. Es steht zu hoffen, dass Microsoft in das Namenschaos nun endlich Ruhe hineinbringt.

Seit neuestem dürfen Sie auch ein anderes Notizbuch für den „Inbox"-Abschnitt, also die Schnellnotizen wählen. Die zugehörige Einstellung finden Sie über das „Hamburger"-Menü (die drei horizontalen Striche), dann das Zahnrad antippen und ***Schnellnotizen*** wählen. Sollten Sie allerdings parallel auch mit OneNote 2010/2013 für Windows arbeiten, das eine solche Einstellung auch kennt, kann das System durcheinander kommen. Denn zumindest die Office-Version von OneNote für Windows kann den Abschnitt auch in einem lokalen Notizbuch haben; in dem Fall hätten Sie zwei unterschiedliche „Schnellnotizen"-Abschnitte.

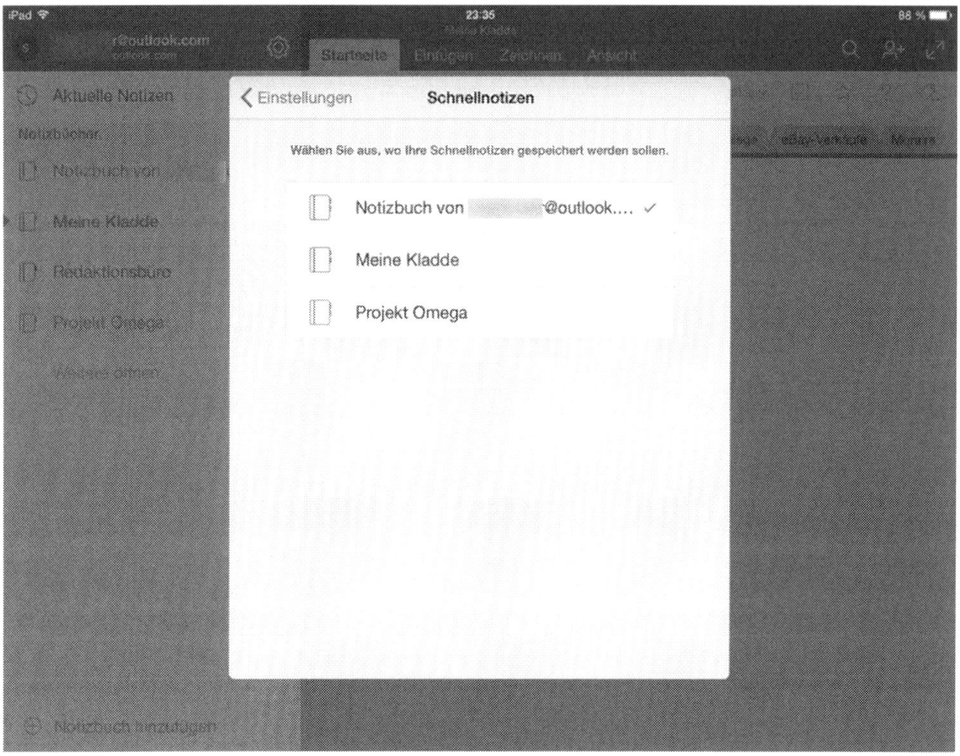

*In den **Optionen** können Sie wählen, welches Notizbuch die Schnellnotizen enthalten soll. Das Notizbuch „Redaktionsbüro" (im Bild links bei den geöffneten Notizbüchern) wird übrigens deshalb nicht angeboten, weil es hier ein freigegebenes Notizbuch (mehr ab Seite 175) ohne Schreibrechte ist.*

Neue Seiten anlegen

OneNote entspricht weniger einem klassischen Notizbuch mit einer begrenzten Anzahl leerer Blätter, sondern vielmehr einem Ringbuch. Sie können neue Seiten nach Belieben hinzufügen:

1. Sollten Sie mehrere Abschnitte im aktuellen Notizbuch verwenden, stellen Sie sicher, dass gerade derjenige Abschnitt angezeigt wird, dem Sie eine Seite hinzufügen möchten.
2. Tippen Sie links in der Seitenliste auf ***+ Seite***. Sofort wird ein weiterer Eintrag mit der Bezeichnung „Seite ohne Titel“ an die Liste angehängt. Sobald sie eine Überschrift in das vorgesehene Feld am Anfang der Seite eintragen, taucht diese auch in der Seitenliste auf.

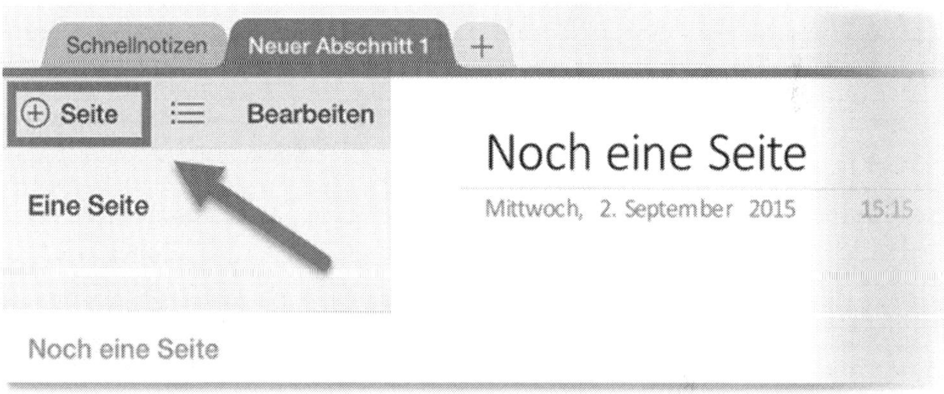

Der unterhalb des Seitentitels automatisch eingetragene Zeitstempel zeigt immer Datum und Uhrzeit der Seitenerstellung, nicht der letzten Bearbeitung. Er lässt sich in der aktuellen iPad-Version von OneNote weder ändern noch ausblenden.

Möchten Sie eine Seite später umbenennen, ändern Sie lediglich den Seitentitel oben in der Notiz. Die Bezeichnung in der Seitenliste ändert sich automatisch mit.

Fast schon selbstverständlich für eine Tablet-App: Ist die Seitenliste zu lang geworden, lässt sie sich natürlich per Wischgeste vertikal scrollen.

Seiten lassen sich in OneNote nachträglich zu Unterseiten oder Unterunterseiten erklären, um weitere Ordnungsstufen in die Liste zu bekommen – zumindest optisch. Wie das geht, lesen Sie auf Seite 149.

Neue Abschnitte anlegen

Einen neuen Abschnitt (in der Ringbuch-Analogie also ein neues Zwischen- oder Registerblatt) legen Sie so an:

1. Tippen Sie das Pluszeichen rechts vom ganz rechten Abschnittsreiter an.
2. Es erscheint ein neuer Reiter mit der Bezeichnung „Neuer Abschnitt“. Dieser ist automatisch markiert und die Bildschirmtastatur öffnet sich. Tippen Sie den gewünschten Namen ein und dann auf ***Fertig***. Die Breite des Abschnittsreiters passt sich automatisch der Namenslänge an.

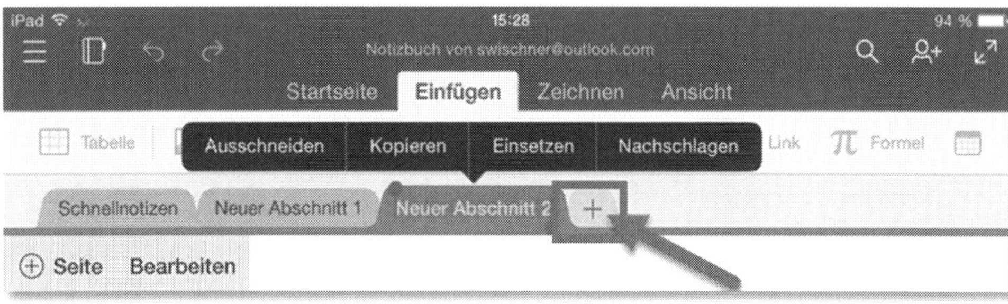

Die Farbe, die der neue Abschnittsreiter und die Seitenliste erhalten, ist zufällig. In der aktuellen App-Version lässt sie sich nicht ändern. Das geht aber problemlos in OneNote (2010, 2013, 2016) für Windows und auch in der Mac-Version. Weisen Sie dem Abschnitt dort eine andere Farbe zu, wird die auch korrekt in der iPad-App dargestellt.

Sie haben sich vertippt oder möchten einen Abschnitt später umbenennen? Kein Problem: Tippen Sie den entsprechenden Reiter kurz an und wählen aus dem Kontextmenü ***Umbenennen***. Die Tastatur erscheint und Sie können den Namen überschreiben.

Abschnittsgruppen

Außer Unterseiten kennt OneNote noch eine weitere Hierarchiestufe für die Organisation: Abschnitte lassen sich zu Abschnittsgruppen zusammenfassen. Mehrere Abschnittsgruppen können wieder eine Gruppe bilden, so dass praktisch Ordnerstufen beliebiger Tiefe erzeugt werden können. Spätestens hier versagt das schöne Vergleichsbild mit dem Ringbuch – außer, man stellt sich unendlich viele Zwischenblätter oder Register unterschiedlicher Größe und Ordnung vor.

Zu Abschnittsgruppen auf dem iPad gibt es eine gute und eine schlechte Nachricht. Die schlechte zuerst, denn von der werden Sie in diesem Buch noch öfter lesen:

Das Anlegen von Abschnittsgruppen ist eine der vielen Funktionen, die der iOS-Version von OneNote (und viele der anderen Versionen auch) vorenthalten bleibt. Zumindest beim aktuellen Stand der App.

Jetzt die gute Nachricht: Vorhandene Abschnittsgruppen, wie sie derzeit übrigens nur die Desktop-Versionen für Windows (OneNote 2010/2013/2016) und OneNote für den Mac erzeugen können, werden auf dem iPad korrekt angezeigt.

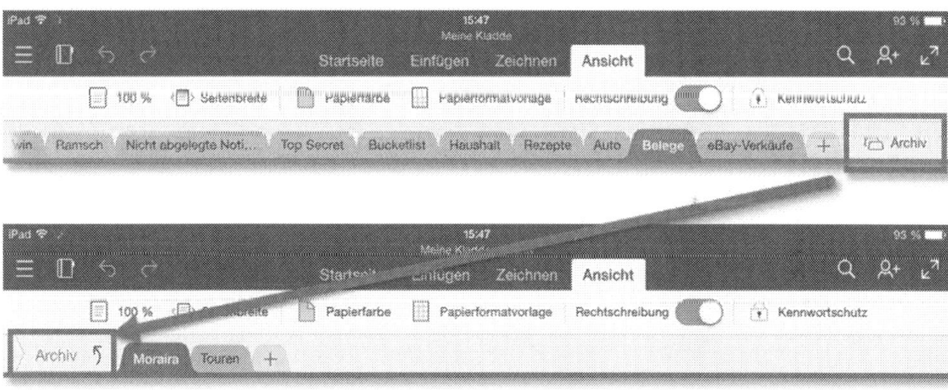

Abschnittsgruppen *stehen rechts neben den Abschnittsreitern und lassen sich durch Antippen öffnen. Sie funktionieren dann in etwa wie ein eigenes Notizbuch. Durch Antippen des Namens mit dem gebogenen Pfeil ganz links kommen Sie wieder eine Ebene höher.*

> Sie können in Abschnittsgruppen blättern, neue Abschnitte hinzufügen und vorhandene Abschnitte verschieben – in eine Gruppe, eine Ebene höher oder auch in ein anderes Notizbuch. Wie das geht, steht auf Seite 154.

Chronologische Seitenliste

Mit einem der jüngeren Updates der App hat Microsoft eine neue Funktion hinzugefügt, die sogar dem „großen Bruder" OneNote 2010/2013 fehlt: Anstatt einer Aufstellung aller im aktuellen Notizbuch und Abschnitt enthaltenen Seiten kann die Liste links auch die zuletzt erfassten oder bearbeiteten Notizen anzeigen – chronologisch absteigend sortiert und auch über mehrere Notizbücher hinweg. Das ist enorm praktisch, wenn man zum Beispiel nicht genau weiß, wo man unlängst eine Notiz einsortiert hat. Oder beim Senden von Informationen aus einer anderen App oder dem Webbrowser – kein umständliches Suchen nach dem Abschnitt „Schnelle Notizen".

Auf die Anzeige zuletzt erfasster oder bearbeiteter Notizen schalten Sie so um:

1. Tippen Sie ganz links oben das „Hamburger-Menü" (das Symbol mit den drei horizontalen Linien) an.
2. Oberhalb der Liste geöffneter Notizbücher findet sich der Menüpunkt ***Aktuelle Notizen*** mit einem vorangestellten Uhrsymbol. Tippen Sie ihn an, um eine Liste zuletzt bearbeiteter Notizen zu öffnen.

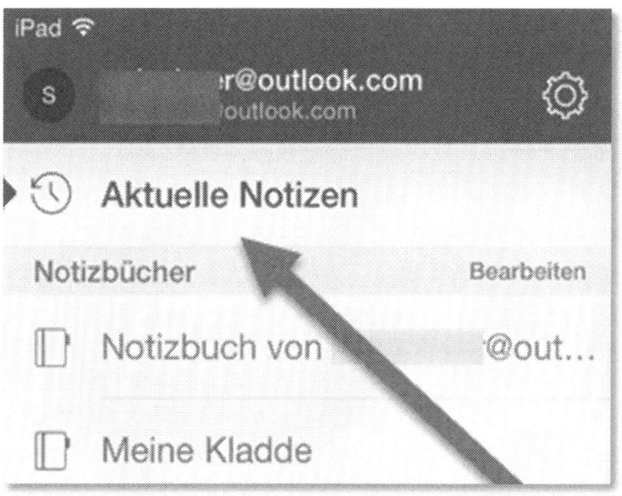

Natürlich können Sie wie in der herkömmlichen Seitenliste einen beliebigen Eintrag antippen, um das zugehörige Notizbuch an der richtigen Stelle aufzuschlagen.

Zurück in die konventionelle Seitenliste geht es nur durch Antippen eines Notizbucheintrags. Ein Hin- und Herschalten ist nicht vorgesehen; die App merkt sich nämlich nicht, welches Notizbuch Sie vor der Umschaltung auf die chronologische Seitenliste geöffnet hatten.

Ein neues Notizbuch anlegen

Es spricht zwar nichts dagegen, dass Sie alles, was Sie notieren möchten, künftig in dem einen Standardnotizbuch (siehe Seite 25) festhalten. Schließlich können Sie so viele Abschnitte und Seiten verwenden, wie Sie möchten.

Sie können aber auch nach Belieben weitere Notizbücher anlegen. Wie Sie sich organisieren, bleibt ganz allein Ihnen überlassen. Einige Gründe (z.B. Speicherplatz auf dem iPad, Freigeben von Notizen, siehe Seite 175) sprechen aber dafür, mit zumindest ein paar getrennten Notizbüchern zu arbeiten. Das Hinzufügen weiterer Notizbücher ist ganz einfach:

1. Tippen Sie das Hauptmenü („Hamburger-Menü"; die drei horizontalen Striche links oben) an.
2. Wählen Sie ganz unten den Menüpunkt ***Notizbuch hinzufügen***.
3. Es öffnet sich ein Dialogfenster, in dem Sie dem Notizbuch unter ***Name*** eine beliebige Bezeichnung geben.
4. Die Einstellung ***Speicherort*** lässt sich nur ändern, wenn Sie mehrere Konten (z.B. auf SharePoint Online in Verbindung mit Office 365) eingerichtet haben. Im Normalfall steht sie fest auf OneDrive persönlich.
5. Tippen Sie auf ***Erstellen*** – das war's schon.

Das neue Notizbuch wird auf OneDrive eingerichtet und sofort in der App geöffnet.

Notizbuch öffnen / wechseln

Sie können mehrere Notizbücher gleichzeitig geöffnet halten, obwohl Sie natürlich nur eines zur selben Zeit anzeigen und bearbeiten. „**Geöffnetes** Notizbuch" bedeutet bei OneNote, dass die Inhalte der entsprechenden Notizbücher auf das iPad geladen und mit der Cloud-Version synchronisiert sind. Alle aktuell geöffneten Notizbücher finden sich in der Liste, die beim Antippen des „Hamburger-Menüs" erscheint.

Zwischen diesen Notizbüchern können Sie relativ schnell, d.h. ohne Ladezeiten wechseln. Dabei schließen Sie noch kein Notizbuch, sondern schieben es quasi nur beiseite. Dieser Wechsel funktioniert auch ohne aktive Internetverbindung.

Wenn Sie dagegen ein Notizbuch explizit **schließen**, verschwindet es aus der Liste und damit auch die Offline-Kopie der Inhalte aus dem iPad-Speicher. Um es (von OneDrive) wieder zu öffnen, benötigen Sie eine Internet-Verbindung und – je nach Umfang der Notizen – etwas Geduld. Alle Inhalte müssen nämlich erneut geladen werden.

So wechseln Sie zwischen offenen Notizbüchern:

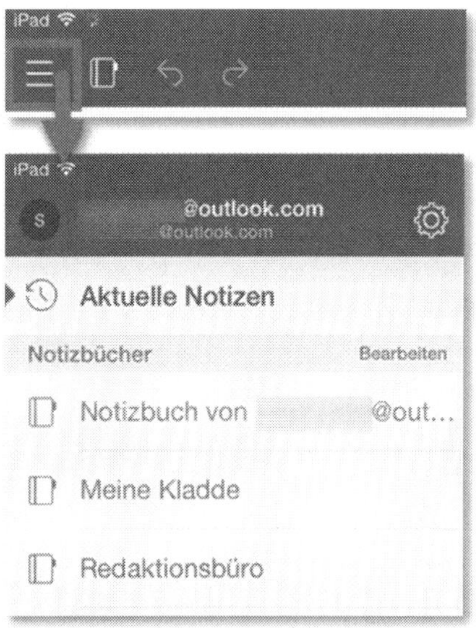

Das Hauptmenü mit den drei horizontalen Linien hat sich aufgrund seines Aussehens vielerorts als „Hamburger-Menü" etabliert.

Um hingegen ein Notizbuch (von OneDrive) zu öffnen, das gar nicht in der Liste steht, geht das so:

1. Tippen Sie ganz unten in der Notizbuchliste auf ***Weitere öffnen...***
2. Es erscheint eine zweigeteilte Liste in einem eigenen Fenster. Der obere Bereich zeigt die zuletzt geöffneten Notizbücher, der untere alle auf dem zum Konto gehörenden OneDrive-Speicher verfügbaren. Auch von Dritten freigegebene Notizbücher (mehr ab Seite 175) tauchen in dieser Liste auf. Tippen Sie einfach den Eintrag des Notizbuchs an, das Sie öffnen möchten.

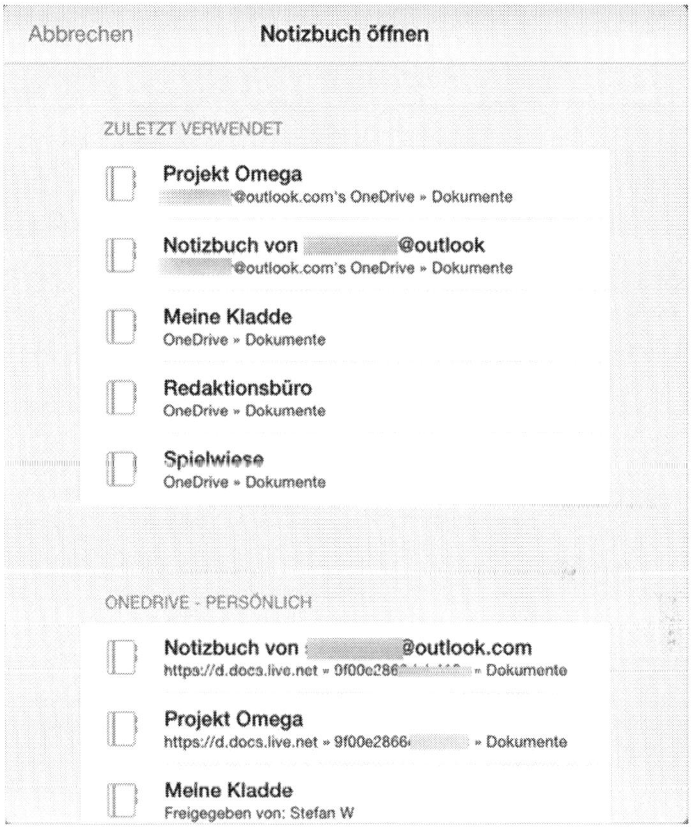

> Da einige Funktionen der App, wie zum Beispiel die Suche über mehrere Notizbücher hinweg (Seite 135) nur mit geöffneten Notizbüchern funktionieren, sollten Sie zumindest die regelmäßig genutzten offenhalten. Allerdings verbraucht jedes offene Notizbuch Speicherplatz auf dem iPad.

Notizbuch schließen

Möchten Sie ein Notizbuch (oder mehrere) schließen, geht das folgendermaßen:

1. Öffnen Sie das „Hamburger-Menü" ganz links oben.
2. Es erscheint eine Liste aller geöffneten Notizbücher; das aktuell angezeigte ist mit einem kleinen Dreieck links vom Namen markiert:

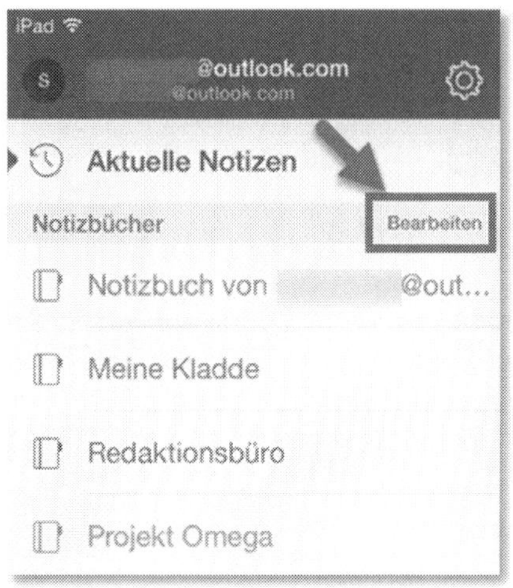

3. Tippen Sie oberhalb dieser Liste auf ***Bearbeiten***. Die Listendarstellung ändert sich ein wenig: Jedem Eintrag ist nun ein roter gefüllter Kreis mit einem Minuszeichen darin vorangestellt:

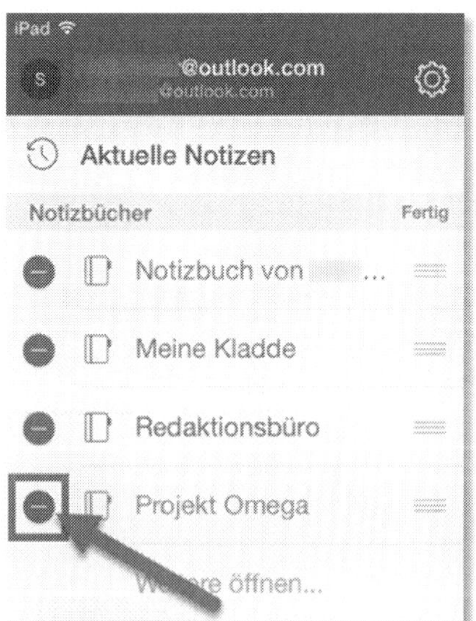

4. Um ein bestimmtes Notizbuch (egal, ob das aktuell bearbeitete oder ein anderes) zu schließen, tippen Sie auf dieses Minuszeichen vor dem entsprechenden Eintrag. Der Listeneintrag rutscht nach links und lässt die Schaltfläche ***Schließen*** erscheinen.

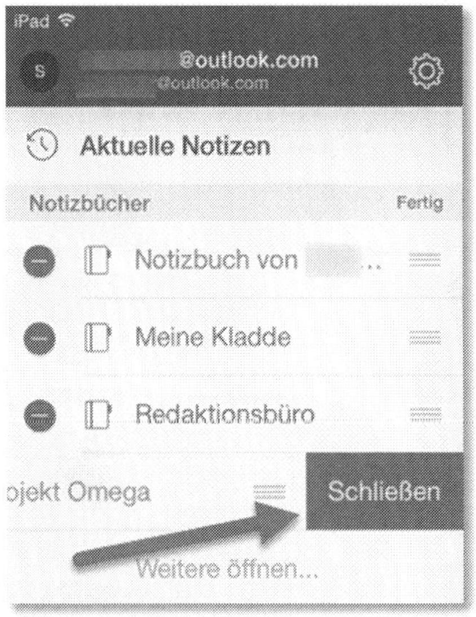

5. Tippen Sie die an, um das Notizbuch zu schließen. Es verschwindet umgehend aus der Liste.
6. Genauso verfahren Sie mit weiteren Notizbüchern, die Sie schließen möchten. Abschließend tippen Sie auf ***Fertig*** oder in irgendeinen Bereich außerhalb der Liste.

> Überlegen Sie gut, ob Sie das Notizbuch wirklich schließen wollen. Um ein geschlossenes Notizbuch wieder zu öffnen, benötigen Sie eine Internet-Verbindung. Auch kann das Öffnen bei umfangreichen Notizbüchern entsprechend lange dauern. Schließlich müssen alle Inhalte, auch Bilder und angehängte Dateien, aus dem Netz heruntergeladen werden. Das dabei entstehende Datenaufkommen lässt es auch ratsam erscheinen, große Notizbücher (die **nicht** geöffnet sind, also nicht bereits in der Notizbuchliste des Gerätes stehen) nur bei aktiver WLAN-Verbindung und nicht per Mobilfunknetz zu laden.

Das OneNote-Widget

In der Mitteilungszentrale, die Sie auf dem iPad jederzeit durch einen Wisch vom oberen Bildschirmrand nach unten erreichen, lässt sich neuerdings auch OneNote mit einigen wichtigen Shortcuts einrichten. Sie aktivieren dieses „Widget" direkt in der Mitteilungszentrale:

Öffnen Sie die Mitteilungszentrale durch einen Wisch vom oberen Bildschirmrand nach unten. Es spielt keine Rolle, welche App gerade geöffnet ist.

1. Tippen Sie ganz unten auf ***Bearbeiten***.
2. Aus der Liste verfügbarer Widgets aktivieren Sie OneNote durch Antippen des nebenstehenden Pluszeichens.

Danach stehen Ihnen in der Mitteilungszentrale folgende Funktionen als Schnellzugriff zur Verfügung:

- ***Notiz:*** Neue (leere) Notiz
- ***Foto:*** Neue Notiz mit Bild von der Kamera
- ***Liste:*** Neue Notiz mit Checkliste

Darunter sind die zuletzt bearbeiteten oder erfassten Notizen aufgelistet. Wenn Sie diese Liste nicht möchten, lässt Sie sich abschalten. Dazu tippen Sie in der OneNote-App das „Hamburger-Menü" links oben an, dann das Zahnradsymbol und dann auf ***Erweiterungen***. Bewegen Sie den Schiebeschalter des derzeit einzigen Eintrags ***Aktuelle Notizen anzeigen*** nach links.

Neue Funktionen in iOS 9

Ganz knapp vor Fertigstellung dieses Buchs stellte Apple seine neue Mobilsystem-Version iOS 9 bereit. Praktisch zeitgleich lieferte Microsoft auch ein Update der OneNote-App auf Version 2.16 und war somit einer der ersten Dritthersteller, der einige der neuen Schlüsselfunktionen von iOS direkt unterstützte:

Spotlight-Suche

Die systemübergreifende Suche nach Begriffen, von Apple „Spotlight" getauft, berücksichtigt nun auch OneNote-Notizinhalte. In der Trefferliste taucht OneNote als eigener Abschnitt auf. Tippen Sie einen Eintrag darin an, öffnet sich die entsprechende Seite in der OneNote-App. Damit das funktioniert, muss in den iPad-Einstellungen unter ***Allgemein*** – ***Spotlight-Suche*** der Eintrag für OneNote aktiviert sein. Standardmäßig ist das aber bereits der Fall.

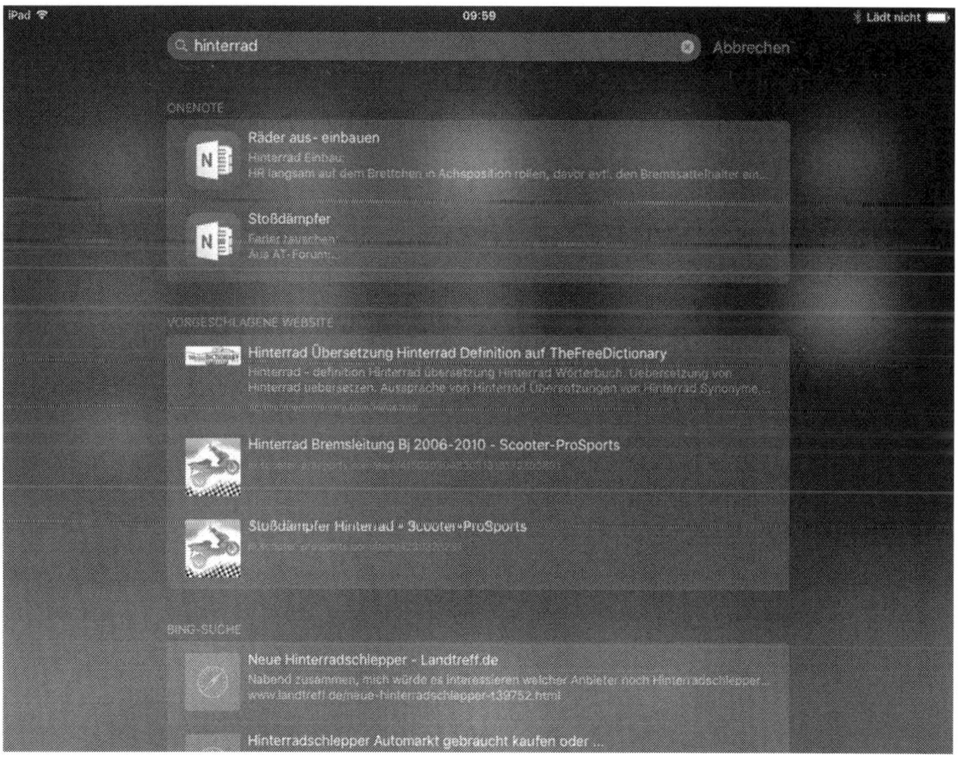

OneNote-Notizen werden nun auch via Spotlight gefunden.

Side-by-Side-Ansicht und Slide-over

Apple hat bei iOS 9 einige Multitasking-Optionen erweitert. So lassen sich nun zwei Apps nebeneinander auf den Bildschirm bringen. Das klappt allerdings nur mit Apps, die für diese Funktion angepasst sind. Zur Einführung von iOS 9 waren das nur eine Handvoll Apple-eigener Apps und eben die neueste OneNote-Version.

Wenn Sie also zum Beispiel einen Text im Browser lesen und sich schnell etwas notieren möchten, wischen Sie einfach vom rechten Bildschirmrand zur Mitte. Beim ersten Mal öffnet sich eine Auswahlleiste mit App-Symbolen.

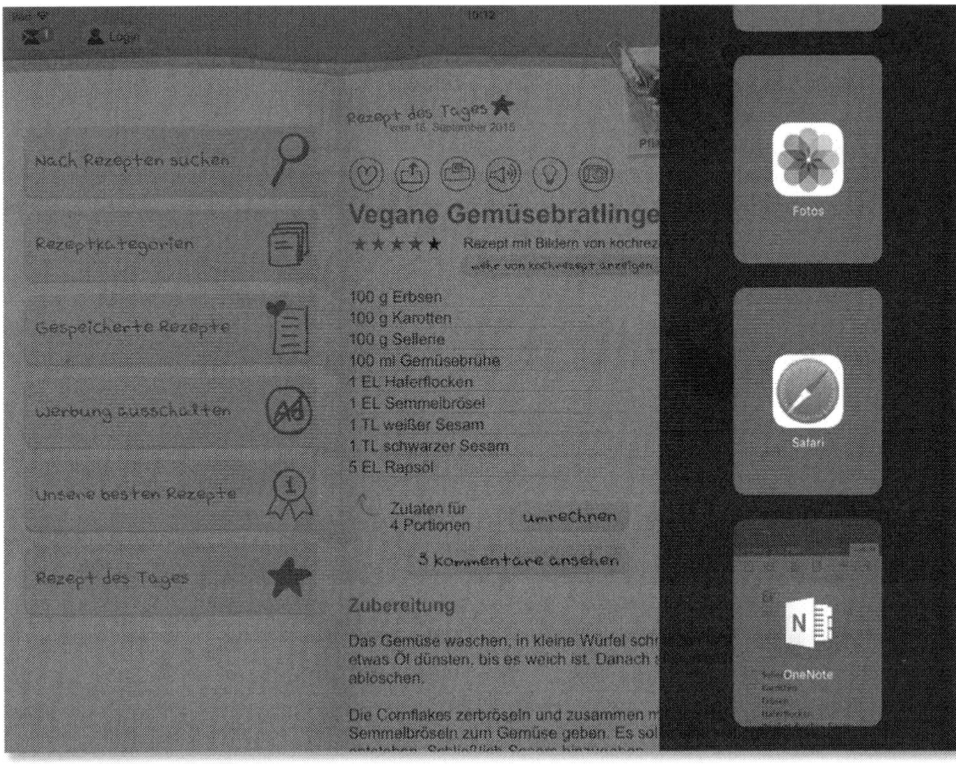

Bislang werden für die Seiteneinblendung nur wenige Apple-Apps unterstützt. Die Liste wird sicher schnell wachsen; OneNote ist aber von Anfang an schon dabei.

Die entsprechende App wird dann in einer Art Kompaktdarstellung im rechten Bildschirmdrittel eingeblendet und der Rest des Bildinhalts abgedunkelt.

Wischen Sie noch einmal von rechts nach links, teilen sich beide Apps den Bildschirm zu je 50% Breite.

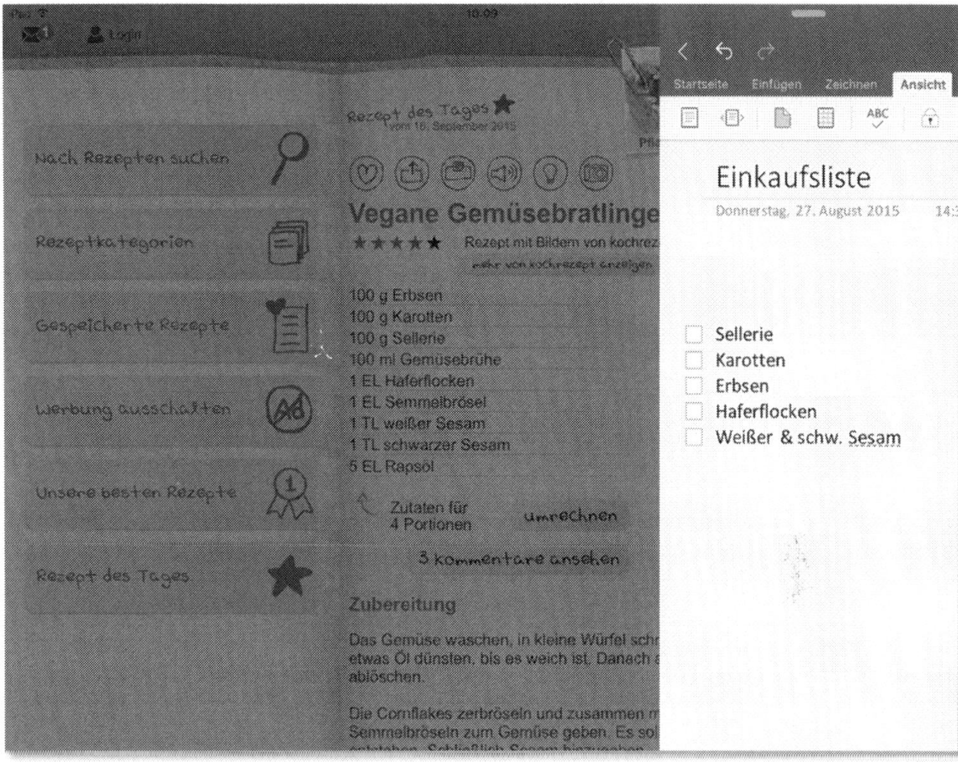

In der rechts eingeblendeten OneNote-App machen Sie sich Notizen, ohne die Haupt-App (hier das Kochbuch links) zu verlassen.

> Die 50/50-Teilung funktioniert nur bei neueren Geräten, namentlich ab dem iPad Air 2. Die 2/3 – 1/3 Teilung dagegen klappt auch mit etwas älteren Modellen, zum Beispiel der ersten Generation des iPad Air.

Die zusätzlich eingeblendete App lässt sich normal bedienen, wenngleich mit reduzierten oder angepassten Menüs. Wählen Sie ***OneNote*** aus der Liste, können Sie sich also „Seitennotizen" machen und per Fingertipp wieder zur Haupt-App wechseln.

> Beim nächsten Mal wird übrigens automatisch die zuletzt verwendete App eingeblendet – Sie müssen also OneNote nicht erneut aus der Liste wählen. Um eine andere App zu wählen, bringen Sie die Auswahlliste durch einen Wisch vom oberen Rand der „Neben-App" wieder hervor.

Auch wenn diese Erweiterung stark an die entsprechenden Funktionen von Windows 8 / 10 erinnert – ein Kopieren von Inhalten per Drag & Drop ist nicht möglich; das ist im iOS-Bedienkonzept nicht vorgesehen. Stattdessen müssen Sie auch bei der Side-by-Side-Anzeige den Weg über die Zwischenablage nehmen.

Touchpad-Modus und Shortcuts an der Tastatur

Nichts mit dem OneNote-Update zu tun haben, aber in der OneNote-App nutzbar sind einige neue Funktionen der iOS-Bildschirmtastatur. So gibt es jetzt Einfügen- und Undo-Schaltflächen am oberen linken Rand des Keyboards und welche für Fett- und Kursiv-Schrift oben rechts. Außerdem lässt es sich durch eine 2-Finger-Wischgeste in einen Touchpad-Modus versetzen. Die gesamte Tastenfläche wird dann grau dargestellt und Sie können den Cursor auf der Notizseite verschieben wie mit einem Notebook-Touchpad. Das ist gerade beim Markieren oder Korrigieren von vorhandenen Texten etwas weniger fummelig als das Hantieren mit der Bildschirmlupe.

An der Tastatur finden sich nun Symbole für Rückgängig, Einfügen und wichtige Textauszeichnungen.

Ein spezieller Touchpad-Modus blendet die Tastaturbeschriftungen aus und erlaubt das Verschieben des Cursors mit dem Finger – wie auf einem Notebook.

3. Notizen erfassen

Das Erfassen von Notizen funktioniert in der OneNote-App für das iPad ganz ähnlich wie bei der Office-Version für Windows. In einigen Punkten weicht der Editor allerdings von dem in OneNote 2010 / 2013 ab. In diesem Kapitel lernen Sie, wie Sie Informationen eintippen, aus anderen Apps oder Cloud-Speichern importieren und mit einem Stylus oder dem Finger zeichnen, markieren und schreiben.

Textnotizen eingeben

OneNote speichert eine Vielzahl unterschiedlicher Datenformate. Die meisten Notizen werden jedoch höchstwahrscheinlich aus Text und Zahlen bestehen. Texte lassen sich in OneNote wie in jeder anderen App auch per Bildschirmtastatur oder mit einem externen Keyboard eintippen. Es gibt allerdings eine Besonderheit:

Die allermeisten Texteditoren, zum Beispiel der vom Mailprogramm, arbeiten zeilenorientiert. Das heißt: Sie können neuen Text nicht frei auf der Seite positionieren, sondern nur an vorhandene Absätze anhängen, ihnen voranstellen oder darin einfügen. Vertikalen Abstand schaffen Sie mit Leerzeilen. Zwei oder mehr Absätze nebeneinander hingegen funktionieren entweder gar nicht oder nur mit Tabulator- oder Tabellenakrobatik. Nicht so bei OneNote: Texte (und andere Objekte wie Tabellen oder Bilder) stecken in so genannten Containern. Das sind rechteckige Bereiche, die sich völlig frei auf einer Notizseite platzieren lassen, wie etwa in einem Grafikprogramm. Nur innerhalb dieser Container gelten die bekannten Absatzregeln.

Um eine Textnotiz zu erfassen, tippen Sie zunächst die Stelle an, an der der zugehörige Container stehen soll. Dort erscheint dann ein blinkender Cursor und die Bildschirmtastatur klappt auf (wenn kein externes Keyboard angeschlossen ist).

Bei der Eingabe und immer, wenn Sie den Cursor in einen vorhandenen Container setzen, wird dessen Rahmen angezeigt. Ansonsten wird er ausgeblendet.

Alle Elemente einer Notizseite, auch Textabsätze, stecken in frei positionierbaren Rahmen. Nur der gerade bearbeitete Rahmen wird mit Begrenzungslinien angezeigt.

Wählen Sie ggf. noch die Schriftart und -größe (siehe nächster Abschnitt) und tippen drauflos. Der Container passt sich automatisch an den benötigten Platz an. Solange Sie keine Zeilenschaltung eingeben, wird er immer breiter.

Im Gegensatz zu den Windows- und Mac-Versionen von OneNote erlaubt die iOS-App (noch?) **kein nachträgliches Verschieben von Containern**. Um einen Rahmen an eine andere Stelle zu bringen, hilft nur das komplette Markieren, Ausschneiden und Einfügen an der neuen Position. Eine nachträgliche Größenänderung eines Rahmens, etwa das Verbreitern, ist in der App gar nicht möglich.

Schriftarten und -größen

Die Wahl von Schriftart und -größe entspricht in der OneNote-App im Wesentlichen dem von anderen Editoren und Textverarbeitungen bekannten Vorgehen. Um vorhandenen Text nachträglich zu ändern, markieren Sie zuvor den betreffenden Textabschnitt und weisen die Schrift nachträglich zu. Für neuen Text treffen Sie die Auswahl vor der Eingabe.

Im Menü ***Startseite*** findet sich links oben die Auswahlliste aller verfügbaren Fonts und daneben die Punktgröße.

Die in Textnotizen verwendete Schriftart und -größe lässt sich in der linken Auswahlliste festlegen.

Da sich die installierten Schriften bei den Betriebssystemen unterscheiden, kann es zu Anzeigeproblemen kommen, wenn Sie einen Font benutzen, der auf einem anderen System nicht vorhanden ist. Konkret: Wählen Sie eine iOS-Schrift, die zum Beispiel unter Windows fehlt – etwa „Chalkduster“, wird sie zwar in der OneNote-App auf iPad oder iPhone korrekt angezeigt. In derselben Notizseite, unter Windows in OneNote 2013 oder der Windows-8-App geöffnet, stellt OneNote aber ersatzweise die dort gültige Standard-Schriftart ein, zum Beispiel „Calibri“. Die Zuordnung des Textabschnitts mit dem jeweiligen Font bleibt aber erhalten. Das sehen Sie im obigen Beispiel zum Beispiel daran, dass auch in Windows-OneNote in diesem Abschnitt die Font-Bezeichnung „Chalkduster“ angezeigt wird. Sie können unter Windows sogar den betreffenden Text bearbeiten. Solange Sie sich im selben Absatz bewegen, wird neuer Text in der iOS-Schriftart, also eben „Chalkduster“ gespeichert – nur nicht richtig angezeigt. Zurück im iOS-OneNote stimmt dann auch die Darstellung wieder.

Umgekehrt gilt genau dasselbe: Eine unter Windows für eine Notiz verwendete Schrift, die auf iOS nicht vorhanden ist, wird (nur) für die Anzeige auf iPad/iPhone durch die dort geltende Standardschrift ersetzt.

> Mittlerweile enthält die Schriftauswahl auch Office-kompatible Listen. So können Sie auch auf dem iPad von vorneherein die unter Windows übliche Schrift „Calibri“ verwenden.

Schriftattribute

Die wichtigsten Textattribute, nämlich fett, kursiv, unterstrichen und durchgestrichen, lassen sich in der OneNote-App ebenfalls nutzen. Sie können Sie (bei Hochkant-Darstellung) aus einer mit „Formatierung“ überschriebenen Liste wählen, nachdem Sie das Symbol mit dem „A“ und den drei Punkten darunter angetippt haben. Im Querformat erscheinen die zugehörigen Symbole direkt in der Menüleiste. Wie auch bei der Wahl der Schriftart gilt das für nachfolgend eingegebenen oder zuvor markierten Text.

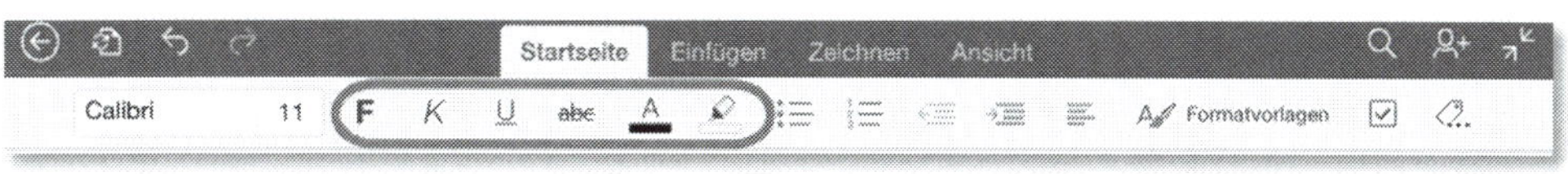

Ebenso sehr einfach ist die Auswahl der wichtigsten Schriftattribute wie Fett oder Kursiv.

Weitere Schriftattribute, etwa hoch- oder tiefgestellt, lassen sich in der OneNote-App derzeit nicht eingeben. Wurden Texte entsprechend in OneNote für Windows oder OneNote Online ausgezeichnet, stellt die iOS-App sie jedoch korrekt dar.

Mit iOS 9 hat Apple der oberen rechten Ecke der Bildschirmtastatur Symbole für Fett und Kursiv hinzugefügt. Damit gelingt das Umschalten etwas flotter.

Formatvorlagen

Vor allem für die Gestaltung unterschiedlicher Überschriften-Ebenen stellt die OneNote-App einige vorgefertigte Textformat-Vorlagen bereit. Sie erreichen sie über die dritte Schaltfläche von rechts im Menü ***Startseite***, symbolisiert durch ein „A“ mit einem Pinsel. Da es sich um Absatzvorlagen handelt, müssen Sie Text nicht erst markieren, um den neuen Stil zuzuweisen. Es reicht, den Cursor in einen entsprechenden Textabsatz zu setzen und dann die gewünschte Vorlage aus der Liste zu wählen.

Zur schnellen Textgestaltung bietet OneNote ein paar fertige Formatvorlagen. Diese Auswahl ist allerdings fest vorgegeben und lässt sich nicht erweitern.

Die Definition eigener Vorlagen ist nicht vorgesehen; die Auswahl beschränkt sich auf die Vorgaben. Auch wenn es vielleicht wenig tröstlich ist: Diese Einschränkung gilt für alle OneNote-Versionen, sogar die „große“ Windows-Ausgabe von MS-Office.

Gliederungen und Aufzählungslisten

Wer notiert, führt meist auch Listen, organisiertere Zeitgenossen gerne auch mehrstufig gegliedert und/oder nummeriert. OneNote unterstützt die aus MS Office und gängigen Textverarbeitungen bekannten Listenformate und hilft auch bei der Formatierung.

Am Einfachsten kommen Sie zu einer Liste, indem Sie eine Zeile einfach mit einem Aufzählungszeichen, gefolgt von einem Leerzeichen, beginnen. Als Symbole eignen sich zum Beispiel ein Bindestrich oder ein „*“, wobei aus letzterem automatisch ein „Bullet“ wird.

OneNote rückt den folgenden Text automatisch ein wenig ein und beginnt nach der nächsten Zeilenschaltung automatisch mit einem weiteren Aufzählungszeichen.

Genauso funktioniert es mit nummerierten Listen, wobei auch alphanumerische Zeichen erlaubt sind. Das Programm erkennt beispielsweise „1.“, „a)“, „A.“ oder auch römische Zahlen (nur in Kleinbuchstaben, also „i.“, „ii.“ oder „iv.“. Bei neuen Zeilen wird die entsprechende Nummerierung automatisch fortgesetzt; beim Einfügen oder Löschen von Zeilen entsprechend geändert.

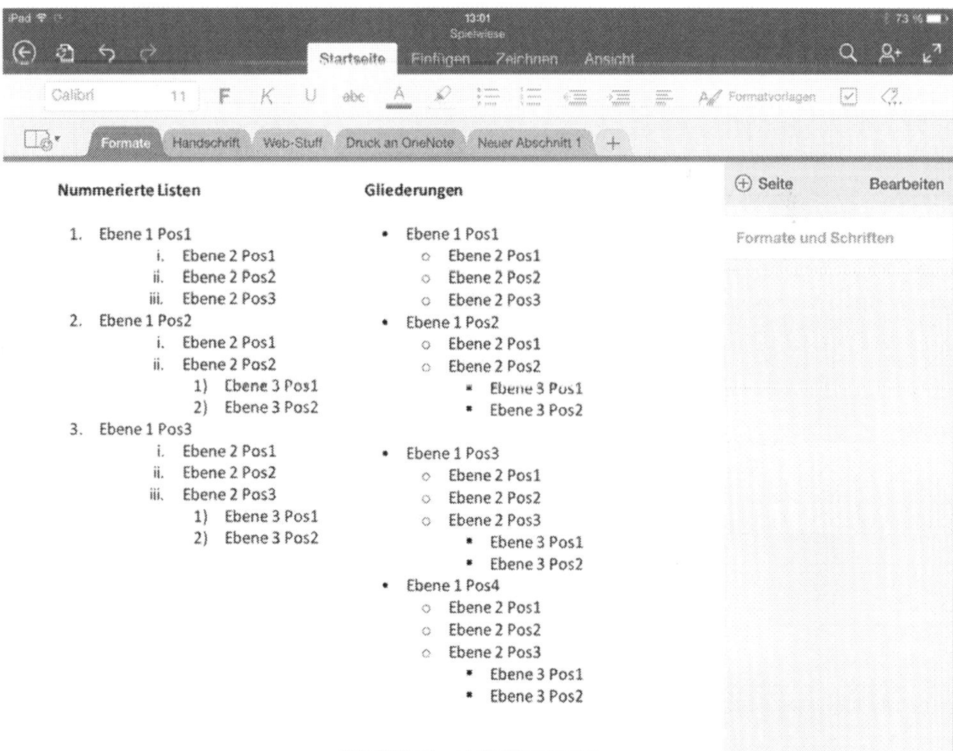

Für strukturiertere Inhalte sorgen mehrstufige Gliederungen und nummerierte Listen.

Um einer Punktliste oder einer nummerierten Aufzählung weitere Ebenen hinzuzufügen, verwenden Sie in der ***Startseite***-Menüleiste die beiden Schaltflächen mit der symbolisierten Ein- bzw. Ausrückung (Textzeilen mit Pfeil nach rechts oder links). In den Desktop-Ausgaben von OneNote lassen sich tiefere Ebenen auch mit der Tabulator-Taste erzeugen; diese fehlt aber auf der iPad-Bildschirmtastatur.

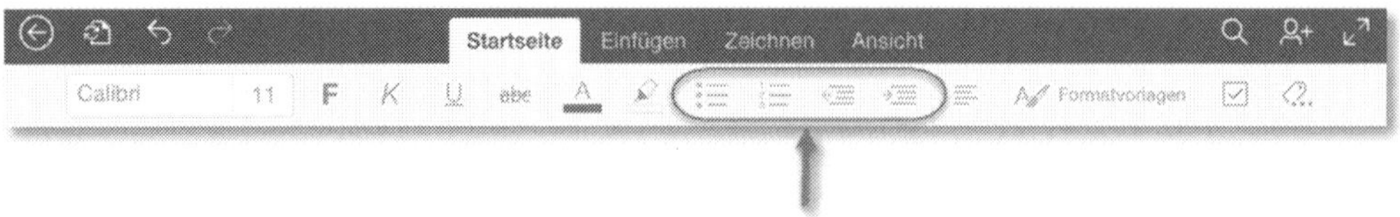

Diese vier Schaltflächen sind für Gliederungen, nummerierte Listen und das Verschieben von Einträgen in deren Hierarchie zuständig.

> Die Windows- und Mac-Versionen von OneNote erlauben das „Einklappen“ (Ausblenden) untergeordneter Gliederungsebenen für eine bessere Übersicht. Diese Funktion fehlt in der iOS-App. Hier werden alle Listen und Aufzählungen immer komplett ausgeklappt angezeigt. Sollen Sie in derselben Liste unter Windows oder Mac OS einzelne Ebenen eingeklappt haben, bleibt diese Anzeige dort aber unberührt.

Tabellen

Eine weitere beliebte Methode, Struktur in Daten oder Zahlenreihen zu bekommen, sind Tabellen. Die Tabellenfunktion der OneNote-App reicht zwar nicht an die ausgewachsener Textprogramme wie Microsoft Word heran. Die Grundfunktionen reichen für einfachere Tabellendarstellungen aber aus.

3. Setzen Sie den Cursor auf der Notizseite an die Stelle, an der die Tabelle stehen soll.

4. Die Schaltfläche zum Erzeugen einer ***Tabelle*** finden Sie im Menü ***Einfügen***. Tippen Sie sie an.

An der gewählten Stelle entsteht eine Tabelle mit zunächst zwei Zeilen und zwei Spalten. Gleichzeitig ist eine neue Menüleiste (***Tabelle***) aufgetaucht. Sie enthält drei Schaltflächen zum Markieren (***Auswählen***) und Entfernen (***Löschen***) von Tabellenbereichen sowie zum ***Einfügen*** weiterer Zeilen und Spalten.

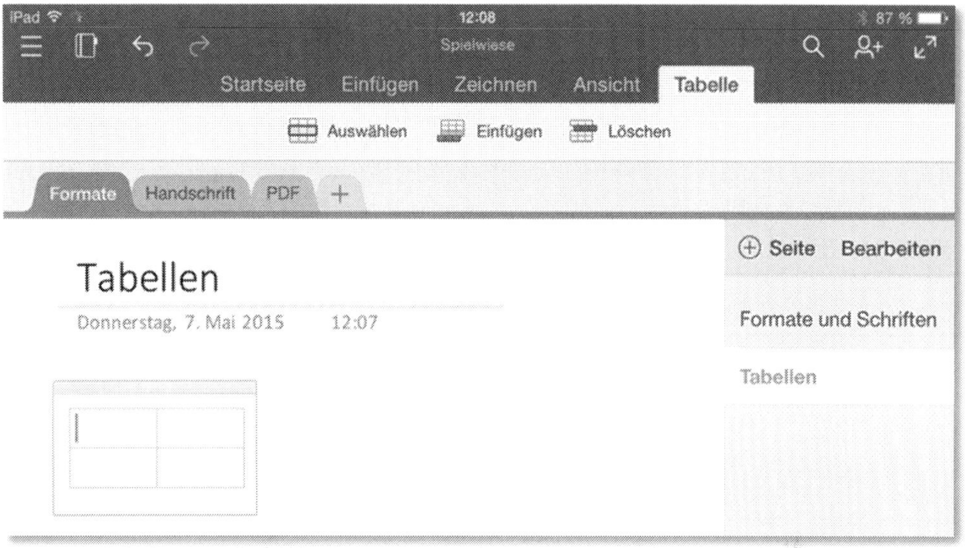

*Setzen Sie über das **Einfügen**-Menü eine Tabelle ein, hat diese zunächst zwei Zeilen und zwei Spalten.*

Jede davon klappt ein Menü mit konkreten Auswahlmöglichkeiten aus. Setzen Sie den Cursor in eine Tabellenzelle und tippen dann zum Beispiel auf **Einfügen**, können Sie wählen, ob Sie Zeilen ober- oder unterhalb oder Spalten links oder rechts von der Zelle mit dem Cursor hinzufügen.

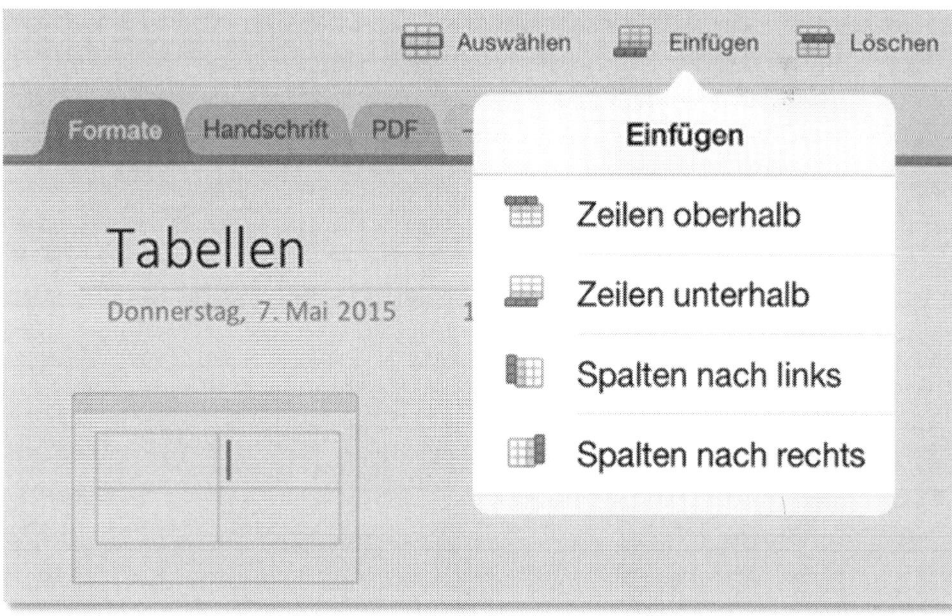

Sobald der Cursor in einer Tabellenzelle steht, erscheint ein zusätzliches Menü, über das Sie weitere Zeilen oder Spalten markieren, hinzufügen oder löschen können.

Möchten Sie am Ende der Tabelle eine weitere Zeile hinzufügen, geht das noch einfacher: Setzen Sie den Cursor in die letzte Zelle (also ganz rechts unten) und tippen auf der Bildschirmtastatur auf **[Return]**. Das Problem, dass Sie dadurch in dieser letzten Zelle so keine Zeilenschaltung eingeben können, umgehen Sie, indem Sie dafür die **[Umschalt]**-Taste + **[Return]** zusammen antippen.

Mit einem Trick können Sie die auch letzte (unterste) Zeile einer Tabelle löschen, ohne den zugehörigen Menübefehl zu verwenden: Setzen Sie den Cursor in die erste Zelle der letzten Zeile und tippen auf der Bildschirmtastatur auf **[Return]**. Dabei entsteht allerdings unterhalb der Tabelle eine neue, leere Textzeile.

Im Gegensatz zu OneNote 2013 fehlen einige Tabellenfunktionen. So lassen sich zum Beispiel die Spaltenbreiten nicht frei einstellen. Sie orientieren sich ausschließlich am Inhalt. Außerdem fehlen Gestaltungsoptionen wie das Einfärben von Zellenhintergründen oder das Ausblenden der Gitterlinien. Entsprechend am PC formatierte Tabellen werden aber auch auf dem iPad korrekt dargestellt. Was hingegen auch in der iOS einwandfrei klappt, ist das auch mehrfache Verschachteln von Tabellen. Setzen Sie dazu einfach den Cursor in eine Zelle und fügen eine weitere Tabelle ein.

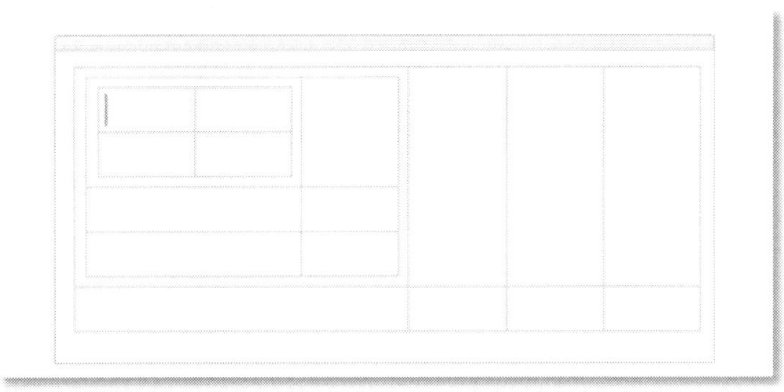

Tabelle in der Tabelle in der Tabelle. Die Zeilenhöhen passen sich dabei automatisch dem Platzbedarf der höchsten Zelle an. Sie lassen sich auch nicht manuell ändern.

Einfache Rechenfunktionen

Die Tabellenfunktion enthält zwar keinerlei Möglichkeit, (versteckte) Formeln einzugeben oder Berechnungen durchzuführen. Dennoch können Sie einfache Berechnungen direkt in einer Notizseite ausführen: Tippen Sie einfach die Aufgabe, gefolgt von einem Gleichheitszeichen und dann ein Leerzeichen oder die Return-Taste. Beispiel einer Netto-Brutto-Berechnung:

Geben Sie „1200*1,19=“ (ohne die Anführungszeichen) ein. Sobald Sie ein Leerzeichen oder eine Zeilenschaltung anhängen, ergänzt OneNote den Ausdruck um das Ergebnis, also im Beispiel „1200*1,19=1428,0“

Als Rechenoperatoren sind außer den vier Grundrechenarten auch Potenzierung (z.B. „3^3=9“), Fakultät („5!=120“) und Prozent erlaubt. Zusätzlich kennt OneNote die Funktionen ABS, ARCCOS, ARCSIN, ARCTAN, COS, DEG, LOG, LOG2, LOG10, REST, RAD, SIN, WURZEL, TAN und die Kreiszahl PI.

Eine Möglichkeit, die Gleichung durch das Ergebnis zu ersetzen, gibt es übrigens nicht. Sie müssen Formel und Gleichheitszeichen manuell markieren und löschen.

Mathematische Formeln

Seit der jüngsten App-Version 2.13 kann OneNote auch auf dem iPad mathematische Formeln korrekt darstellen. Wenn man mit der recht unkomfortablen Eingabemethode zurechtkommt, kann man sogar welche eingeben.

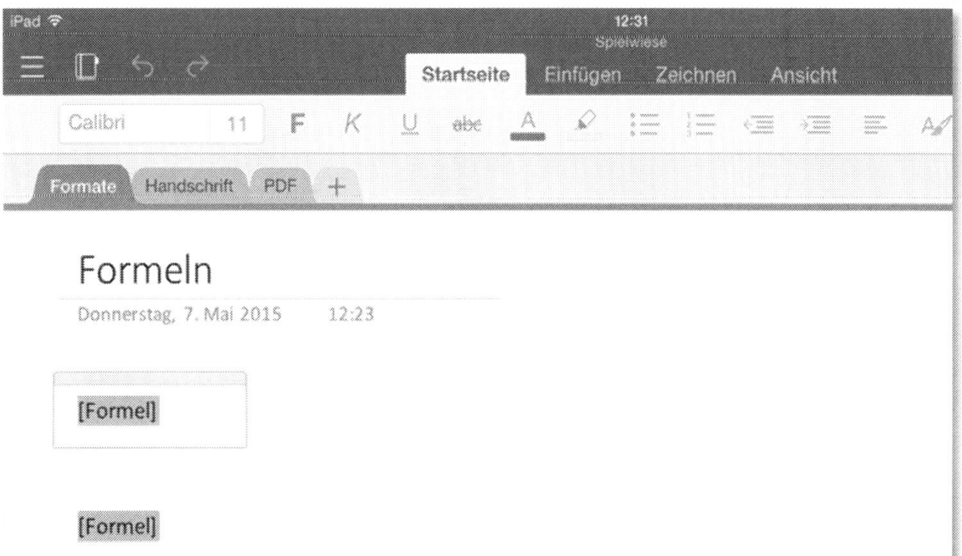

Bis zur App-Version 2.13 wurden Formeln auf dem iPad nur mit einem Platzhalter dargestellt.

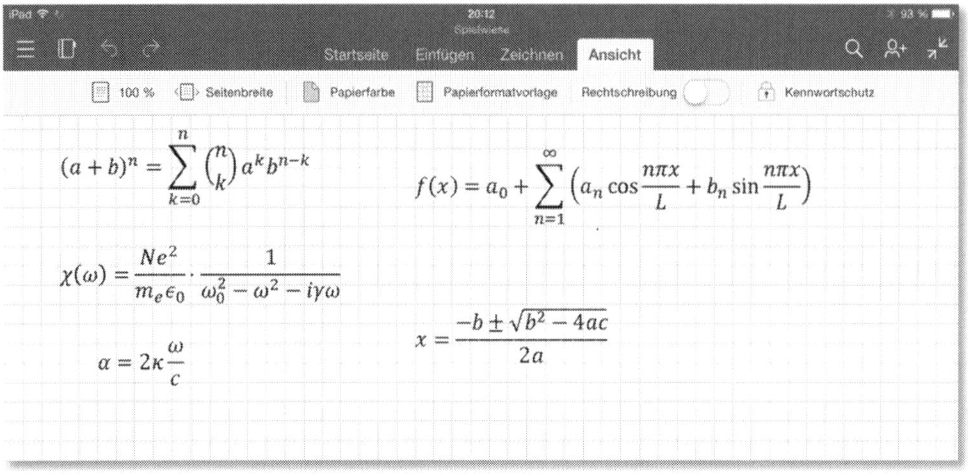

Die aktuelle App-Version stellt Formeln hingegen blitzsauber dar.

Im Gegensatz zum recht komfortablen „Formelbaukasten“ mit einer Auswahlliste passender Symbole muss man mathematische Ausdrücke auf dem iPad mit einer recht komplizierten Syntax zusammenbauen. Auf „**x^y**“ für $\mathbf{x^y}$ mag man noch kommen; auch „**x/y**“ für eine Bruchdarstellung in der Form $\frac{x}{y}$ ist recht einleuchtend.

Komplexere Operatoren und Operanden (viele beginnen mit „\“) werden gemäß den vom Texteditor „LaTex“ abgeleiteten Regeln des Formeleditors von MS Word ab Version 2007 konstruiert.

Davor ist unbedingt der Befehl ***Formel*** im Menü ***Einfügen*** anzutippen.

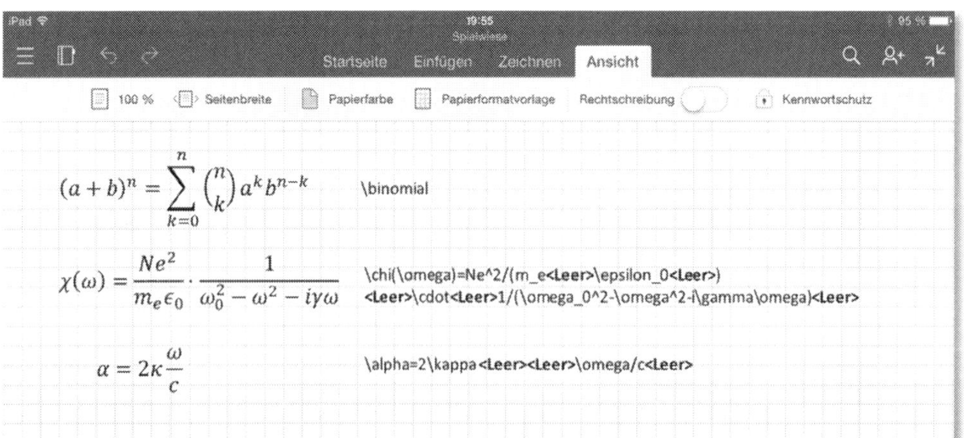

Um komplexere Formeln einzugeben, muss man die entsprechende „Sprache“ erlernen, die auch z.B. in MS Word gilt. Das Bild zeigt jeweils rechts die nötigen Eingaben für die Formeldarstellung links.

Eine Dokumentation dieser „Sprache“ würde nicht nur den Rahmen dieses Buchs, sondern auch die mathematischen Kenntnisse des Autors sprengen. Im Netz finden sich aber jede Menge an Dokumentationen zur Formelnotation nach LaTex, Wolfram Alpha oder auch MS Word (am besten nach „Formeleditor Word 2007“ suchen).

> Die Möglichkeit, Formeln handschriftlich per Stift oder Grafiktablett einzugeben, bleibt weiterhin OneNote 2010/2013 für Windows vorbehalten.

Übrigens: Nicht wundern, wenn Sie eine Seite, die Formeln enthält, per Browser in OneNote Online öffnen. Hier werden immer noch die Platzhalter angezeigt:

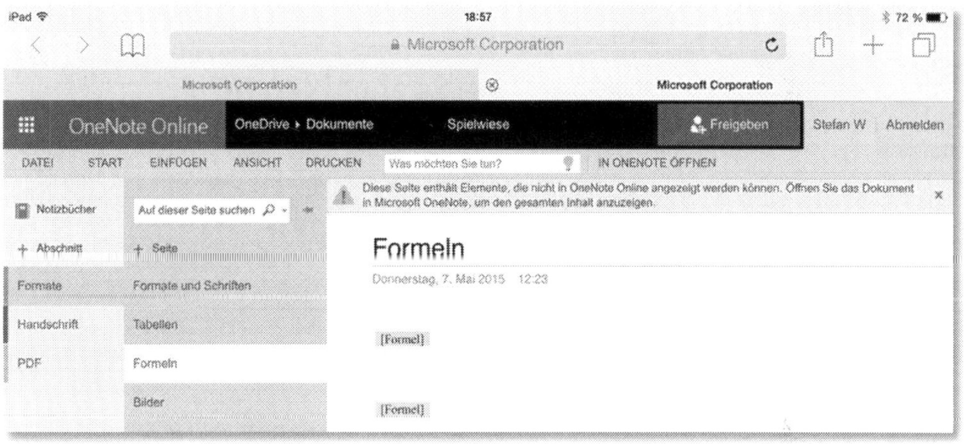

OneNote Online zeigt nach wie vor anstelle der Formeln nur Platzhalter, weist aber wenigstens deutlich mit einer gelb hinterlegten Meldung auf sein Unvermögen hin.

Interne und externe Links

Das interne XML-Format der OneNote-Notizen erlaubt natürlich auch das Speichern von Hyperlinks. Neben der Übertragung von anderen Apps wie dem Web-Browser (mehr dazu ab Seite 112) können Sie Links natürlich auch direkt eintippen. OneNote unterscheidet dabei zwei Arten von Links. Neben den klassischen, externen URLs, die zumeist auf eine Webseite verweisen und diese nach dem Antippen im Browser laden, gibt es auch interne Links, die eine andere Notizseite in der OneNote-App öffnen.

Externe URL einsetzen

Einen externen Link, etwa zu einer Webseite, tragen Sie in OneNote so ein:

5. Setzen Sie den Cursor an die Stelle in der Notiz, an der Sie den Link einfügen möchten.
6. Tippen Sie im Menü ***Einfügen*** auf die Schaltfläche ***Link***.
7. Es öffnet sich ein Dialogfenster mit zwei Eingabefeldern. Im oberen (***Adresse***) tragen Sie die URL ein. Unter ***Anzeige*** legen Sie optional eine abweichende Beschriftung fest, die als unterstrichener Text in der Notiz stehen soll. Verzichten Sie darauf, wird stattdessen die eigentliche URL angezeigt. Das ist auch der voreingestellte Inhalt des Feldes.

In diesem Dialogfenster tragen Sie Adresse und Beschriftung eines externen Links ein.

Tippen Sie einen solchen Link in der Notiz an, öffnet sich wiederum zunächst ein Dialogfenster. Hier können Sie den Link (per Browser) ***Öffnen***, in die Zwischenablage ***Kopieren*** oder den Linkeintrag ***Bearbeiten*** bzw. entfernen.

Tippen Sie einen externen Link an, öffnet sich ein Fenster mit der Auswahl, den Link im Browser zu öffnen, in die Zwischenablage zu kopieren oder zu bearbeiten.

Von einigen Desktop-Programmen, wie zum Beispiel Word, kennen Sie vielleicht die automatische Link-Erkennung. Tippen Sie etwa in Word eine gültige Web-Adresse, wird sie nach einem abschließenden Leerzeichen oder einer Zeilenschaltung automatisch zu einem Hyperlink. Die OneNote für das iPad kann das auch. Hier reicht es sogar, ein gültiges Protokoll-Kürzel wie „www" oder „ftp", gefolgt von einem Punkt einzutippen. Ab dem nächsten Zeichen wird der Text in einen Link umgewandelt (siehe nächstes Bild).

Link-O-Matic: Das Tippen eines Kürzels wie „www", gefolgt von einem Punkt und noch mindestens einem Zeichen erzeugt einen externen Link.

Interne („Wiki"-) Links

Eine besonders praktische Form der Links hat es von der Desktop-Version in die iOS-App geschafft: Die so genannten „Wiki-Links". Gemeint sind Links, die nicht auf eine Webseite führen, sondern auf eine andere Notiz (gerne auch in einem anderen Abschnitt, aber im selben Notizbuch). „Wiki-Links" deshalb, weil man damit unter anderem eben Wikis, also Wissensverzeichnisse mit zahlreichen Querverweisen auf andere Seiten aufbauen könnte. Wiki-Links lassen sich in OneNote aber auch zum Beispiel nutzen, um ein Inhaltsverzeichnis eines Abschnitts, Notizbuchs oder auch nur eines bestimmten Themenkreises aufzubauen.

In der Benutzeroberfläche der App gibt es zwar keinen expliziten Befehl für Wiki-Links. Das Anlegen eines solchen ist aber extrem simpel: Tippen Sie zwei offene eckige Klammern, dann den Titel einer Notizseite im selben Notizbuch, zwei geschlossene eckige Klammern (auf der zweiten Symbolseite der iOS-Bildschirmtastatur) und dann ein Leerzeichen oder die Eingabetaste.

Um zum Beispiel einen Link zur Seite mit dem Titel „Belege 2014" in eine Notiz zu setzen, tippen Sie ***[[Belege 2014]]*** und dann ein Leerzeichen. Die umgebenden Klammern verschwinden und aus dem Text wird ein blau unterstrichener Link. Wenn Sie den antippen, öffnet sich (nach der iOS-typischen Sicherheitsabfrage) die entsprechende Notizseite.

Interne „Wiki"- Links erzeugen Sie, indem Sie den Titel einer Notizseite in doppelte eckige Klammern einfassen. Die verschwinden, sobald Sie die letzte Klammer eingegeben haben. Im Bild fehlt sie noch.

Existieren im geöffneten Notizbuch mehrere Seiten mit dem gleichen Titel, führt der Link immer nur zur ersten davon. Gibt es dagegen überhaupt keine Seite mit der Bezeichnung im Link, legt OneNote einfach eine neue, leere im aktuellen Abschnitt an und benennt sie entsprechend. Letzteres ist auch daran zu erkennen, dass der Link mit einer gepunkteten Linie unterstrichen wird, bis die neu angelegte Seite einen beliebigen Inhalt bekommt.

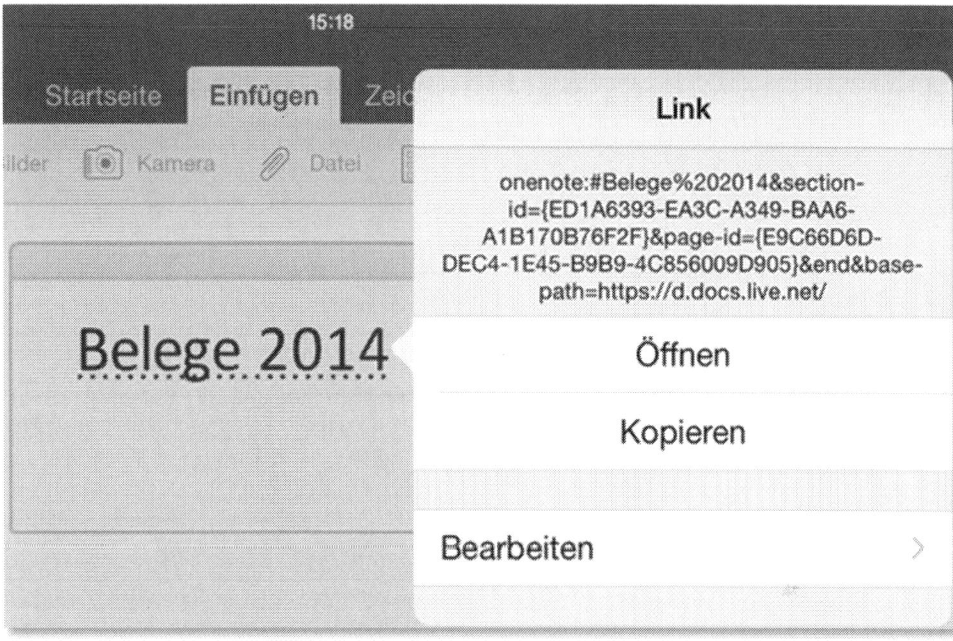

Existiert die Seite, auf die der interne Link verweist, noch nicht, wird sie automatisch neu angelegt. Solange sie noch keinen Inhalt hat, wird der Link punktiert unterstrichen.

⚠ Benutzen Sie nicht die Funktion ***Einfügen – Link***, um einen Wiki-Link zu setzen. Auch wenn Sie dabei nur den Titel der betreffenden Notizseite eingeben, sieht der resultierende Link zwar korrekt aus, funktioniert aber schlichtweg nicht.

Interne Links zu Absätzen oder Objekten

Die praktischen Wiki-Links haben zwei Nachteile:

- Sie verweisen immer nur auf eine komplette Seite, nicht aber auf eine bestimmte Stelle in der Notiz. Somit führt ein Wiki-Link auch immer auf den Anfang (die Überschrift) der Zielseite.
- Die Identifikation der Zielseite erfolgt über deren Titel, nicht über die interne eindeutige Seiten-ID. Unterschiedliche Seiten dürfen aber durchaus dieselbe Überschrift tragen. Ist das der Fall (auch in unterschiedlichen Abschnitten oder Notizbüchern), ist eine eindeutige Identifizierung nicht mehr möglich.

In OneNote gibt es aber auch lokale Links, die wirklich einer konkreten Seite zugeordnet sind. Mehr noch: sie führen sogar zu einem ganz bestimmten Objekt (Textabsatz, Bild...) auf dieser Seite. Tippt man einen solchen Link an, scrollt die Darstellung auf der Zielseite gleich an die passende Stelle. Damit lassen sich gezielt Notizendetails verlinken oder etwa Inhaltsverzeichnisse einer umfangreichen Seite erzeugen.

Außerdem können diese Links anstatt auf eine bestimmte Seite auch nur in einen Abschnitt oder ein komplettes Notizbuch führen. Der oder das öffnet sich dann an der Stelle, die zuletzt bearbeitet oder gelesen wurde. Zu diesen internen Links gibt es eine gute und eine schlechte Nachricht. Die schlechte zuerst:

Auf dem iPad lässt sich der interne Link zu einem Notizbuch, einem Abschnitt oder einer bestimmten Stelle in einer Notiz leider nicht erzeugen. Eine Funktion wie „Kopiere den Link zu diesem Textabsatz in die Zwischenablage" existiert bislang nicht.

Die gute Nachricht: Legen Sie solche Links in OneNote 2010/2013 unter Windows oder in der OneNote-App für den Mac an (geht via Kontextmenü mit der rechten Maustaste), funktioniert er auch auf dem iPad.

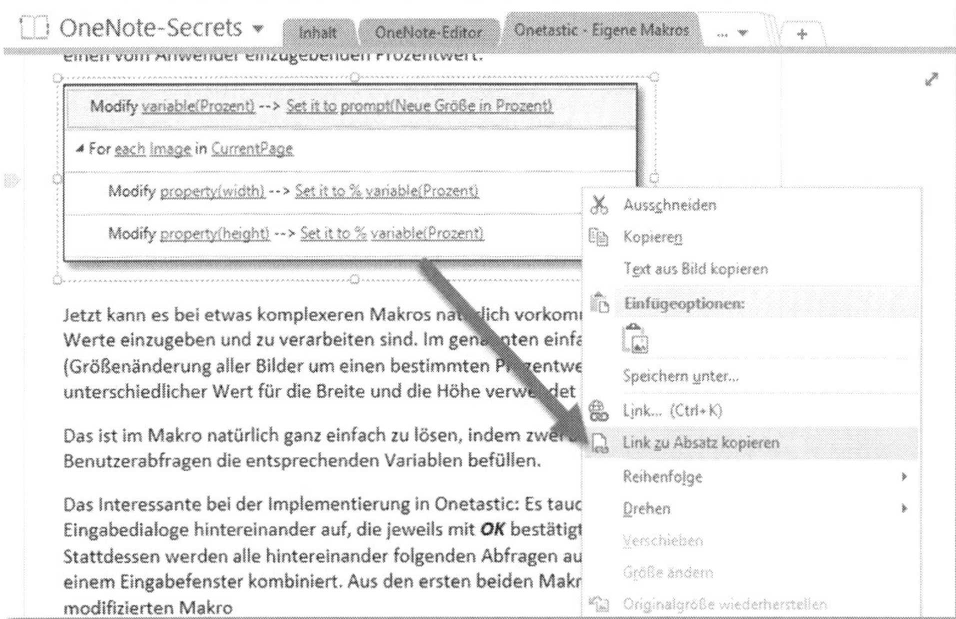

Zu jedem Objekt oder Absatz lässt sich ein interner Link in die Zwischenablage kopieren und an anderer Stelle einsetzen – allerdings nur in OneNote 2010/2013 für Windows oder in der Mac-Version. Diese Links funktionieren dann auch auf dem iPad.

Um also komplexere Navigationsstrukturen, ein Inhaltsverzeichnis oder schlicht einen Querverweis an eine ganz bestimmte Stelle in einer Notiz einzubauen, müssen Sie bislang noch OneNote auf dem PC oder Mac bemühen.

Bilder einfügen

Außer Texten lassen sich auf einer OneNote-Notizseite natürlich auch Grafiken und Fotos speichern. Zwar dürfen Sie beliebig viele davon auf einer Notizseite anbringen und beliebig positionieren. Jedoch gibt es bei der iPad-App gegenüber den OneNote-Ausgaben für Windows und Mac eine wesentliche Einschränkung:

Das Bild wird mit der linken oberen Ecke an der Stelle auf der Seite eingefügt, an der sich der Cursor befindet und lässt sich dann weder verschieben noch in der Größe ändern.

Ob die OneNote-Entwickler an dieser einschneidenden Einschränkung in absehbarer Zeit etwas ändern, ist unklar. Bis dahin gibt es – außer der Bearbeitung der Seite in einer Desktop-Ausgabe von OneNote auf PC oder Mac – nur zwei umständliche Abhilfen:

- Markieren Sie das Bild, schneiden Sie es in die Zwischenablage aus und fügen es an der gewünschten Position wieder ein. Eine Größenänderung ist so natürlich trotzdem nicht möglich.
- Öffnen Sie die Notizseite im Browser auf OneNote Online (**www.onenote.com**). Hier sind Verschieben und Größenänderung (die aber nur per Kontextmenü in festen Schritten) nämlich auch auf dem iPad möglich.

Jetzt aber dazu, wie Sie überhaupt ein Bild auf eine OneNote-Seite bekommen. Dafür gibt es nämlich mehrere Möglichkeiten.

Aus dem iPad-Bilderspeicher

Die naheliegende Quelle für Bilder ist auf dem iPad dessen eigener Image-Speicher. Das ist auch der einzige Bereich des iOS-Dateisystems, auf den Apps zugreifen dürfen. Um einen auf dem iPad gespeicherten Screenshot oder ein Foto in eine Notiz einzufügen, gehen Sie folgendermaßen vor:

1. Öffnen Sie in OneNote die Zielseite und setzen den Cursor an die gewünschte Stelle. Dass sich dabei die Bildschirmtastatur öffnet, soll Sie nicht stören.
2. Öffnen Sie das Menü ***Einfügen*** und tippen Sie die Schaltfläche ***Bilder*** an.
3. Es erscheint eine Auswahlliste der Bilderordner auf Ihrem Gerät. Navigieren Sie in das gewünschte Verzeichnis, um eine Vorschau der enthaltenen Bilder anzuzeigen.

4. Wählen Sie das gewünschte Bild durch Antippen aus. Noch wird es nicht in die Notiz eingefügt. Statt dessen sehen Sie eine Vollbildanzeige des Bildes, die zur integrierten Microsoft-Anwendung „Office Lens" gehört (mehr hierzu auf Seite 61). Nach Antippen des quadratischen Symbols unten rechts können Sie das Bild beschneiden oder verzerren.

5. Fügen Sie das Bild endgültig durch Antippen des Häkchens in der rechten unteren Ecke auf der Notizseite ein.

Aus einem Cloudspeicher (iCloud, Dropbox, OneDrive...)

Eine weitere Quelle, aus der Sie Bilder in eine OneNote-Notiz einfügen können, ist einer der derzeit von der App unterstützten Cloudspeicher iCloud, OneDrive, Dropbox, oder Google Drive.

Dabei lassen sich aus diesen Online-Speichern nicht nur Bilder, sondern auch andere Dateien in OneNote importieren. Die Vorgehensweise ist exakt dieselbe, mit einem Unterschied: Beim Einfügen einer Bilddatei landet diese sichtbar auf der Notizseite, nicht nur als Icon wie bei anderen File-Formaten.

Um ein Bild aus einem Cloudspeicher zu importieren, gehen Sie daher nach der Beschreibung zum Dateiimport auf Seite 65 in diesem Buch vor.

Von der Kamera

Möchten Sie ein Foto mit dem iPad aufnehmen und sofort in eine Notiz packen, geht das auch ohne Umweg über Foto-App und Zwischenspeichern:

1. Öffnen Sie die betreffende Seite und setzen den Cursor an die gewünschte Stelle.
2. Wählen Sie in der OneNote-App das Menü ***Einfügen*** und darin dann die Schaltfläche ***Kamera***.

3. Es öffnet sich eine einfache Kamera-App. Mit der Schaltfläche ganz rechts unten wechseln Sie zwischen der vorderen und hinteren Kamera. Der Auslösebutton am rechten Rand schießt das Foto.

4. Der Bildschirm wechselt nun zu einer Vollbildanzeige der Aufnahme mit einer Menüleiste am unteren Rand (siehe Abbildung unten). Im Moment interessieren nur die beiden rechten Schaltflächen zum Beschneiden und Annehmen (das Häkchen) des Fotos. Letztere setzt es in die One-Note-Seite ein.

5. Sind Sie mit dem Bild dagegen nicht zufrieden, tippen Sie den Pfeil ganz unten links an. Sie landen wieder in der Live-Kamera-App und können eine neue Aufnahme machen.

Der Kamera-Dokumentenscanner „Office Lens“

Eine Sonderfunktion des Bildimports per Kamera ist in dieser Form bei der iPad-App von OneNote bislang einzigartig. Der auf anderen Geräten (Android, iPhone, Windows Phone) als separate App erhältliche Dokumentenscanner „Office Lens“ ist beim iPad-OneNote direkt in das Kameramodul integriert.

Office Lens dient der automatischen Bildkorrektur von fotografierten Dokumenten, Belegen oder auch Whiteboards (Schautafeln). Vor dem Einfügen in die OneNote-Notiz werden die Ränder beschnitten, Kontrast und Helligkeit angepasst und sogar perspektivische Verzerrungen korrigiert. Letzte entstehen zum Beispiel, wenn man ein Whiteboard, Flipchart oder eine Beamer-Projektion nicht frontal, sondern schräg von der Seite fotografiert – oft unvermeidbar in größeren Meetings oder Vortragsräumen.

Der Vorteil ist nicht nur ein schöneres Aussehen der eingefügten Bilder. Vielmehr sorgen die Korrekturen von Ausrichtung und Kontrast dafür, dass die OCR-Funktion wesentlich genauer indexieren kann. So steigt die Trefferquote der Suchfunktion (siehe Seite 139) deutlich an.

1. Fotografieren Sie das gewünschte Dokument oder Whiteboard über die ***Einfügen*** – ***Kamera*** – Funktion von OneNote (siehe Seite 59). Nach der Aufnahme wählen Sie aus der Menüleiste am unteren Rand das Format, also ***Whiteboard*** oder ***Dokument*** – je nachdem, was Sie aufgenommen haben. Die Auswahl beeinflusst die nach der Aufnahme auf das Bild angewendeten automatischen Filter und den Beschnitt der Ränder. Die Einstellung ***Foto*** verwendet hingegen das Originalbild. Sie können beliebig oft zwischen den drei Optionen wechseln, um die Ergebnisse zu vergleichen. Manchmal kann es nämlich auch sinnvoll sein, ein Dokument durch den Whiteboard-Filter bearbeiten zu lassen. Das erhöht zum Beispiel den Kontrast.
2. Sind Sie mit der Aufnahme und dem Filter zufrieden, tippen die das Häkchen rechts unten an, um das Bild in die Notiz einzufügen.

Den Effekt des Office-Lens-Filters verdeutlichen die Bilder auf den nächsten beiden Seiten.

> Richten Sie das iPad bei der Aufnahme möglichst im Hochformat aus, damit das Bild in OneNote nicht auf der Seite liegt. Ein nachträgliches Drehen der Aufnahme ist in der OneNote-App nämlich nicht möglich. Dafür bräuchten Sie OneNote 2010/2013 für Windows oder die Ausgabe für den Mac.

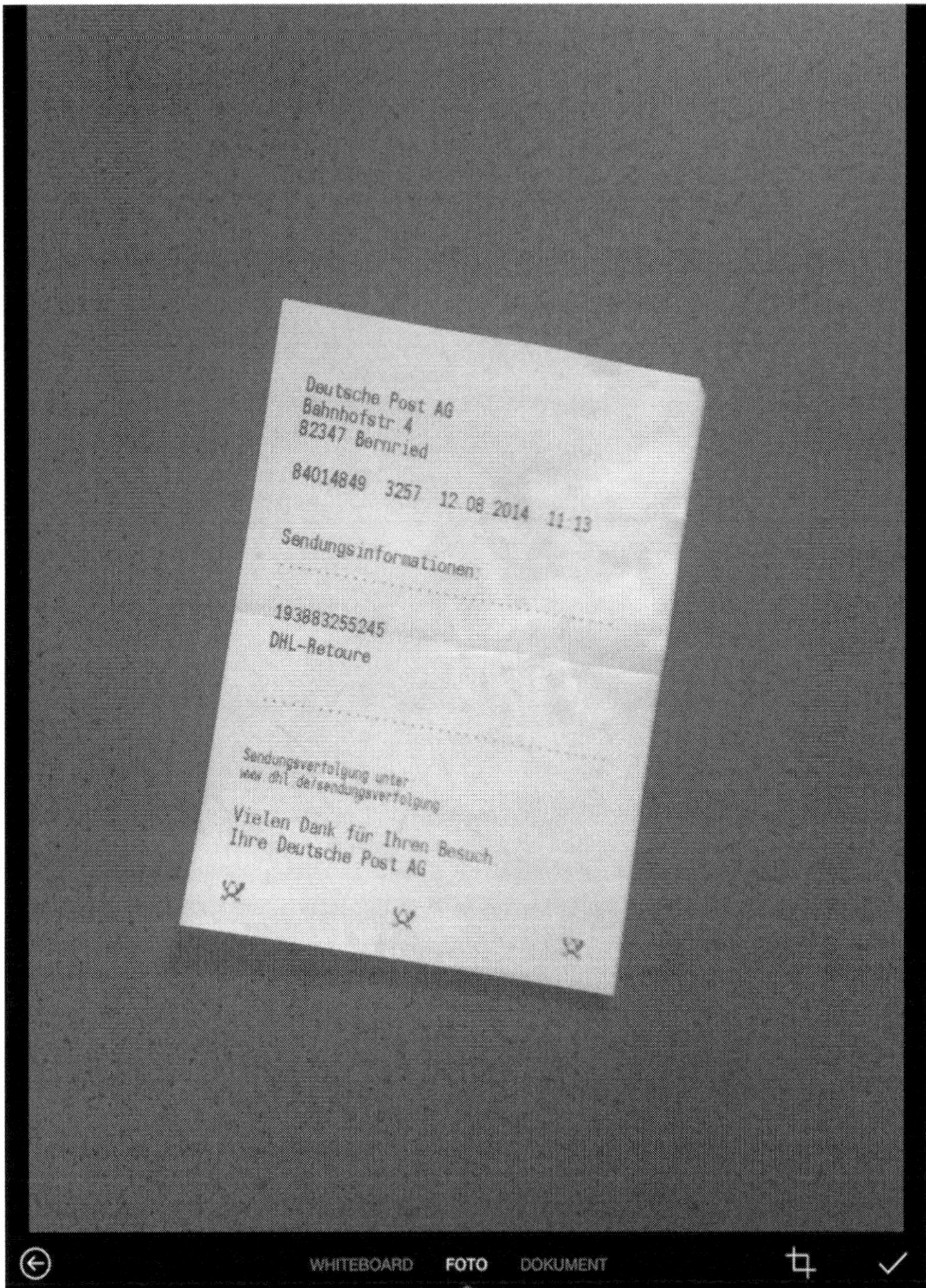

Dank der Office-Lens-Funktion müssen Sie beim Fotografieren von Dokumenten oder Belegen nicht auf die Ausrichtung achten. Lediglich die Schrift sollte einigermaßen scharf sein.

*Die Filtereinstellungen **Whiteboard** und **Dokument** sorgen für eine gerade Ausrichtung und den automatischen Beschnitt der Ränder.*

Dateien und Dokumente

Neben „klassischen Notizinhalten“ wie Text oder Bilder lassen sich auch Dateien jeder Art auf einer OneNote-Notizseite speichern. Das können Dokumente (etwa von MS Office), Binärdateien oder sonstige Files sein. Dabei gibt es zwei unterschiedliche Arten der Einbindung und Darstellung:

- Praktisch alle druckbare Dateien lassen sich sichtbar auf einer OneNote-Seite darstellen. Also etwa Word-Dokumente, PowerPoint-Folien, PDFs oder Excel-Tabellen. Dabei steckt hinter dem angezeigten Dokument aber immer nur ein Abbild des Inhalts in Form einer Bitmap-Grafik. Die lässt sich zwar dank OCR nach Textstellen durchsuchen (siehe S. 139), nicht aber in OneNote bearbeiten.
- Allerdings klappt das Einfügen von Dokumenten als lesbarer Ausdruck auf dem iPad derzeit nur mit PDF-Dateien! Mehr dazu auf Seite 68.
- Um Word-Dokumente oder Excel-Arbeitsblätter in lesbarer Form einzubinden, müssen Sie bislang noch OneNote auf einem Windows-Rechner nutzen. Danach werden sie auch auf dem iPad wunschgemäß dargestellt.
- Alle – auch nicht druck- oder lesbare – Dateien lassen sich auch als Anhang einbinden. Es wird dann nur ein entsprechendes Icon und der Dateiname dargestellt. Das können Sie sich in etwa so vorstellen wie bei einer Mail. Diese Form der Einbindung ist auch eine Alternative für druckbare Dokumente, um Platz auf der Notizseite zu sparen. Die Suchfunktion ignoriert dann aber Inhalt von solchen Dateianhängen und findet nur den Dateinamen.

> Es wird – wie bei einem E-Mail-Anhang – immer nur eine Kopie der jeweiligen Datei im derzeit aktuellen Zustand in OneNote abgelegt. Wenn Sie am Original irgendwas ändern oder dieses löschen, hat das keinen Einfluss auf die in der Notiz abgelegte Version! Umgekehrt passiert dem Original natürlich auch nichts, wenn Sie den in OneNote eingebundenen Anhang löschen.
> Zudem ist zu bedenken, dass alle in OneNote abgelegten Dateien auch auf OneDrive hochgeladen werden. Dort sind sie – weil in die versteckte Datenbank integriert – allerdings nicht sichtbar. Viele und große Dateien belasten den Online-Speicherplatz und haben natürlich auch Einfluss auf das Synchronisations-Tempo.
> Zusätzlich belegen Dateien in geöffneten Notizbüchern durch den OneNote-Offline-Cache entsprechend Speicherplatz auf dem iPad!

Dateien in eine Notiz einfügen

Um eine oder mehrere Datei(en) auf einer Notizseite einzufügen, nutzen Sie im Normalfall den OneNote-Editor, starten also in der App:

1. Tippen Sie in der Notizseite die Stelle an, an der Sie die Datei einfügen möchten. Stören Sie sich nicht an der erscheinenden Bildschirmtastatur.
2. Wählen Sie aus dem Menü ***Einfügen*** die Schaltfläche mit der Büroklammer und der Beschriftung ***Datei***.

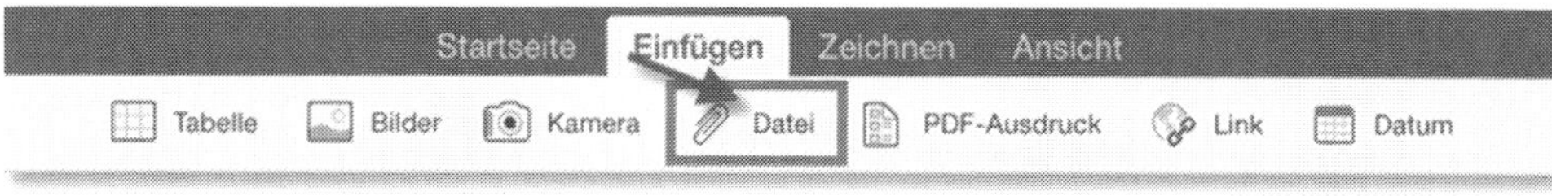

3. Es öffnet sich ein Fenster mit dem Inhalt Ihres iCloud-Speichers. Wenn die Datei, die Sie einbinden möchten (gleich mehr zu anderen Speicherorten), sich hier befindet, wählen Sie sie durch Antippen aus.

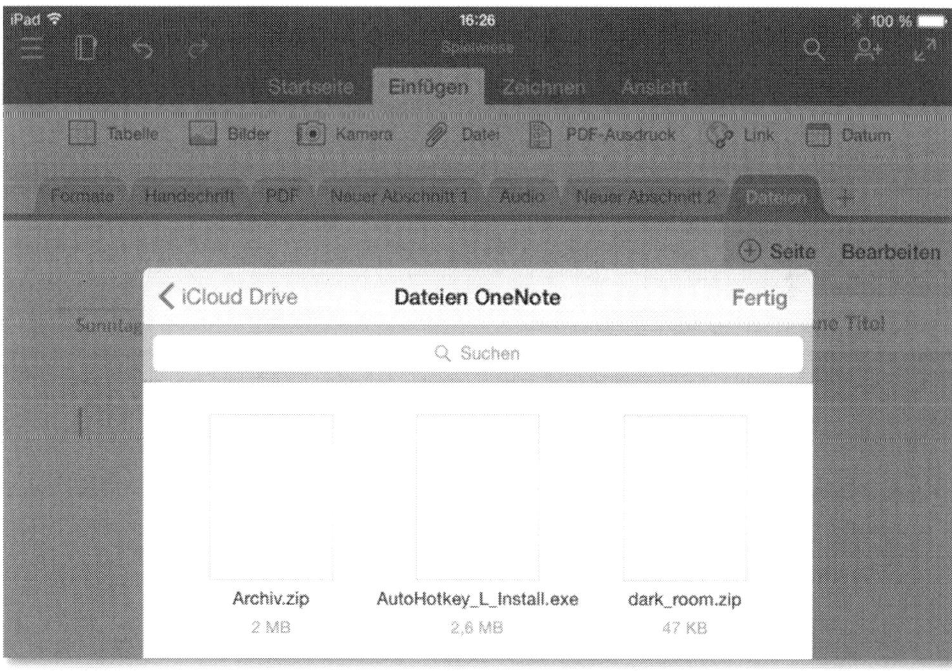

4. Das Fenster schließt sich wieder und die Datei landet an der gewählten Stelle der Notizseite. Handelt es sich um ein Bild in einem der unterstützten Formate (z.B. JPG, PNG, TIF...), wird es auch als solches in die Seite eingesetzt. Alle anderen Formate erscheinen als Icon mit dem Dateinamen als Beschriftung, allerdings ohne Dateiendung.

Die aktuelle OneNote-App unterstützt neben iCloud noch drei weitere Cloudspeicher-Dienste: Dropbox, Google Drive und Microsoft OneDrive. Letzteres bislang allerdings nur in der Consumer-Version, nicht also OneDrive for Business (Office 365).

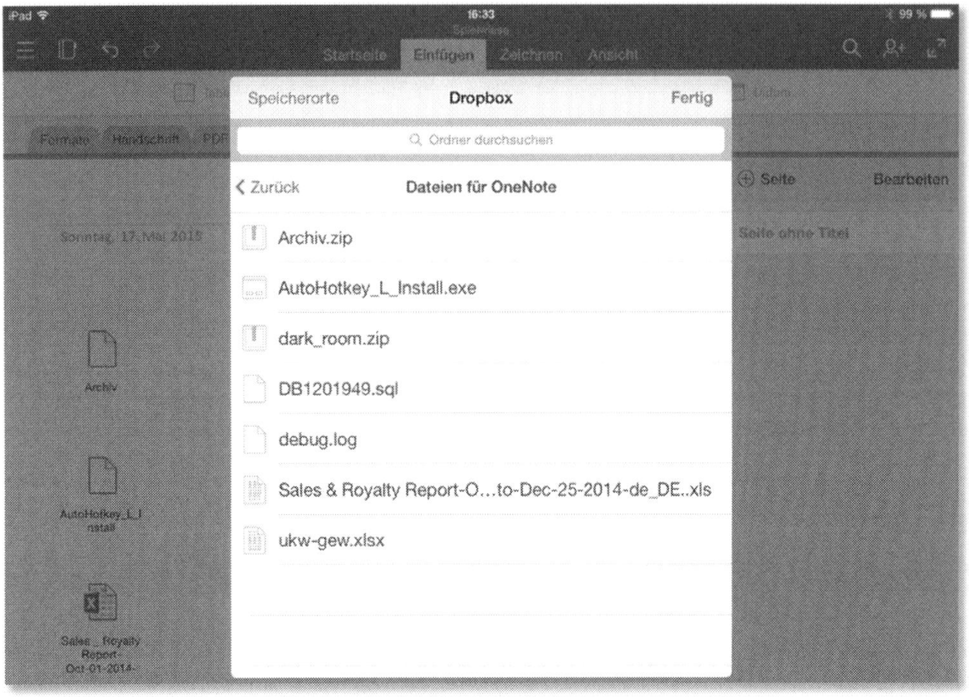

Neben der iCloud werden als Dateiquelle auch andere Cloud-Speicher (hier: Dropbox) unterstützt, wenn deren zugehörige App auf dem iPad installiert ist.

Damit die OneNote-App auf diese Cloud-Dienste zugreifen kann, muss die zugehörige App (also Dropbox, Drive oder OneDrive) auf dem iPad installiert und mit den richtigen Zugangsdaten eingerichtet sein.

So binden Sie Dateien aus einem anderen Cloud-Dienst als iCloud ein:

1. Wenn sich das Fenster mit dem iCloud-Inhalt öffnet (Schritt 3 in der vorherigen Anleitung), tippen Sie links oben auf ***Speicherorte***.
2. Es erscheint eine Liste, die beim ersten Mal nur zwei Einträge enthält: ***iCloud Drive*** und ***Mehr...***. Tippen Sie auf ***Mehr...***.
3. Es öffnet sich ein neues Fenster mit der Überschrift ***Standorte verwalten*** und einer Aufzählung unterstützter Cloudspeicher (ohne iCloud). Rechts von jedem Eintrag findet sich ein Schieberegler. Bewegen Sie die Regler der Cloudspeicher, die Sie nutzen möchten, nach rechts, so dass eine grüne Markierung sichtbar wird. Tippen Sie abschließend auf ***Fertig***.

Ab sofort wird die Liste unter ***Speicherorte*** alle gewählten Cloud-Dienste enthalten. iCloud Drive lässt sich allerdings nicht ausblenden.

> In der Liste ***Standorte verwalten*** steht ganz rechts neben jedem Schieberegler noch ein Symbol aus drei grauen horizontalen Linien. Das dient als „Anfasser", um die Listeneinträge umzusortieren. Bei derzeit nur drei unterstützten Cloud-Speichern dürfte das nicht viel Sinn machen. Möglicherweise kommen aber künftig weitere Speicherorte hinzu und machen die Liste unübersichtlich.

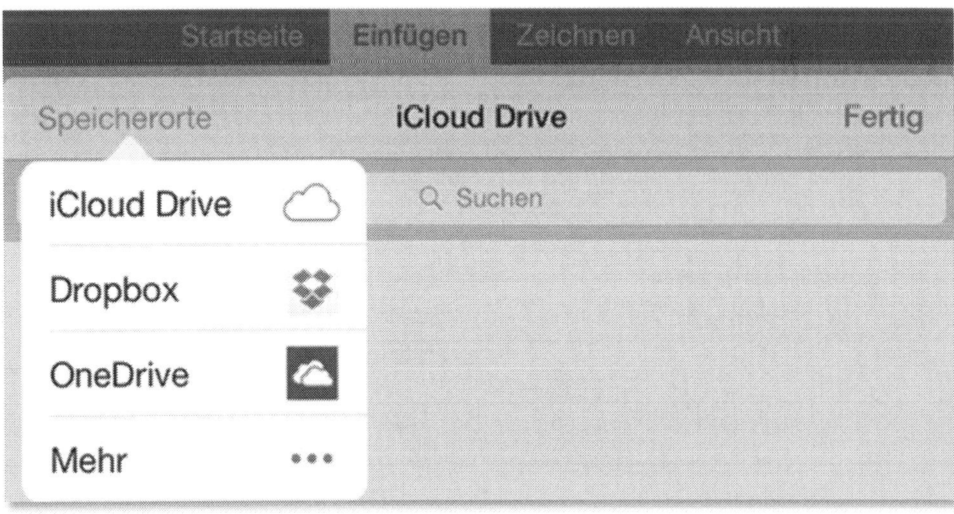

iCloud Drive ist als Quelle für Dateien gesetzt, lässt sich also nicht aus der Liste entfernen.

Warum nur aus Cloud-Diensten?

Möglicherweise fragen Sie sich, warum Sie keine Dateien auswählen können, die irgendwo auf dem iPad liegen – zum Beispiel lokal gespeicherte Word-Dokumente, PDFs oder Audio- und Videofiles.

Das liegt schlicht daran, dass iOS den wahlfreien Zugriff auf das Dateisystem verbietet. Jede App hat ihren eigenen Speicherbereich, den nur sie verwaltet und auf den andere Apps (etwa OneNote oder ein Explorer- oder Finder-ähnlicher Dateimanager, wenn es einen gäbe) nicht zugreifen dürfen.

Einzige Ausnahme: Der Bilderspeicher von iOS mit Fotos und Screenshots kann von mehreren Apps aus (auch aus OneNote, siehe Seite 57) genutzt werden.

Somit bleiben Cloud-Dienste für OneNote derzeit die einzige Möglichkeit als Quelle für das Einbinden von Dateien in Notizseiten – zumindest auf iPad und iPhone. Wenn Sie dagegen auf dem Mac oder unter Windows beliebige Dateien auf eine OneNote-Notiz speichern, stehen diese nach erfolgter Synchronisation natürlich auch in der iPad-App zur Verfügung.

> Wie am Anfang dieses Abschnitts erwähnt, landen Dateien als vollständige Kopie in OneNote – und dank des Offline-Cache somit auch lokal auf Ihrem iPad. Auf Modellen mit geringerem Speicherausbau kann es alleine durch das Öffnen von Notizbüchern mit vielen oder besonders großen Dateien somit schnell eng werden.

PDF-Dateien als Ausdruck einfügen

Die zuvor beschriebene Methode zum Einbinden von Dateien in einer OneNote-Notiz klappt natürlich auch mit PDF-Dateien. Hier hat die App aber noch einen besonderen Trick auf Lager:

Anstatt nur als Anhang, also in Form eines Icons, lassen sich PDFs auch als lesbares Dokument auf eine Notizseite bringen. Microsoft nennt dies „Dateiausdruck“. Dieser Begriff kommt daher, dass das Dokument so erscheint, als wäre es zum Beispiel unter Windows mit einem PDF-Druckertreiber erzeugt worden. Es ist eine les- aber nicht editierbare Grafik (bzw. mehrere Bilder untereinander bei mehrseitigen PDFs). OneNote enthält keinen ausgewachsenen PDF-Betrachter oder gar -Editor. Das macht aber nicht viel, da sich dank der integrierten OCR-Funktion (siehe Seite 139) auch solche Bitmap-PDFs nach Textstellen durchsuchen lassen.

> Diese Funktion legt es nahe, OneNote als Dokumentenverwaltung zu „missbrauchen“. Dazu eignet es sich aber eher nicht!
> Wie erklärt, landen alle eingebundenen Dateien (auch PDFs) nur als Kopie im Notizbuch und versteckt im Cloud-Speicher. Es gibt keinen Bezug zum Originaldokument und auch keine automatische Aktualisierung in OneNote, sollte das Original sich ändern. Als reines Archiv (etwa zum Aufheben von Belegen, Bedienungsanleitungen o.ä.) lässt sich OneNote hingegen gut nutzen – zumindest, solange der Speicherplatz auf dem Gerät oder in OneDrive reicht.

So binden Sie ein PDF lesbar in eine Notizseite ein:

1. Setzen Sie den Cursor an die gewünschte Stelle einer Notizseite.
2. Tippen Sie im Startmenü das Symbol ***PDF-Ausdruck*** an.
3. Es öffnet sich das Fenster zur Auswahl der Datei aus einem Cloud-Dienst (mehr dazu auf Seite 65).
4. Tippen Sie die gewünschte Datei an. Daraufhin wird sie zunächst auf das iPad heruntergeladen und dann in die Notizseite eingefügt. Beide Vorgänge werden von einem Fortschrittsbalken begleitet.

*Setzen Sie ein PDF-Dokument nicht über **Datei**, sondern mit **PDF-Ausdruck** ein, wird sein kompletter Inhalt sichtbar auf der Notizseite eingebunden.*

Anschließend ist das PDF-Dokument gleich zweimal auf der Notizseite eingebunden; einmal als Anhang mit Icon und dem originalen Dateinamen, einmal als vollständiger Ausdruck seitenweise untereinander. Wie eingebettete Bilder lassen sich die Seiten einzeln durch Antippen markieren und per Kontextmenü ausschneiden, kopieren oder löschen. Wollen Sie hingegen nicht einzelne Seiten, sondern das gesamte Dokument löschen, gehen Sie vor wie auf Seite 71 beschrieben.

PDF-Ausdruck nachträglich herstellen

Haben Sie das PDF-Dokument nicht über ***Einfügen – PDF-Ausdruck*** sondern über ***Einfügen – Datei*** in die Notizseite eingesetzt (es gibt also nur ein Icon mit dem Dateinamen), können Sie den Ausdruck auch nachträglich herstellen. Das geht so:

1. Tippen Sie das Icon kurz an und warten, bis sich das schwarz hinterlegte Kontextmenü öffnet.
2. Tippen Sie auf den ganz rechten Eintrag namens ***Ausdruck***.

*Um nachträglich eine sichtbare Version eines nur als Anhang (Icon) eingebetteten PDF-Dokuments zu erzeugen, wählen Sie aus dem Kontextmenü den Befehl **Ausdruck**.*

Daraufhin erscheint der komplette Inhalt der PDF-Datei sichtbar auf der Notizseite. Das Icon nebst Beschriftung bleibt oberhalb der Ausdrucke erhalten.

Auch sehr lange PDF-Dokumente landen in der aktuellen iOS-App immer auf einer einzigen Notizseite – ganz im Unterschied zu OneNote 2010/2013, wo ab einem gewissen, nicht einstellbaren Umfang (aktuell >10 Seiten) PDFs auf mehrere OneNote-Einzelseiten aufgeteilt werden. Es ist nicht ausgeschlossen, dass sich hier auf der einen oder anderen Seite etwas ändern wird, zumal Microsoft die Seitengrenze, ab der aufgeteilt wird, im Zuge mehrerer OneNote-Updates immer wieder verschoben hat.

PDF-Ausdruck löschen

Um die als Ausdruck eingefügte PDF-Datei wieder zu löschen, könnten Sie alle Seiten einzeln markieren und über das Kontextmenü mit dem Löschbefehl entfernen. Bei längeren Dokumenten ist das viel zu mühsam! So geht's einfacher:

1. Tippen Sie das Icon (nicht den Inhalt!) der PDF-Datei kurz an und warten Sie, bis das Kontextmenü sich öffnet.
2. Tippen Sie auf ***Ausdruck entfernen***. Alle Seiten des Dokuments verschwinden; das Icon (und damit die eingebettete Datei) bleibt aber erhalten.

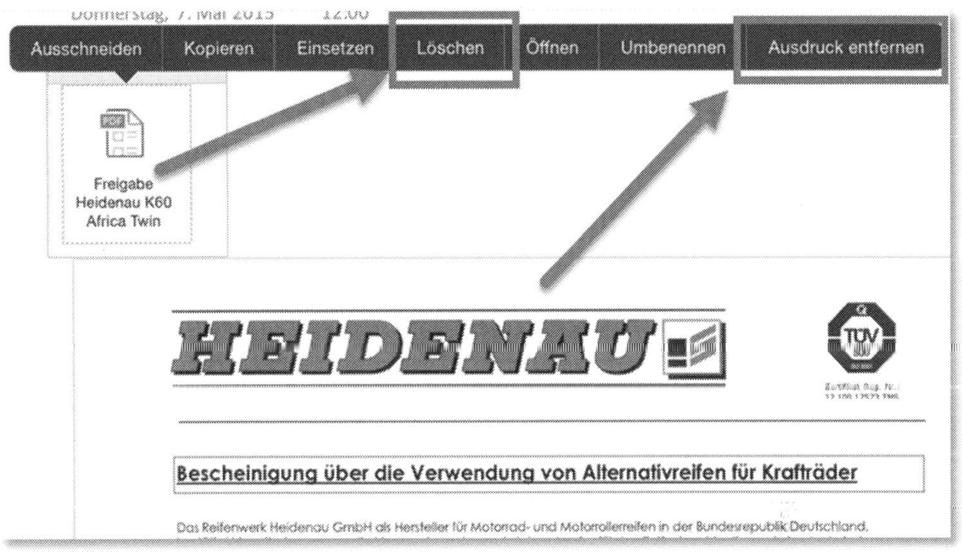

Nach Antippen des Icons der PDF-Datei können Sie entweder dieses mit dem gleichnamigen Befehl ***löschen****, oder nur den sichtbaren* ***Ausdruck entfernen****, das Icon (und damit die Datei) aber behalten.*

3. Um auch das Icon zu entfernen und damit das gesamte Dokument von der Seite zu löschen, tippen Sie das Icon an und wählen ***Löschen*** aus dem Kontextmenü.

> Da beides voneinander getrennt ist, können Sie natürlich auch das Icon löschen und den Ausdruck behalten. Das Icon lässt sich dann aber nicht wiederherstellen!

Eingebettete Dateien öffnen

Im Gegensatz zu Desktop-Betriebssystemen wie Windows oder OS X ist es bei iOS nicht vorgesehen, durch „Starten" einer Datei diese mit einer dem File-Typ zugeordneten Anwendung zu öffnen.

Für viele Dateiformate enthält jedoch die OneNote-App selbst einen Viewer, also ein Programm, das den Dateiinhalt zumindest darstellen, wenn auch nicht bearbeiten kann. Unterstützte Dateitypen erkennen Sie recht sicher daran, dass sie über ein entsprechendes Icon verfügen, zum Beispiel das Excel-Symbol bei XLS- und XLSX-Files.

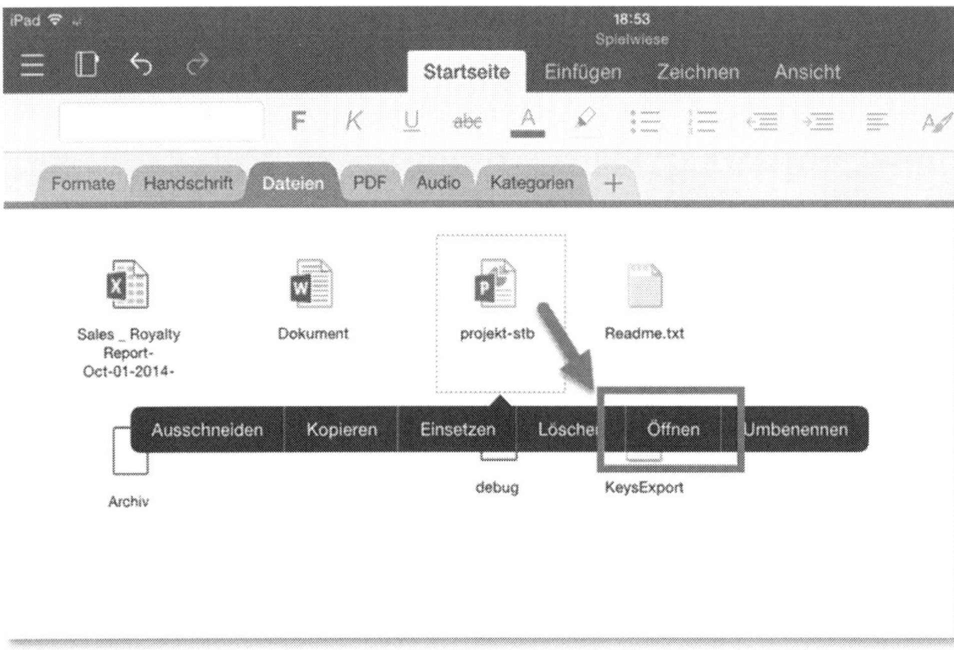

Kennt OneNote einen Dateitypen (z.B. Excel XLS, Word DOC oder PowerPoint PPT), lässt sich der Inhalt direkt in OneNote ansehen.

Um den Inhalt einer in einer Notiz eingebetteten Datei anzuzeigen, gehen Sie so vor:

1. Tippen Sie deren Symbol kurz an und warten auf das Kontextmenü.
2. Wählen Sie dann den Befehl ***Öffnen***.
3. Kann der OneNote-Viewer mit dem Format etwas anfangen, zeigt er den Inhalt der Datei in einer bildschirmfüllenden Ansicht.
4. Die Schaltfläche ***Fertig*** in der linken oberen Ecke schließt die Anzeige wieder.

> In der diesem Buch zugrunde liegenden App-Version 2.12 vom 14.5.2015 gibt es einen Fehler beim Anzeigen von Excel-Dateien: Sind mehrere Arbeitsblätter enthalten und Sie wechseln zu einem anderen, verschwindet die oberste Leiste mit der ***Fertig***-Schaltfläche. Sie kommen aus der Vollbild-Ansicht nur heraus, indem Sie über die Task-Ansicht des iPad (Doppelt auf den Home-Button drücken) OneNote aus dem Speicher werfen. Beim nächsten Start der App landen Sie wieder auf der Notizseite, auf der Sie zuletzt waren.

Bei unbekannten Dateitypen versucht der Viewer, sie entweder als Textfile anzuzeigen (was natürlich nicht immer klappt), oder meldet, dass es keine Vorschau für dieses Format gibt. Es kann nicht schaden, das Öffnen im Zweifelsfall zumindest zu versuchen. In allen Fällen könnten Sie die Datei aber an eine andere App schicken:

Im Viewer, der möglicherweise außer dem Dateinamen keinen Inhalt zeigt und im Fenster mit dem Hinweis, es gäbe keine Vorschau für diesen Dateityp, finden Sie jeweils rechts oben das bekannte Teilen-Symbol von iOS (ein Quadrat aus dem ein Pfeil nach oben herausführt). Tippen Sie dieses an, öffnet sich das bekannte Fenster mit möglichen Sendezielen. Je nachdem, ob Sie eine zum Dateityp passende App installiert haben, wählen Sie diese hier aus.

Als Beispiel soll ein ZIP-Archiv dienen. In OneNote wird es mit einem allgemeinen Dokumentensymbol dargestellt; das Öffnen via Kontextmenü führt zu folgender, wenig hilfreicher Darstellung:

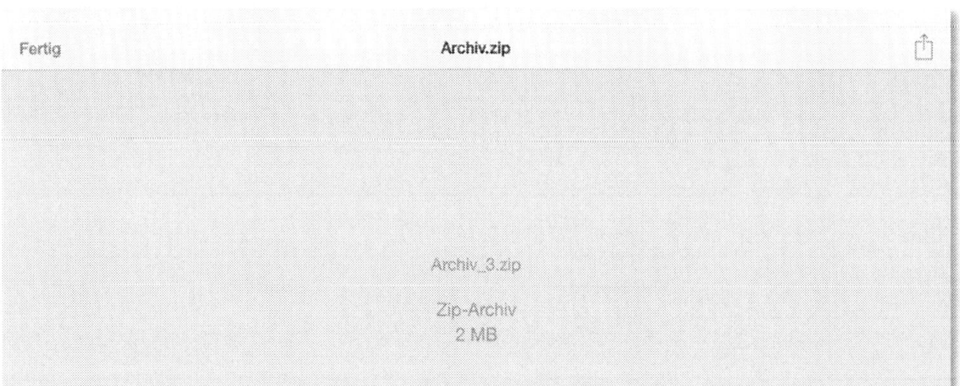

*Über die **Teilen/Öffnen In**-Funktion von iOS (das Symbol rechts oben) können Sie die Datei aber an eine externe App schicken, die mit dem Format umgehen kann...*

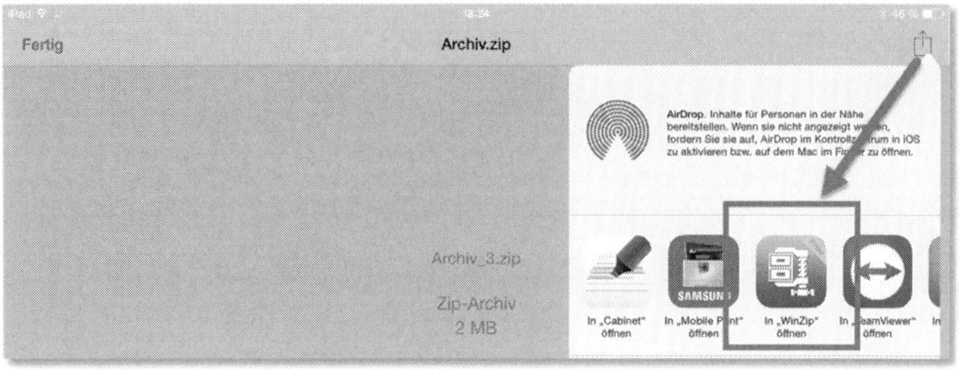

...wie in diesem Fall zum Beispiel WinZip.

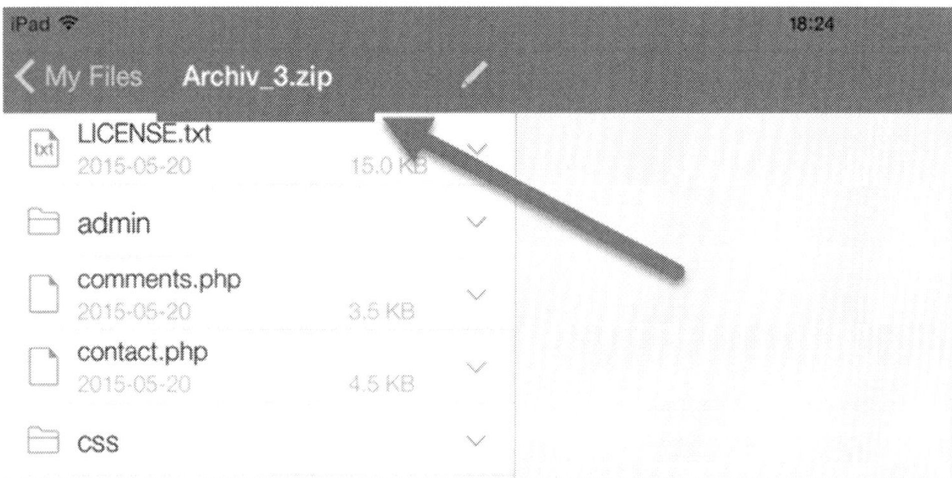

Die kann ihrerseits den Inhalt anzeigen und – je nach Fähigkeiten der jeweiligen App – unter Umständen auch bearbeiten (im Fall von WinZip z.B. auspacken).

Datei-Anhang in einem Cloud-Dienst speichern

Auf dieselbe Art, wie Sie Dateien aus einer Notizseite in einer externen App öffnen, können Sie sie auch zum Beispiel einzeln (als Kopie) in einem Cloud-Dienst wie Dropbox, Google Drive, iCloud oder OneDrive speichern. Wenn Sie die zum jeweiligen Cloud-Dienst gehörende App auf dem iPad installiert und eingerichtet haben, taucht Sie in der Liste der Ziele für die Teilen-Funktion auf. Nicht wundern! ***Öffnen in*** Dropbox meint in diesem Fall natürlich ***Senden an*** (und damit ***Speichern in***) Dropbox.

Handschrift und Stifteingabe

Als OneNote vor über zehn Jahren erschien, war das Programm als Vorzeigeanwendung für die glücklose Tablet-Edition von Windows XP gedacht. Schließlich gab es für die ebenso wenig erfolgreichen ersten Windows-Tablets (lange vor dem ersten iPad) kaum sinnvoll mit einem Stift bedienbare Programme.

So lag der Fokus bei OneNote 2003 auch stark auf dem Zeichnen und auf handschriftlichen Notizen, die sich dank der starken Schrifterkennung durchsuchen und sogar in „Maschinentext“ umwandeln ließen. Das Programm wurde aber vornehmlich auf dem Desktop-PC eingesetzt und erweiterte seinen Funktionsumfang im Laufe der Jahre und Versionen dahingehend. Das Thema Handschrift gewann erst wieder vor wenigen Jahren mit Erscheinen der neuen Windows-Tablets, vor allem der Microsoft-Surface-Reihe, an neuer Bedeutung.

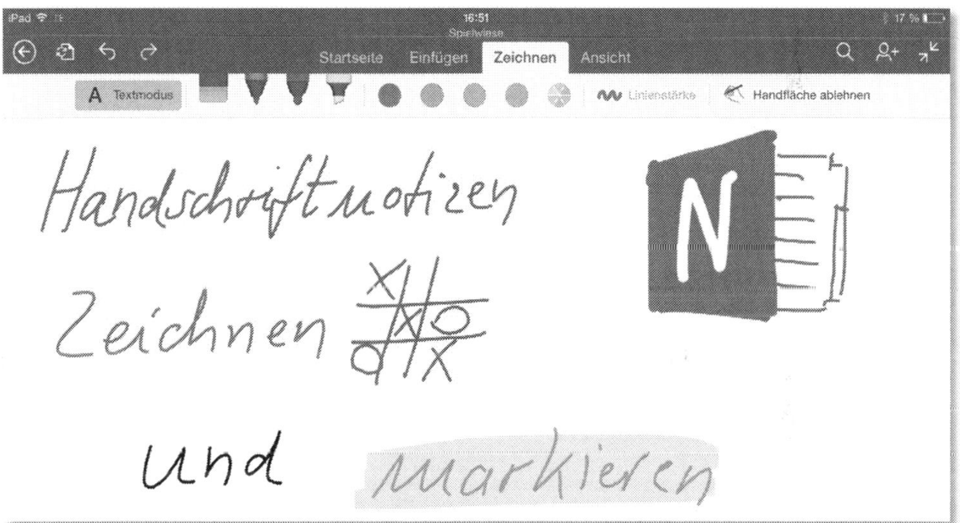

Seit der Version 2.9 unterstützt OneNote für das iPad Handschriftnotizen und Stifteingaben.

Leider versagte Microsoft aber den inzwischen veröffentlichten OneNote-Apps für iOS und Android die Unterstützung von Freihandeingaben per Stift oder Finger komplett – bis vor kurzem. Nachdem Mitte 2014 zuerst die Android-Apps eine rudimentäre Stifteingabe bekamen, wurde dieses Feature Anfang 2015 endlich auch iPad-Nutzern zuteil. Dass die Stifteingabe und Handschrifterfassung mit der Implementierung auf den Surface-Pro-Tablets nicht mithalten kann, hat vornehmlich zwei Gründe:

- Im Gegensatz zum Surface Pro (oder auch den Android-Geräten aus Samsungs Galaxy Note – Reihe) ist das iPad rein für die Fingerbedienung ausgelegt. Hochwertige Digitizer benötigen eine spezielle Sensorschicht im Display, die allen iPad-Modellen fehlt. Daher lassen sich hier nur recht primitive Stifte („Styli“) verwenden, die lediglich die Fingerspitze simulieren. Mehr dazu im nächsten Abschnitt.

- Der andere Grund ist, dass Microsoft bei weitem nicht alle zeichen- und handschriftbezogenen Features in die iPad-Ausgabe von OneNote eingebaut hat. So fehlen zum Beispiel geometrische Formen wie Kreise, Pfeile oder Rechtecke. Außerdem werden Handschriftnotizen zwar neuerdings serverseitig indexiert und somit nach Begriffen durchsuchbar gemacht. Die Indexierung läuft aber etwas anders als wenn sie von der Windows-Version von OneNote vorgenommen wird. Nur dann lässt sich auch auf dem iPad Handschrift in „Maschinentext“ umwandeln. Mehr dazu ab Seite 86.

Kleine Stiftkunde

Die Touchscreens von Tablets und Smartphones sind – anders als ihre Vorläufer, die Pocket-PCs mit Palm OS oder Windows Mobile – eigentlich nur für die Bedienung per Finger anstelle eines Stiftes vorgesehen. Ein kapazitiver Touchscreen erfasst nicht den Druck einer Stiftspitze oder Fingerkuppe, sondern erkennt die Beeinflussung eines elektrischen Feldes (genauer: die Kapazitätsveränderung an den Kreuzungspunkten zweier ins Glas eingearbeiteten Leitfolien-Gitter) durch die statische Ladung eines Fingers oder anderen Körperteils. Die Vorteile sind, dass eine sanfte Berührung ausreicht und dass mehrere Finger (Multi-Touch) erkannt werden.

Seit den Malereien im Kindergarten haben wir das Schreiben und Zeichnen mit der Hand aber weitgehend verlernt und uns an ein wesentlich präziseres Instrument wie Kugelschreiber oder Bleistift gewöhnt.

Damit ein kapazitiver Touchscreen aber auch mit einem Stift funktioniert, muss etwas getrickst werden. Es gibt derzeit drei unterschiedliche Arten von Stiften für Tablets und Smartphones:

> Als dieses Buch entstand, war das **iPad Pro** mit seinem eigenen Stylus noch nicht verfügbar. OneNote unterstützt diesen offiziell; einen Bericht aus der Praxis kann ich leider jedoch nicht geben.

Einfacher passiver Stylus

Die simpelste Lösung funktioniert auf jedem Gerät und kostet in einfachen Ausführungen nur ein paar Euro. Universelle Touchscreen-Stifte (meist „Stylus" genannt) sind leitfähig und verlängern quasi den Finger. Die elektrische Ladung der Haut liegt auch an der Spitze des Stifts an. Diese ist wesentlich dicker als bei einem Kugelschreiber oder Bleistift (eher wie ein stumpfer Wachsmalstift) und besteht meist aus einem weichen, gummiartigen Material. Klarer Vorteil dieser Stifte: Sie funktionieren mit absolut jeder App, auch mit dem aktuellen OneNote für iOS.

Ein passiver Stylus (hier: Wacom Bamboo Solo) kostet nur ein paar Euro und simuliert mit seiner weichen und breiten Spitze eine Berührung mit der Fingerkuppe. (Bild: Wacom)

Es gibt aber auch einige Nachteile: Andruckstärke oder Neigungswinkel werden bei diesen Stiften (wie auch beim Finger) nicht erkannt und wegen der dicken Spitze ist das Ganze ziemlich unpräzise. Schlimmer: Die jeweilige App weiß nichts von einem Stift. Wenn Sie beim Schreiben den Handballen aufs Display legen, was ja einer natürlichen Haltung entspricht, sorgt der ebenfalls für Eingaben – es ist im Prinzip ja nur ein weiterer Finger. An der entsprechenden Stelle tauchen somit ungewollte Striche auf oder der Bildinhalt scrollt wild herum.

Manche Notiz-Apps behelfen sich mit einem „virtuellen Handballenschutz". Das ist ein meist halbtransparent dargestellter Bereich, der sich von unten über einen Teil des Bildschirminhaltes ziehen lässt. In diesem Schutzbereich werden Eingaben von der App ignoriert. In OneNote steckt auch so ein Schutz (dazu gleich mehr), allerdings völlig unsichtbar und nicht ganz so wirkungsvoll.

„Echte“ Digitizer

Einiges Tablets, wie die Surface-Pro-Modelle von Microsoft oder die Galaxy Note-Serie von Samsung sind für ihre präzisen Eingabestifte bekannt. Das liegt daran, dass im Glas des Tablets eine spezielle zusätzliche Sensorschicht die exakte Position der Stiftspitze ermittelt. Die zugehörige Technik kommt vom Grafiktablett-Spezialisten **Wacom** (Galaxy Note) oder vom mittlerweile von Microsoft übernommenen Unternehmen **N-Trig** (Surface-Serie). Diese Stifte übermitteln Informationen wie Anpressdruck und Winkel per Funk an das Tablet. Tatsächlich ähneln Hardware und Funktionsweise stark einem herkömmlichen Grafiktablett für PC oder Mac.

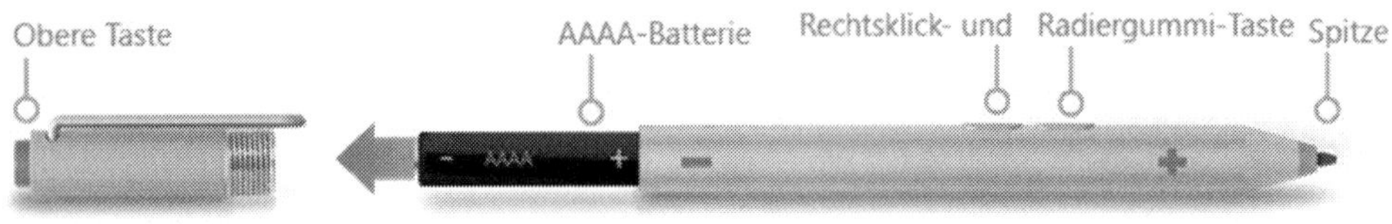

Hochwertige aktive Digitizer wie der Stift des Microsoft Surface Pro 3 benötigen eine spezielle Sensorschicht im Tablet-Display. Sie kommunizieren per Funk mit der jeweiligen App. (Bild: Microsoft)

Während OneNote für Windows (-Tablets) auf dem Surface die Stiftinformationen komplett und zuverlässig auswertet, fällt die Unterstützung des Wacom-Stifts auf dem Galaxy Note und der OneNote-App für Android etwas schlechter aus.

Der sehr hohen Präzision stehen zwei Nachteile gegenüber: Zum einen funktioniert das Ganze natürlich nur mit eben jenen Geräten, die diese zusätzliche Sensorschicht im Display haben. Sämtliche iPad- und iPhone-Modelle fallen damit ebenso aus wie die meisten Android- und Windows-Geräte. Zum anderen braucht's zumindest für die Zusatzinfos wie den Anpressdruck die explizite Unterstützung der jeweiligen App. Die Galaxy-Note-Geräte zum Beispiel werten diese Infos zwar in der hauseigenen Notiz-App „S-Note“ aus, nicht aber in der Android-Ausgabe von OneNote.

Was Digitizer besonders auszeichnet, ist die so genannte Palm Rejection. Im Gegensatz zu einfachen kapazitiven Stiften unterscheidet die Software idealerweise (also wenn entsprechender Support eingebaut ist) die Stiftspitze von einer kapazitiven Eingabe. Soll heißen: Wenn Sie beim Schreiben den Handballen auf den Touchscreen legen, irritiert das die App in keiner Weise.

iPad-Nutzer müssen nach wie vor warten, ob und wann Apple ein Modell mit expliziter Digitizer-Unterstützung, also auch der Sensorschicht im Display-Glas, herausbringt. Steven Jobs hatte seinerzeit ja die Notwendigkeit von Stiften bei Tablets kategorisch verneint.

Erweiterte kapazitive Stifte

Die beiden Einschränkungen – fehlende Präzision bei den einfachen Stiften und spezielle Tablet-/Smartphone-Hardware bei den Digitizern – wollen einige Hersteller mit Speziallösungen umgehen. Dazu gehören beispielsweise der *Adonit Jot Touch Pixelpoint*, der *Wacom Intuos Creative Stylus 2* und der *Wacom Bamboo Stylus Fineline*. Diese sind deutlich teurer als passive Styli, verfügen über eine dünnere Spitze, einen eingebauten Akku und funken einige Infos über Andruckstärke und Neigungswinkel an das iPad.

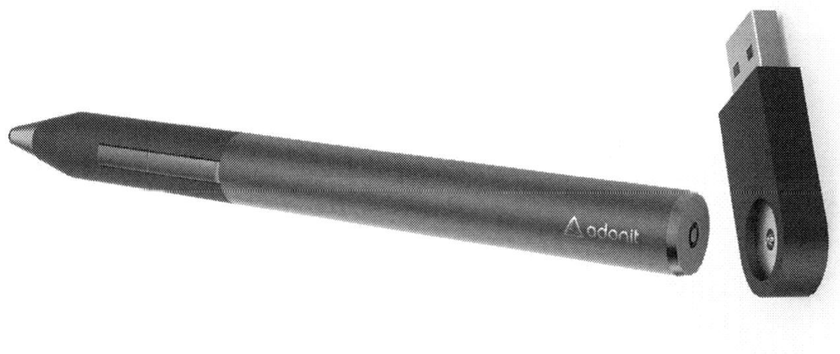

Einen Mittelweg stellen spezielle aktive kapazitive Stifte dar (hier: Adonit Jot Touch mit USB Ladestation). Sie funken ebenfalls per Bluetooth (Anpressdruck, Handballenschutz,...), müssen aber von der jeweiligen App direkt unterstützt werden. Das ist bei OneNote bislang nicht der Fall. (Bild: Adonit)

Größter Nachteil: Die jeweilige App muss die gefunkten Informationen auch auswerten. Tut sie das nicht, was bei den meisten Apps der Fall ist, tritt nach etlichen Anwenderberichten sogar eine unangenehme Verzögerung auf, bis das Geschriebene auf dem Display erscheint.

Bislang ignoriert auch die OneNote-App für das iPad die Infos dieser Stifte komplett; sie funktionieren also nicht besser als die billigen Passiv-Stifte mit „Gummispitze".

Der Handballen-Schutz

Nutzt man einen passiven Stift (siehe *„Kleine Stiftkunde"* ab Seite 76), der nur den Finger simuliert – wie gesagt, derzeit die einzige Option für OneNote auf dem iPad – gibt es ein Problem: Bei einer natürliche Schreibhaltung, legt man den Handballen auf das Papier bzw. in diesem Fall auf das Display. Das erkennt das Gerät aber als Eingabe mit einem zweiten „Finger" und führt entsprechende Aktionen aus, zum Beispiel ein Scrollen des Bildschirms oder ungewollte Striche im Bereich des Handballens. Die OneNote-App kann dieses Problem nicht komplett beseitigen, versucht es aber zu verringern. Über die Handballen-Schutzfunktion lässt sich ein Bereich der angezeigten Notizfläche definieren, in dem Eingaben (weitgehend) ignoriert werden. Welcher Bereich das (ungefähr) ist, legen Sie im Menü ***Zeichnen*** über die ganz rechte Schaltfläche fest. Im Querformat ist die mit ***Handfläche ablehnen*** beschriftet. Hochkant reduziert sie sich auf das Symbol einer gezeichneten Hand. Ein Tipp darauf öffnet ein grafisches Menü, das in Symbolen sechs typische Handhaltungen zeigt, je drei für Rechts- und Linkshänder. Wählen Sie diejenige aus, die Ihrer Schreibhaltung am ehesten entspricht.

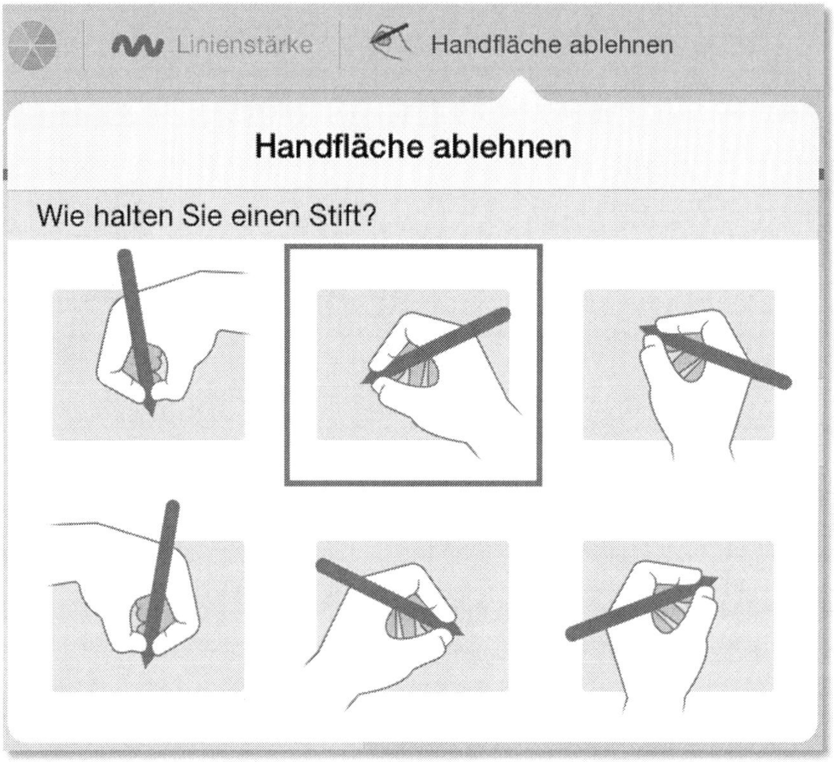

Wählen Sie das Symbol, das Ihrer Handhaltung beim Schreiben am ehesten entspricht.

OneNote versucht dann, im entsprechenden Bildschirmbereich alle Eingaben zu ignorieren. Das klappt in der Praxis allerdings nur halbwegs.

Zeichnen und Schreiben

Das Skizzieren, Malen und Schreiben in der OneNote-App ist recht selbsterklärend. Im Menü ***Zeichnen*** finden sich alle notwendigen Werkzeuge. Die Symbole und Schaltflächen von links nach rechts:

Ganz links die Umschaltung zwischen Text- und Zeichenmodus. Dazu gleich im nächsten Abschnitt mehr.

Es folgen vier Symbole für Zeichenwerkzeuge, zwischen denen Sie jederzeit durch Antippen wechseln können:

- Radiergummi
- Fineliner (Schreiben und feinere Linien)
- Dickerer Malstift
- Textmarker (breit, transparent)

Die nächsten vier Symbole dienen der Farbauswahl (Schwarz, Blau, Grün und Rot).

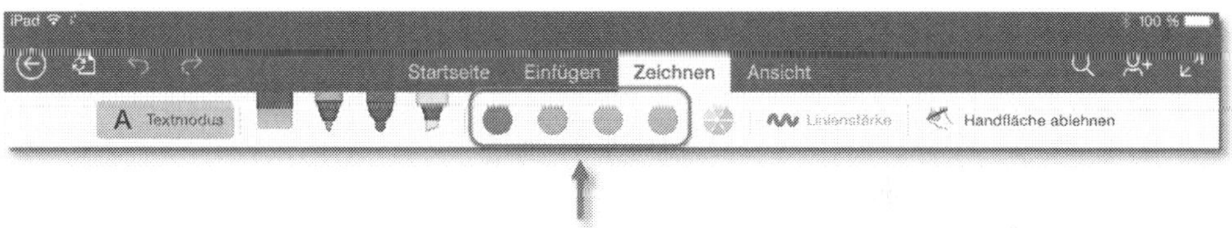

Die vier Grundfarben zur Schnellauswahl lassen sich nicht anpassen.

Das fünfte Symbol (mehrfarbig) führt zu einem Auswahlfeld für alle 16 verfügbaren Farben. Eine weitere Anpassung ist nicht möglich. Diese Farben stehen zudem nur für den feinen und dicken Stift zur Verfügung. Ist der Radiergummi aktiv, sind die Farbauswahlfelder nicht anwählbar. Nutzen Sie gerade den Textmarker, dürfen Sie zwischen vier gebräuchlichen Marker-Farben wählen; das Symbol für weitere Farbauswahlen ist inaktiv.

Die letzte Schaltfläche dient der Auswahl der Linien- bzw. Strichstärke. Wie die freie Farbauswahl steht auch diese Funktion nur den beiden Schreib- und Zeichenstiften zur Verfügung.

Markieren und Beschriften

Außer handschriftlichen Notizen oder Skizzen bietet die Zeichenfunktion der One-Note-App einen weiteren Nutzen: Auf der Notizseite eingebundene Grafiken, Fotos oder PDF-Dokumente lassen sich mit Markierungen oder Anmerkungen versehen.

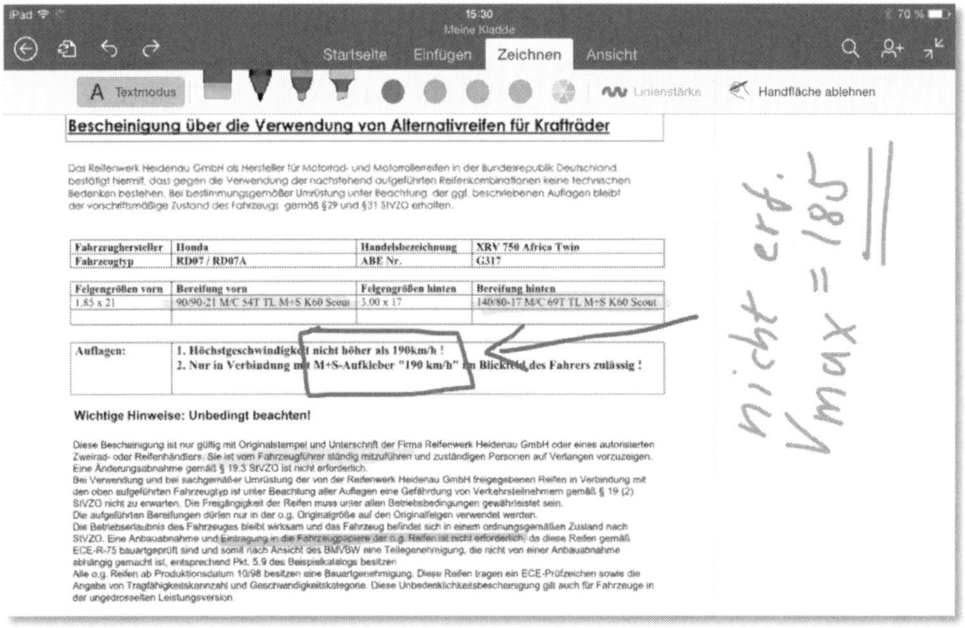

Auch Bilder oder eingefügte PDF-Dokumente lassen sich beschriften und mit Anmerkungen versehen.

Vor allem in der PC-Version ist diese Annotationsfunktion nicht optimal gelöst, denn: Alle Objekte einer Seite, also auch Bilder, PDFs und handschriftliche Markierungen, bleiben immer voneinander unabhängig und lassen sich nicht gruppieren. Man kann also versehentlich ein Bild oder PDF-Dokument verschieben, ohne die Markierungen „mitzunehmen“. Die sitzen dann an völlig falschen Stellen. Beim iPad entfällt (bislang) dieses Problem. Da sich Objekte überhaupt nicht nachträglich verschieben lassen, kann das auch nicht versehentlich passieren. Das Markieren selbst ist simpel: Anstatt in einem freien Bereich zeichnen Sie einfach direkt über ein vorhandenes Objekt. Es stehen alle Farben und Stifte inkl. Textmarker zur Verfügung.

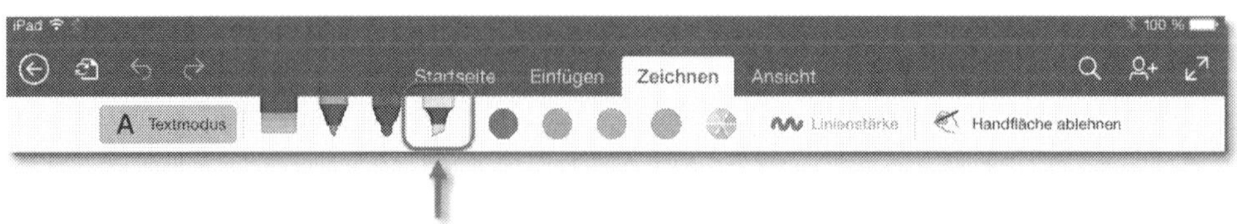

Der Textmarker funktioniert genau wie das bekannte reale Büro-Utensil.

Löschen und Radieren

Ungewollte Striche (z.B. wenn der Handballenschutz versagt hat), Buchstaben oder Worte werden Sie auf zwei Arten los:

- Mit der von vielen iOS-Apps bekannten ***Rückgängig***-Funktion. Tippen Sie auf den gebogenen Pfeil nach links am oberen linken Bildschirmrand, um den zuletzt gezeichneten Linienzug zurückzunehmen.

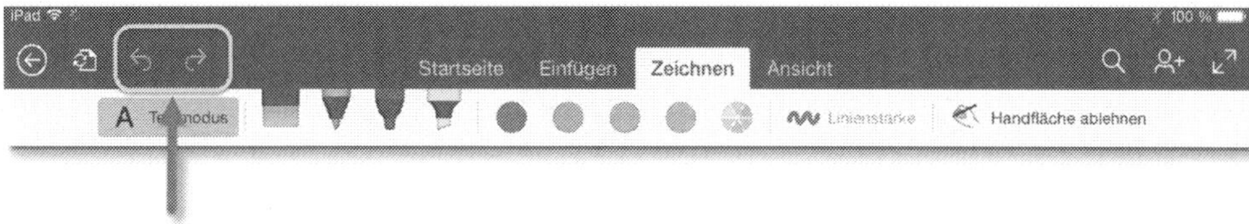

Mit Undo (Pfeil nach links) und Redo (Pfeil nach rechts) lassen sich die zuletzt gezeichneten Linienzüge zurücknehmen (löschen) und wiederherstellen.

- Der ganz linke „Stift" im ***Zeichnen***-Menü stellt einen Radiergummi dar und funktioniert in etwa auch so. „In etwa" deshalb, weil Schrift- und Linienzüge als voneinander getrennte Objekte gespeichert sind. Sie können also mit dem Radiergummi bei zwei übereinander liegenden Linien eine davon gezielt entfernen ohne die andere zu beschädigen – ganz anders als bei einem klassischen Zeichenprogramm.

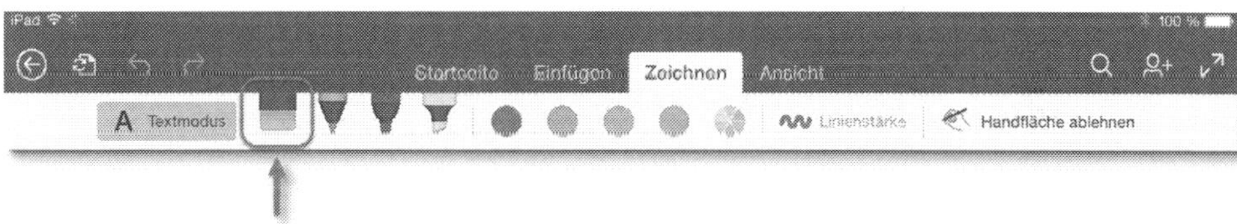

Der Radiergummi entfernt komplette Linienzüge, auch wenn Undo und Redo nicht mehr greifen.

Auch die Kombination beider Methoden funktioniert. Haben Sie etwa mit dem Radiergummi einen Linienzug irrtümlich entfernt, können Sie ihn mit der ***Rückgängig***-Funktion wieder herstellen.

Scrollen im Zeichenmodus

Das klassische Scrollen per Finger (Eine Stelle antippen und den Finger in eine beliebige Richtung schieben.) kann beim Zeichnen mit einem passiven Stylus oder dem Finger nicht klappen. Woher soll die App wissen, dass Sie mit dem Finger keinen Strich zeichnen, sondern das Notizblatt verschieben wollen?

OneNote bietet auf dem iPad zwei Auswege aus dem Dilemma:

- Wechsel zwischen Zeichen- und Textmodus: Sobald Sie das ***Zeichnen***-Menü aufrufen, schaltet die OneNote-App in den Zeichenmodus. Das bedeutet, dass zum Beispiel Streichbewegungen mit einem Finger oder Stylus einen Strich zeichnen anstatt den Bildschirminhalt zu scrollen. In der Menüleiste finden Sie ganz links eine Schaltfläche, die mit ***Textmodus*** beschriftet ist. Tippen Sie die an, wird sie grau markiert und das Scrollen und Zoomen per Finger funktioniert wie gewohnt. Das Antippen eines Stiftes oder des Radiergummis wechselt zurück in den Zeichenmodus. Der Textmodus wird auch aktiv, wenn Sie in einen anderen Menübereich (***Startseite***, ***Ansicht***, ***Einfügen***) schalten.

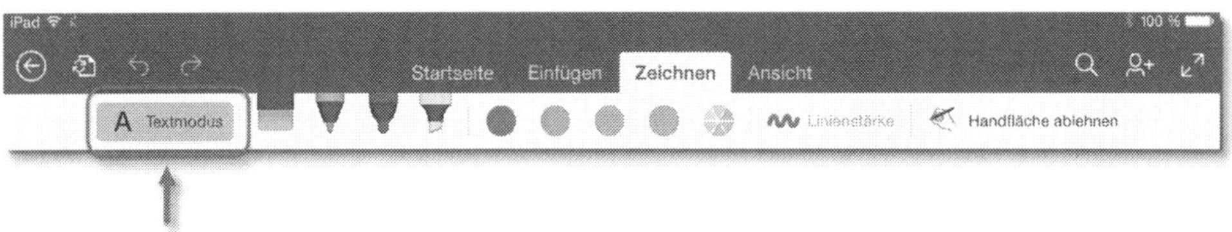

Bei aktiviertem Textmodus ist die Stift- und Fingereingabe abgeschaltet; Sie können nun wieder Texte per Tastatur eingeben und mit nur einem Finger scrollen.

- Die zweite Methode erspart den umständlichen Wechsel zwischen Zeichen- und Textmodus, erfordert aber etwas Gewöhnung: Ist der Zeichenmodus aktiv, können Sie per Finger scrollen, wenn Sie zwei Finger auf einmal nehmen. Achtung: Genau zwei Finger! Mit dreien schreiben und zeichnen Sie wieder. Haben Sie einen Stylus in der Hand, braucht's dazu etwas Fingerakrobatik. Mit etwas Übung klappt es aber ganz gut, zum Verschieben des Inhalts einen Finger zusätzlich zum Stift auf das Display zu setzen (ein bisschen, wie mit Stäbchen zu essen ☺).

Handschrift durchsuchbar machen

Eine der Stärken von OneNote ist schon immer die leistungsfähige Handschrifterkennung gewesen. Sie sorgt dafür, dass sich per Stift Notiertes nicht nur durchsuchen, sondern auch ganz oder auszugsweise in „Maschinenschrift" umwandeln lässt. Bis vor kurzen musste dafür allerdings die entsprechende Notizseite erst in OneNote 2010 oder 2013 für Windows geöffnet werden, da nur diese die Indexierung (Handschrifterkennung) durchführen konnte.

Inzwischen erfolgt diese Indexierung auch serverseitig. Somit sind nach der Synchronisation mit OneDrive (mit Notizen auf OneDrive for Business klappt's in der aktuellen Version noch nicht) und kurzer Wartezeit Handschriftnotizen automatisch auch nach Stichworten durchsuchbar. Mehr zur Suchfunktion übrigens ab Seite 134.

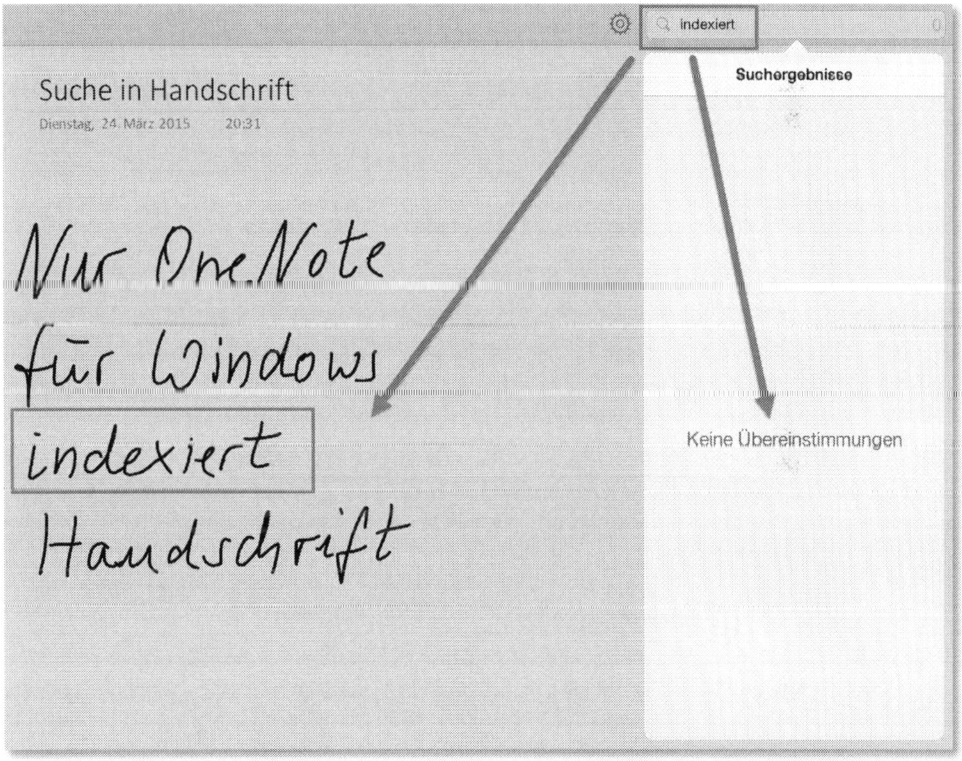

Tote Striche: Auf dem iPad erfasste Handschrift lässt sich erst nach der serverseitigen Indexierung nach Begriffen durchsuchen. Vorher „sieht" die OneNote-App nur Grafik.

Was allerdings auffällt, ist: Auch nach der Indexierung durch den Microsoft-Server – Inhalte werden also per Suchfunktion in OneNote gefunden – lassen sich die Schriftzüge auf dem iPad nicht markieren. Das aber ist nicht nur Voraussetzung, um Schriftzüge auszuschneiden und an anderer Stelle wieder einzufügen, sondern auch für die

Umwandlung in Maschinentext. Ganz anders, als wenn OneNote für Windows die Indexierung vorgenommen hätte. Offensichtlich kommen hier entweder zwei unterschiedliche Verfahren zum Einsatz oder die Server-Indexierung schreibt bestimmte Informationen nicht in die OneNote-Datei. Das lässt sich wie früher nur mit Hilfe von OneNote 2010/2013 für Windows lösen. Wie das geht, steht im nächsten Abschnitt.

> **Anm. des Autors:** Der etwas provokante Text „Nur OneNote für Windows indexiert Handschrift“ in den Abbildungen entstand, als es die Server-Indexierung noch nicht gab. Anstatt neue Screenshots anzufertigen, habe ich beschlossen, den Satz so stehen zu lassen. Einfach, weil ich – wie im Text beschrieben – die serverseitige Handschrift-Indexierung in der vorliegenden Implementierung für unvollständig halte. Ganz korrekt wäre also: „Nur OneNote für Windows indexiert Handschrift vollständig“.

Handschrift umwandeln in Maschinentext

Handschriftliche Notizen lassen sich auch auf dem iPad durchaus in „normalen Maschinentext“ umwandeln, wenngleich nicht so einfach wie bei der Windows-Version. Voraussetzung ist aber, dass die Schriftzüge zuvor **von OneNote für Windows indexiert** wurden und nicht nur von den Microsoft-Servern. Nur dann nämlich kann man eine handschriftliche Passage in der OneNote-App per Fingertipp markieren, was Voraussetzung für die Umwandlung ist. Gehen Sie also folgendermaßen vor:

1. Nachdem Sie die Handschriftnotiz auf dem iPad erfasst haben, warten Sie die Synchronisation mit der Cloud ab oder starten Sie sie per Hand. Tippen Sie hierfür das zweite Symbol links oben an und wählen aus dem Menü den Befehl ***Dieses Notizbuch synchronisieren***.

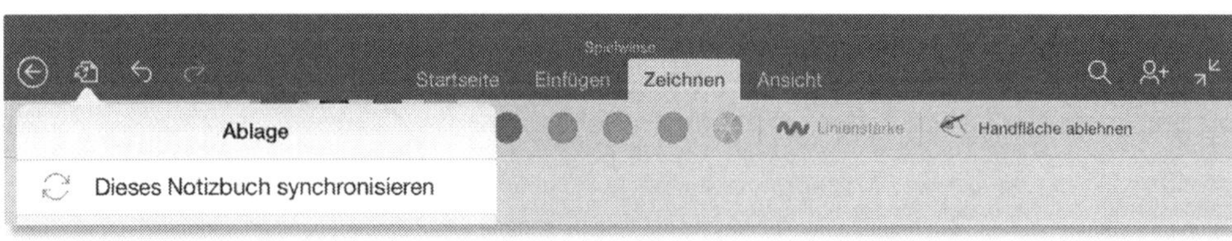

Synchronisieren Sie zunächst das Notizbuch mit der Cloud.

2. Öffnen Sie dann das Notizbuch in einer Windows-Version von OneNote. Das kann die mit Office 2010 oder 2013 installierte Fassung, das kostenlose OneNote 2013 oder die Microsoft-Store-App („Kachel-App“) sein. OneNote für OS X reicht allerdings nicht!

3. Das Öffnen alleine reicht für das Indexieren. Um sicherzugehen, können Sie die Handschriftnotiz markieren, mit der rechten Maustaste anklicken und nachsehen, ob im Kontextmenü ***Freihand in Text*** anwählbar ist. Dann nämlich ist der Linienzug als Handschrift erkannt und indexiert.

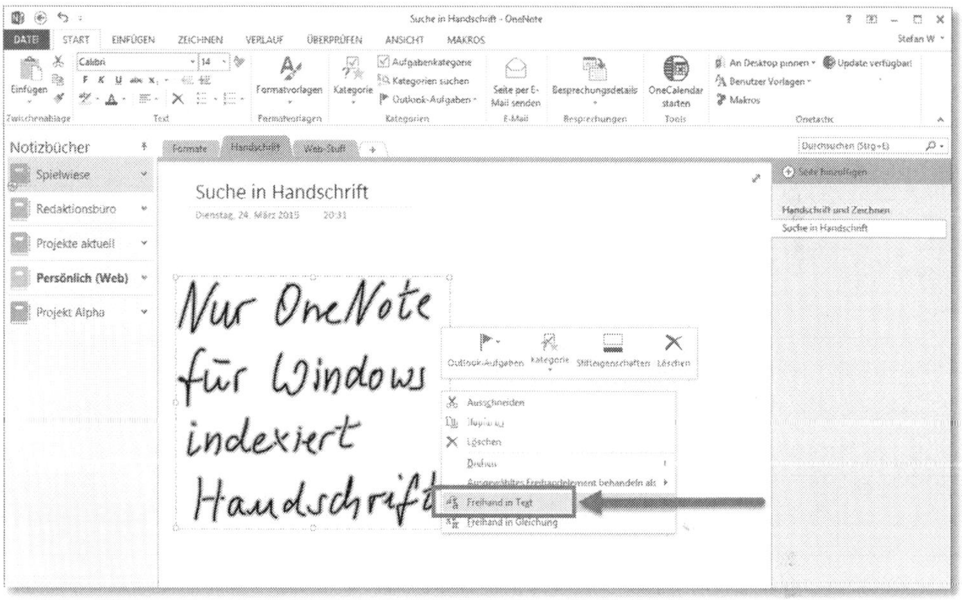

*Öffnen Sie eine entsprechende Notizseite in OneNote für Windows, wird die Handschrift automatisch indexiert. Sie erkennen das daran, dass im Kontextmenü der Befehl **Freihand in Text** verfügbar ist.*

4. Synchronisieren Sie jetzt das Notizbuch wieder mit der Cloud. Das geht bei OneNote 2010/2013 zum Beispiel mit der Taste **[F9]**.

5. Zurück auf dem iPad synchronisieren Sie das Notizbuch erneut.

6. Versuchen Sie nun, einen handschriftlichen Linienzug durch längeres Antippen zu markieren. Sie müssen den Finger oder Stift dazu exakt auf einen Strich setzen. Eventuell brauchen Sie ein paar Anläufe. Wenn’s klappt, sieht die Markierung wie auf dem unten stehenden Bild aus. Sie lässt sich mit den beiden „Anfassern“ an Anfang und Ende wie unter iOS allgemein üblich erweitern oder reduzieren.

Nach der erneuten Aktualisierung (Synchronisation) mit der iPad-App lässt sich die Handschrift auch hier als eigenständiges Objekt markieren.

Wenn sich der Schriftzug markieren lässt, ist er auch (von Windows, also „vollständig") indexiert. Das bedeutet, die Klartextvariante ist unsichtbar mit dem Linienzug gespeichert und wird bei der Suche nach einem enthaltenen Begriff auch gefunden.

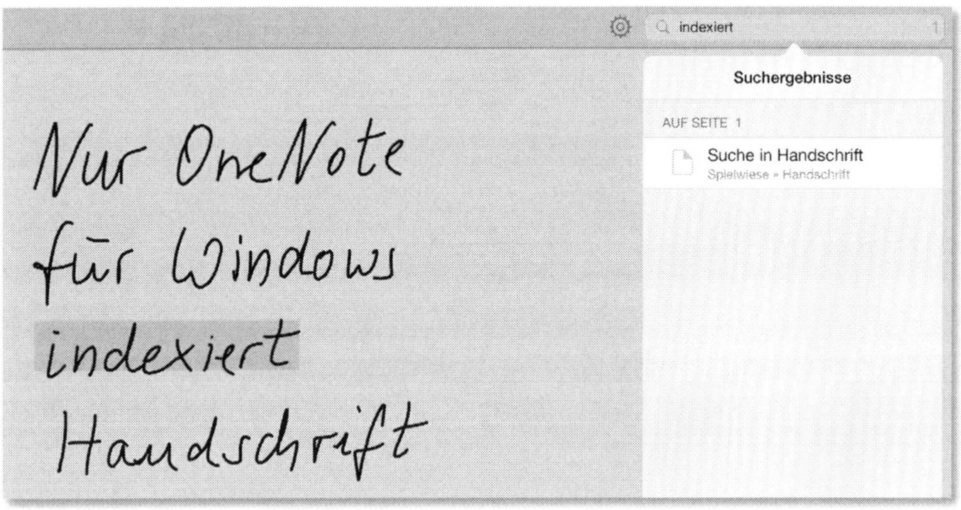

Jetzt klappt auch das Suchen. Der gefundene Begriff („indexiert") wird deutlich in der Notiz per Textmarker hervorgehoben.

So übertragen Sie die Maschinentext-Version der Handschrift in eine andere App:

1. Markieren Sie die betreffende Handschriftpassage durch längeres Antippen.
2. Erweitern oder verkleinern Sie die Markierung bei Bedarf mit den beiden „Anfassern" an Anfang und Ende des Abschnitts.

3. Wählen Sie aus dem Kontextmenü den Befehl ***Kopieren***. Dabei landet der markierte Inhalt in der Zwischenablage, und zwar sowohl der grafische Linienzug als auch die vom Windows-OneNote hinzugefügte Maschinentext-Version.

4. Wechseln Sie in eine iOS-App, die das Einfügen von reinem Text per Zwischenablage erlaubt. Gut eignet sich zum Beispiel die kostenlose Microsoft Word App.

5. Tippen Sie im jeweiligen Texteingabebereich eine freie Stelle länger an und wählen aus dem Kontextmenü den Befehl ***Einsetzen***. Bei Word tippen Sie noch das Symbol für die Einfügeoptionen an und wählen ***Nur den Text übernehmen***. Dabei landet nur die Maschinentext-Version im Textbereich, wo Sie sie wiederum markieren und in andere Apps oder zurück in OneNote übertragen können.

Zum Umwandeln der (bereits indexierten!) Hand- in Maschinenschrift ohne Windows-Hilfe eignet sich zum Beispiel die kostenlose Word-App von Microsoft gut – einfach per Zwischenablage übertragen.

Leider funktioniert das nicht ohne weiteres innerhalb der OneNote-App selbst. Würden Sie hier einen Schriftzug markieren, in die Zwischenablage kopieren und an anderer Stelle wieder einsetzen, würde (wie übrigens auch in etlichen externen Apps) nur eine Kopie des grafischen Schriftzuges entstehen. Möchten Sie dagegen die Maschinenschrift-Version in OneNote einsetzen, braucht's einen Umweg:

1. Verfahren Sie genau wie bei der vorherigen Anleitung zur Übertragung der Handschriftnotiz in eine andere App, zum Beispiel Microsoft Word.

2. Haben Sie dort die Maschinentext-Version erzeugt, markieren Sie diese wiederum und kopieren sie in die Zwischenablage

3. Wechseln Sie zurück zu OneNote, wählen die gewünschte Zielposition, tippen die Notizseite länger an und wählen ***Einsetzen*** aus dem Kontextmenü.

Möchten Sie die Handschriftversion durch den Maschinentext in der Notiz ersetzen, wählen Sie nach dem Markieren des Schriftzuges nicht ***Kopieren*** sondern ***Ausschneiden***.

Sie können sich den Umweg über eine externe App sparen, wenn Sie den Inhalt der Zwischenablage in das Suchfeld von OneNote einsetzen und von dort in die Notizseite zurückkopieren. Dieses Feld unterstützt nämlich nur reinen Text; der Effekt ist also derselbe wie beim Umweg über einen externen Texteditor. Allerdings ist das Feld recht klein und zeigt nur die ersten Zeichen des betroffenen Schriftzuges an, den Sie aber trotzdem komplett markieren können.

Besitzen Sie OneNote für Windows (zum Beispiel die kostenlose oder Office-Ausgabe von OneNote 2013), nutzen Sie lieber diese Version zur Umwandlung von Handschrift in Maschinentext. Es geht weit einfacher: Markieren, rechte Maustaste, ***Freihand in Text*** wählen, fertig.

Kategorien und Aufgabenlisten

Einzelne Textstellen (Absätze, keine einzelnen Wörter!) oder Objekte (z.B. Bilder) lassen sich in OneNote mit speziellen Kennzeichen („Kategorien“) versehen. So kennzeichnen Sie zum Beispiel Inhalte als besonders wichtig, als zu klärende Frage oder nachzuverfolgende Idee.

Die OneNote-App bietet hierzu im Menü ***Startseite*** über das ganz rechte Symbol (eine Art Adress- oder Kofferanhänger mit drei Punkten) eine Auswahl von 27 vordefinierten Kategorien.

Die meisten davon stellen dem betreffenden Text ein grafisches Symbol voran, etwa eine Glühbirne für „Idee“ oder einen Stern für „Wichtig“. Andere (z.B. Hervorheben, Definition, Für später vormerken) hingegen hinterlegen den gesamten Text des Absatzes mit einer Leuchtfarbe.

Absatz mit Kategorie-Markierungen versehen

Um einen Absatz mit einer solchen Kategorie-Markierung zu versehen, setzen Sie den Cursor irgendwo in den Text, klappen die Auswahlliste hinter dem Kategoriensymbol aus und tippen auf die gewünschte Kategorie.

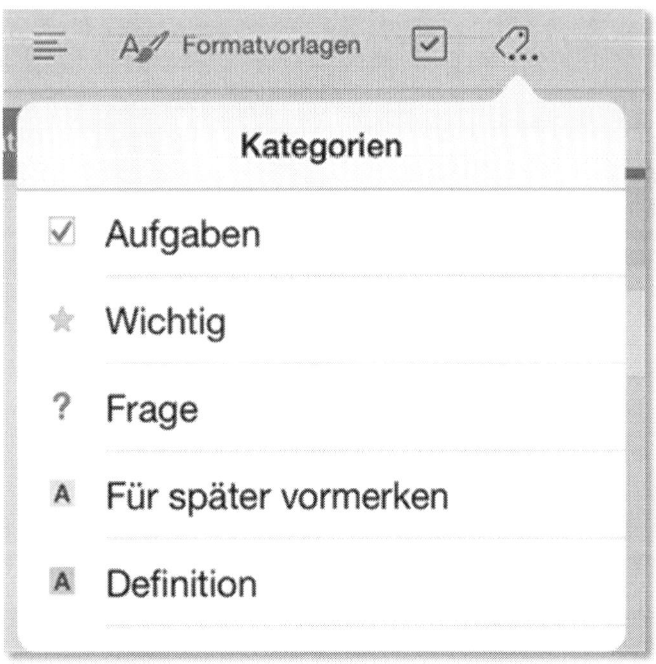

Die OneNote-App bietet 27 vordefinierte Kategorie-Markierungen.

Sie können einem Textabsatz ohne weiteres mehrere Kategoriemarkierungen zuweisen; die zugehörigen Symbole werden einfach nebeneinander vor dem Absatz eingefügt:

Einem Absatz lassen sich beliebig viele Markierungen gleichzeitig zuweisen.

Kategorie-Markierungen löschen

Das Entfernen dieser Markierungen ist in der iPad-App leider nicht sonderlich elegant gelöst. Kategoriensymbole lassen sich nicht direkt markieren, um sie etwa über das Kontextmenü zu entfernen. Statt dessen gehen Sie folgendermaßen vor:

1. Setzen Sie den Cursor irgendwo in den Textabsatz, zu dem die Markierung gehört
2. Wählen Sie aus dem Kategorienmenü nun noch einmal exakt dieselbe Markierung; so, als wollten Sie das gleiche Symbol noch einmal setzen. Anstatt, dass es ein zweites Mal auftaucht, wird das vorhandene Symbol entfernt – das Ganze funktioniert also eher wie ein An-/Aus-Schalter.

Und wozu sind die Kategorie-Markierungen gut?

Auf praktisch allen OneNote-Ausgaben haben Kategorie-Markierungen nur einen Nutzen: Textabschnitte visuell hervorzuheben. Eine Ausnahme bilden nur die Aufgaben-Kategorien (dazu gleich mehr).

Lediglich OneNote 2010/2013 für Windows kann Kategorien als Such- und Filterbegriff nutzen. Dort können Sie zum Beispiel alle Notizen auflisten, die eine Kennzeichnung als „Idee“ oder „Wichtig“ enthalten. Auch das Anlegen neuer Kategorien beherrscht nur das Windows-Desktop-OneNote.

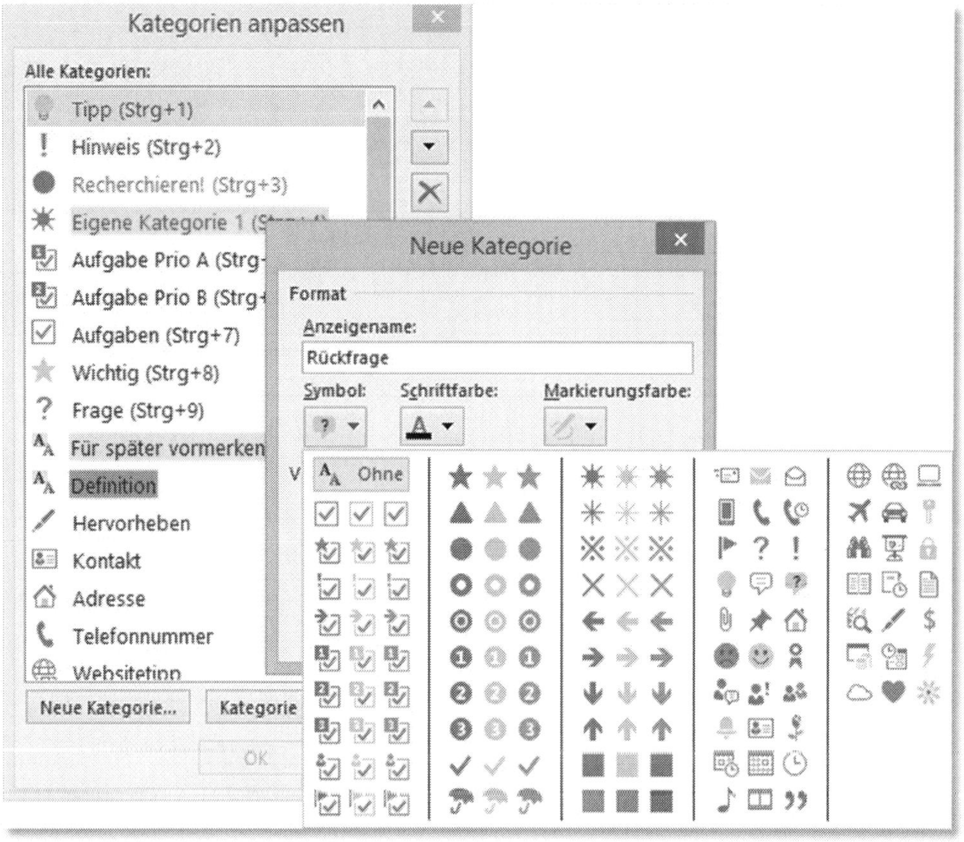

Nur die Windows-Desktop-Version OneNote 2010/2013 erlaubt das Definieren eigener Kategorien. Diese werden auf dem iPad aber immerhin angezeigt.

Immerhin: Haben Sie unter Windows Notizstellen mit selbst definierten Kategorien gekennzeichnet, werden diese auch auf dem iPad korrekt dargestellt.

> Sollten Sie auch mit dem OneNote-Konkurrenten Evernote vertraut sein: Die Kategorien in OneNote unterscheiden sich trotz scheinbarer Verwandtschaft sehr von den Evernote-„Tags“. Zum einen gelten Markierungen in OneNote immer einem bestimmten Absatz innerhalb einer Notiz; Evernote-Tags dagegen sind der gesamten Notiz zugeordnet.
> Zum anderen dienen Tags bei Evernote in erster Linie der Strukturierung von Notizbuch-Inhalten und sind wesentliches Element der Such- und Filterfunktionen. In OneNote hingegen erfolgt die Strukturierung durch Abschnitte und Abschnittsgruppen; Kategorien dienen mehr der optischen Markierung – vor allem bei den Mobil-Versionen des Programms.

Aufgaben-Kategorien

Eine kleine Sonderstellung nehmen jene Kategorien ein, deren Symbol ein quadratisches Kästchen enthält. Auf dem iPad sind das die Kategorien ***Aufgaben***, ***Besprechungstermin festlegen***, ***Rückruf***, ***Wichtigkeitsstufe 1*** und ***Wichtigkeitsstufe 2***.

Dieses Kästchen ist nicht nur ein grafisches Symbol zur Markierung von Textstellen, sondern eine funktionierende „Checkbox". Es lässt sich durch Antippen mit einem Häkchen versehen. Ein weiterer Fingertipp entfernt das Häkchen wieder.

Es gibt einen schnelleren Weg, ein ***Aufgaben***-Kästchen einzufügen als die Auswahl aus der Kategorienliste (obwohl es dort ganz oben steht): Tippen Sie einfach das zweite Symbol von rechts im Menü ***Startseite*** an. Es zeigt eine Checkbox mit gesetztem Häkchen.

Somit lassen sich diese Kategorien vor allem für die Markierung von zu erledigenden Aufgaben, Einkaufslisten o.ä. nutzen. Was erledigt ist, wird abgehakt.

*Für ToDo- oder Einkaufslisten dient die **Aufgaben**-Kategorie mit Kästchen zum Abhaken.*

Markierbare Absätze können natürlich weitere Formatierungen enthalten. So kann der mit einer Kategorie-Kennzeichnung versehene Text durchaus in einer Tabellenzelle oder einer mehrstufigen Gliederungsliste stehen. So ließen sich zum Beispiel Aufgabenkomplexe mit einzelnen Unteraufgaben darstellen.

Weitergehende Funktionen einer Aufgabenverwaltung oder gar eine Verbindung mit der Aufgaben-App von iOS enthält OneNote allerdings nicht. Auf terminierte Aufgaben mit Erinnerungsfunktion, wie sie etwa der Konkurrent Evernote bietet, müssen OneNote-Nutzer (aller Versionen inklusive OneNote 2013 für Windows) ebenfalls weiter warten und hoffen.

> Wenn Sie eine Liste mit mehreren Aufgaben-Checkboxen (das gilt für alle Kategorien mit Kästchen zum Ankreuzen) zusammenstellen möchten, brauchen Sie die Kategorie nicht für jede Zeile neu zuzuordnen. Einfach die Zeilenschaltungstaste antippen; der nächste Absatz bekommt automatisch die selbe Checkbox wie der vorherige. Um diese Automatik zu beenden, tippen Sie ein weiteres Mal die Zeilenschaltungstaste an.

> Obwohl es unter iOS eine neue Mail-App von Microsoft unter der Bezeichnung **Outlook** gibt und die Office-Version von OneNote 2010/2013 ein recht enge Verbindung zwischen Outlook und OneNote bietet, fehlt derartiges bei OneNote für iOS (und auch der Mac-Version) völlig. Ob Microsoft in diesem Bereich noch nachliefert, ist ungewiss, aber nicht ausgeschlossen. Auch die jüngst erfolgte Aquise des Listen- und Terminplaners **Wunderlist** lässt auf eine entsprechende OneNote-Funktionserweiterung hoffen.

Seiten gestalten

Eine Notizseite in OneNote zeichnen zwei Eigenschaften aus: Sie hat einen weißen Hintergrund und ist unendlich groß. Zumindest ersteres lässt sich leicht auf dem iPad ändern.

Farbiger Seitenhintergrund

Im Gegensatz zu den Abschnittsreitern, deren Farbe sich nur mit einer Desktop-Ausgabe von OneNote ändern lässt, haben Sie bei der Farbgestaltung des Notizpapiers freie Wahl. Naja, nicht ganz frei; 16 Pastellfarbtöne stehen zur Auswahl. Sie können die Farbe einer Notizseite auch nachträglich jederzeit ändern – egal, ob die Seite leer ist oder Daten enthält.

1. Wechseln Sie in das Menü ***Ansicht***.
2. Tippen Sie auf ***Papierfarbe*** und suchen Sie sich einen der angebotenen Farbtöne aus. ***Keine Farbe*** steht dabei für Weiß.

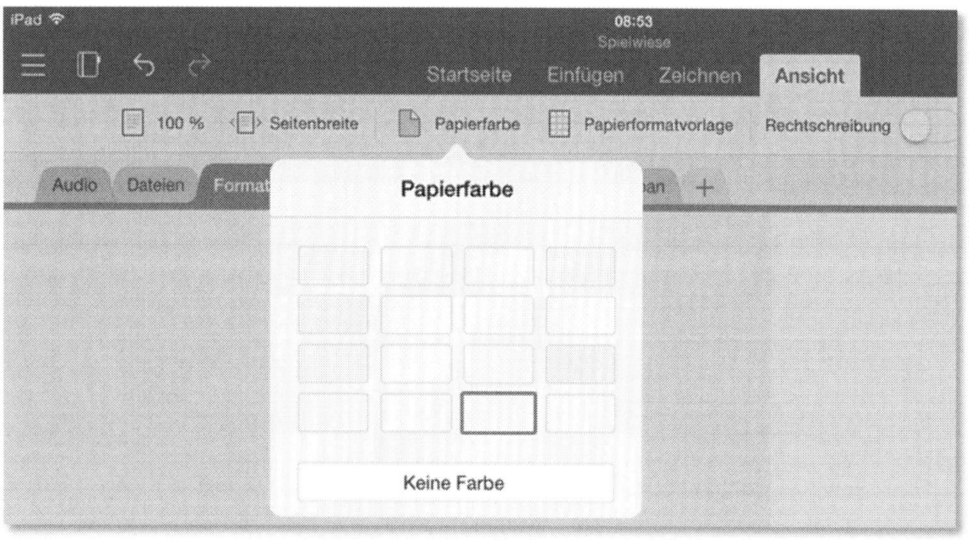

> Sie müssen die Farbe für jede Seite gesondert manuell wählen. Es gibt keine Möglichkeit, eine Standardfarbe einzustellen, die beim Hinzufügen einer leeren Seite automatisch verwendet wird.

Liniertes und kariertes Papier

Während die Hintergrundfarbe reinen Schmuck- oder Kennzeichnungscharakter hat, kann das Hinzufügen von Linien oder einem karierten Hintergrund sehr hilfreich sein – ganz besonders bei Handschriftnotizen und Skizzen per Stift (siehe Seite 75). Auch das ist in der aktuellen OneNote-App für das iPad möglich:

1. Wechseln Sie in das Menü ***Ansicht***.
2. Tippen Sie auf ***Papierformatvorlage*** und wählen Sie einen der sechs angebotenen Hintergründe aus.

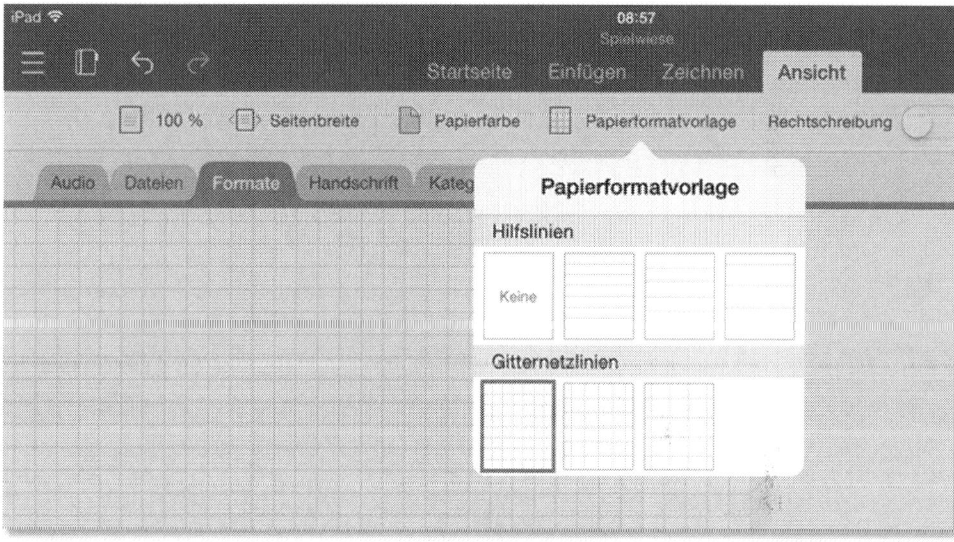

Es gilt dasselbe wie bei Seitenfarben: Sie müssen den Hintergrund für jede Seite gesondert manuell wählen. Es gibt keine Möglichkeit, eine Standardfarbe einzustellen, die beim Hinzufügen einer leeren Seite automatisch verwendet wird.

Die Farbe der Linien und Raster ist übrigens immer bläulich. Auch sie lässt sich nur in OneNote 2010/2013 ändern.

Seitengröße begrenzen

Einer der besonderen Vorteile von OneNote im Vergleich zu allen anderen Notizprogrammen ist die unbegrenzte Größe (im Sinne von Ausmaß in Breite und Höhe) der einzelnen Seiten. Brauchen Sie mehr Platz, bauen Sie einfach automatisch an.

Aus zwei Gründen wäre es aber manchmal sinnvoll, die Größe der Seite zu begrenzen – etwa auf ein DIN-Maß wie A5 oder A4. Zum einen verhindert dies, dass Sie sich mit Ihren Inhaltsobjekten wild in alle Richtungen ausbreiten und später entsprechend viel scrollen müssen. Zum anderen ist eine definierte Seitengröße hilfreich, sollen Notizseiten einmal ausgedruckt werden (was die iPad-App bislang aber ohnehin nicht kann).

Die Windows-Desktop-Version von OneNote (und nur die!) erlaubt es tatsächlich, den nutzbaren Platz von Notizseiten einzuschränken und beliebige feste Größen zu definieren –einigermaßen jedenfalls. Denn bis zu einem gewissen Maß lässt sich trotzdem über die Ränder hinausschreiben. Abhilfe schafft nur ein farbiger. Linierter oder karierter Seitenhintergrund als Orientierung und das manuelle Zurechtzupfen der Text- und Objektrahmen.

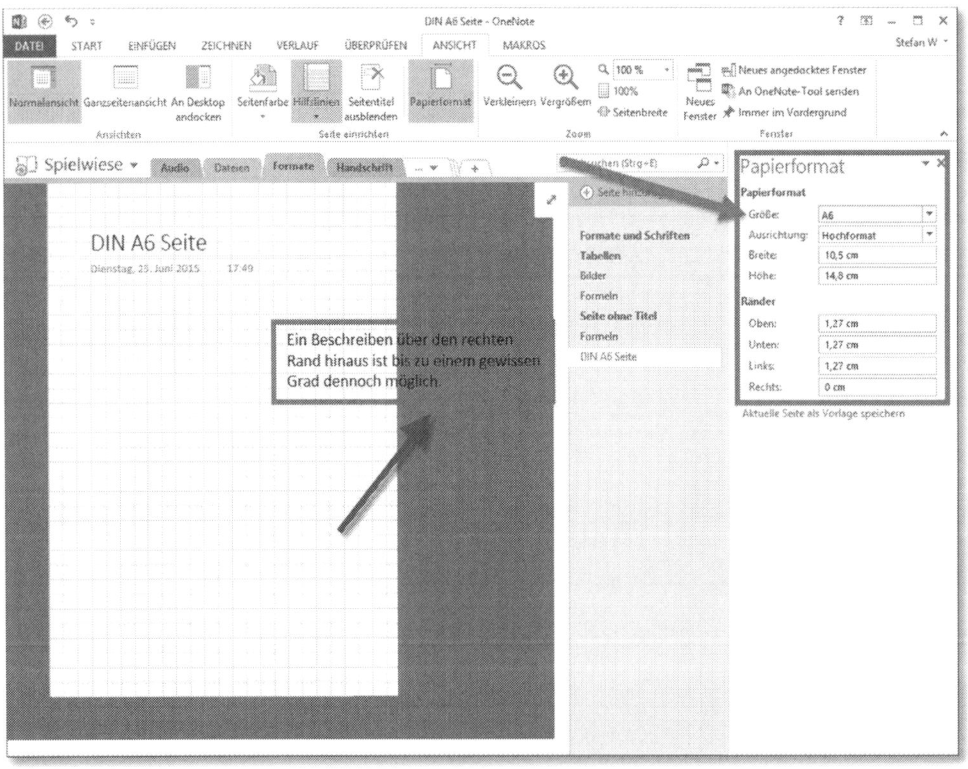

Nur in der Windows-Desktop-Ausgabe von OneNote (hier: OneNote 2013) lassen sich die Seitenausmaße begrenzen. So richtig funktionieren will der automatische Umbruch am Rand aber nicht.

Die iPad-App kann das leider nicht. Allerdings übernimmt sie die Seitengrenzen, wenn diese auf einem Windows-OneNote festgelegt wurden. Ein Beschreiben außerhalb dieser Grenzen ist dann auch auf dem iPad nicht möglich. Zumindest theoretisch. Die Umsetzung ist hier noch ungenauer als bei der Windows-Version. So können Sie zwar nichts außerhalb der vertikalen Seitenränder einfügen, wohl aber unterhalb der definierten Seite. Das dürfte wohl noch als irgendwann behobener Bug zu bewerten sein.

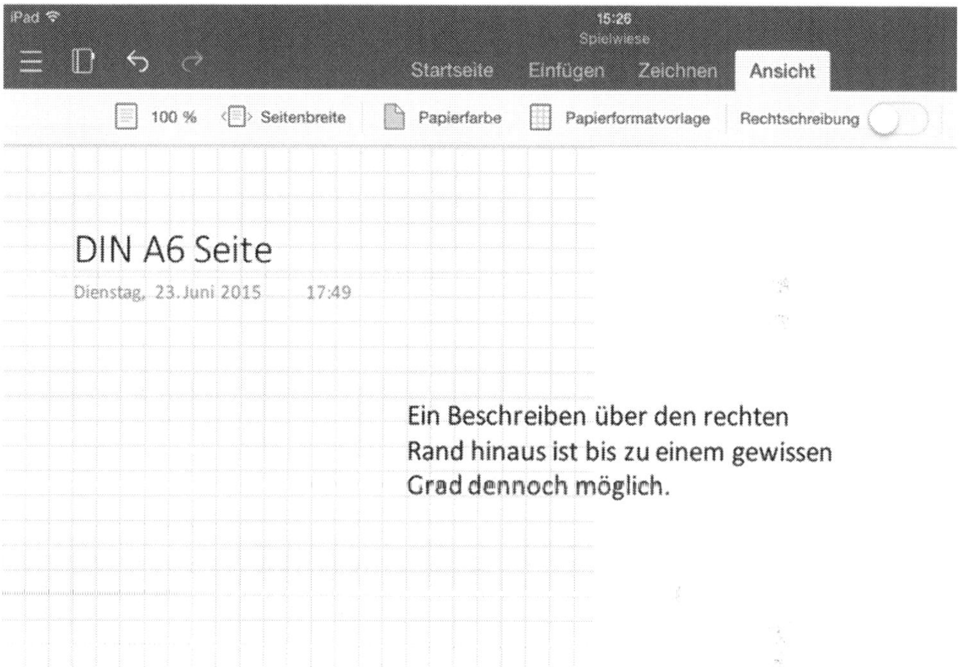

Auf dem iPad gelten die im Windows-OneNote festgelegten Seitenausmaße zwar auch. Mit der Einhaltung der Begrenzung nimmt es die App aber genau so wenig genau.

Der Befehl ***Seitenbreite*** im Menü ***Ansicht*** ließe zwar vermuten, dass man hier zumindest die vertikalen Begrenzungen festlegen kann. Leider dient er aber nur zum Zurücksetzen der Vergrößerungsstufe, so dass alle Inhalte in der Breite sichtbar sind.

Seitenformatvorlagen

Wie praktisch wäre es doch, komplette Layouts einer Notizseite (Hintergrundfarbe oder-grafik, Linien, ggf. Größe, vorgefertigte Inhalte wie Überschriften, Kopfbereiche mit Tabellen...) speichern und immer wieder verwenden zu können.

Sie ahnen es sicher schon: Auch diese Funktion bleibt dem OneNote-Dinosaurier, die Desktop-Ausgaben für Windows, vorbehalten. Ehrlich gesagt gehe ich auch nicht davon aus, dass die Seitenformatvorlagen es in eine der übrigen OneNote-Ausgaben schaffen werden. Dagegen spricht zum Beispiel, dass die Implementierung in OneNote 2007-2016 eine lokale Ablage der Formatvorlagen vorsieht und damit komplett der Cloud-Fixierung des „neuen" OneNote widerspricht.

Auch wenn es keine richtigen Formatvorlagen in der OneNote-App gibt, können Sie sich mit einem kleinen Umweg trotzdem helfen:

1. Legen Sie sich am besten einen eigenen Abschnitt an, den Sie zum Beispiel „Vorlagen" nennen.
2. Darin basteln Sie sich leere „Referenz-Notizseiten" als Vorlage. Für manche Gestaltungen wie Hintergrundgrafiken oder Seitenbegrenzungen müssen Sie ein Desktop-OneNote bemühen; das meiste klappt aber auch auf dem iPad.
3. Wenn Sie künftig in einem anderen Abschnitt (oder Notizbuch) eine neue Seite gemäß einer dieser Vorlagen anlegen möchten, verwenden Sie nicht die Funktion zum Hinzufügen einer leeren Seite. Statt dessen wechseln Sie in den Abschnitt mit Ihren Vorlagen und nutzen die ***Seite kopieren*** – Funktion mit dem Abschnitt als Ziel, in dem Sie eine neue Seite mit diesem Format benötigen. Mehr zum Kopieren von Seiten finden Sie ab Seite 152.

Audio-Aufzeichnungen

OneNote für iOS unterstützt derzeit keine direkten Audioaufnahmen (zum Beispiel Gesprächsmitschnitte). Da diese Funktion in der Android-Ausgabe von OneNote bereits implementiert ist, kann man davon ausgehen, dass Microsoft hier auch für iOS recht bald nachrüsten wird. Bis dahin hilft nur ein etwas umständlicher Umweg:

Sie benötigen eine separate (meist kostenpflichtige) App, die zum einen Audionotizen aufzeichnen kann und diese zum anderen entweder in einem Cloud-Dienst (z.B. iCloud, Dropbox, OneDrive) speichern oder via ***Öffnen In...***-Funktion (mehr hierzu ab Seite 105) direkt an OneNote senden kann, zum Beispiel „Dictaphone" von Alon (derzeit 1,99 Euro).

Die Aufnahme erfolgt also in der Aufzeichnungs-App. Anschließend gibt es zwei Möglichkeiten, je nach deren Fähigkeiten:

- Markieren der Aufnahme und Aufrufen der Funktion ***Öffnen In...*** über das „Teilen"-Symbol. Als Ziel ***OneNote*** antippen und Notizbuch und Abschnitt auswählen.
- Oder Sie speichern die Aufzeichnung in einem von OneNote unterstützten Cloud-Dienst und fügen sie anschließend in die gewünschte Notiz von OneNote aus ein (siehe Seite 65).

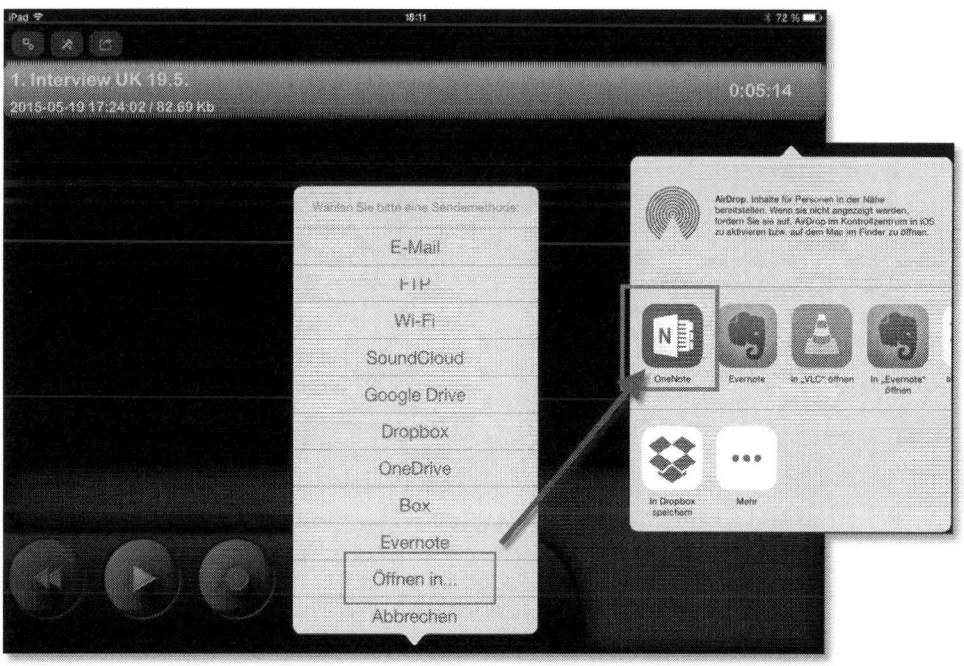

*Eine separate Aufzeichnungs-App (hier: **Alon Dictaphone**) mit **Export**- oder **Öffnen In...** - Funktion schickt die Aufnahmedatei in die Cloud oder direkt an OneNote...*

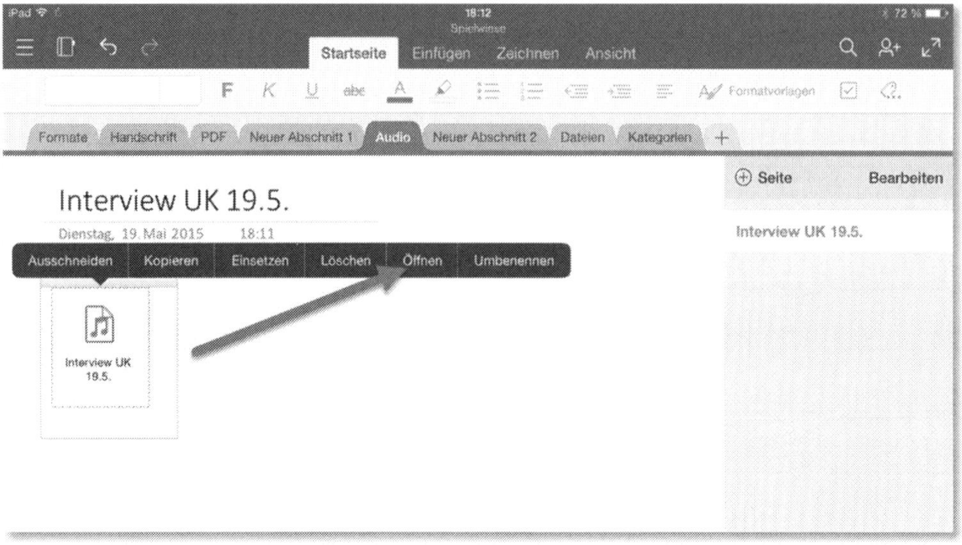

...wo sie im gewünschten Abschnitt als Dateianhang eingefügt wird und sich per Kontextmenü und Öffnen direkt abspielen lässt.

Ist die Aufzeichnung in einem gängigen Audio-Format (z.B. MP3) gespeichert, lässt sie sich direkt in OneNote durch Antippen und Auswahl von ***Öffnen*** abspielen.

> Dieses Vorgehen ist natürlich nur ein Notbehelf, um überhaupt Audiomitschnitte mit dem iPad in eine OneNote-Notiz zu bekommen. Was hier im Gegensatz zur Aufnahmefunktion in OneNote für Windows oder OS X zum Beispiel fehlt, ist die Indexierung von während der Aufnahme vorgenommenen Notizen und Anmerkungen. Damit lassen sich die entsprechenden Stellen beim späteren Abspielen der Aufnahme gezielt anspringen. Auch die Suchfunktion in Audio-Aufnahmen ist bislang der Desktop-Ausgabe von OneNote für Windows vorbehalten.

Diktieren statt tippen

Zwar kann die iOS-Ausgabe von OneNote bislang noch nicht mit Audionotizen umgehen. Was allerdings jetzt schon geht, ist das Diktieren in OneNote, also die Umsetzung aufgezeichneter Sprache in Maschinentext, direkt in die Notiz. Dabei ist das gar keine Funktion der OneNote-App, sondern von iOS seit der Version 6. Dahinter steckt die bekannte und charmante Assistentin „Siri".

Tatsächlich ist es vielen Anwendern nicht bewusst, dass Siri zu mehr zu gebrauchen ist, als eine Wetterberichte zu geben, Termine einzutragen, Liebeserklärungen anzunehmen oder Smalltalk zu führen. Sie beherrscht auch den klassischen Assistenten-Job, Diktate aufzunehmen – und zwar in jeder Anwendung, die eine Texteingabe via Bildschirmtastatur erlaubt, also auch in OneNote. Zwei Voraussetzungen (außer einer halbwegs deutlichen und dialektfreien Aussprache) müssen gegeben sein:

- Siri muss grundsätzlich in den iOS-Einstellungen aktiviert sein.
- Die Texterkennung erfordert eine aktive Internet-Verbindung.

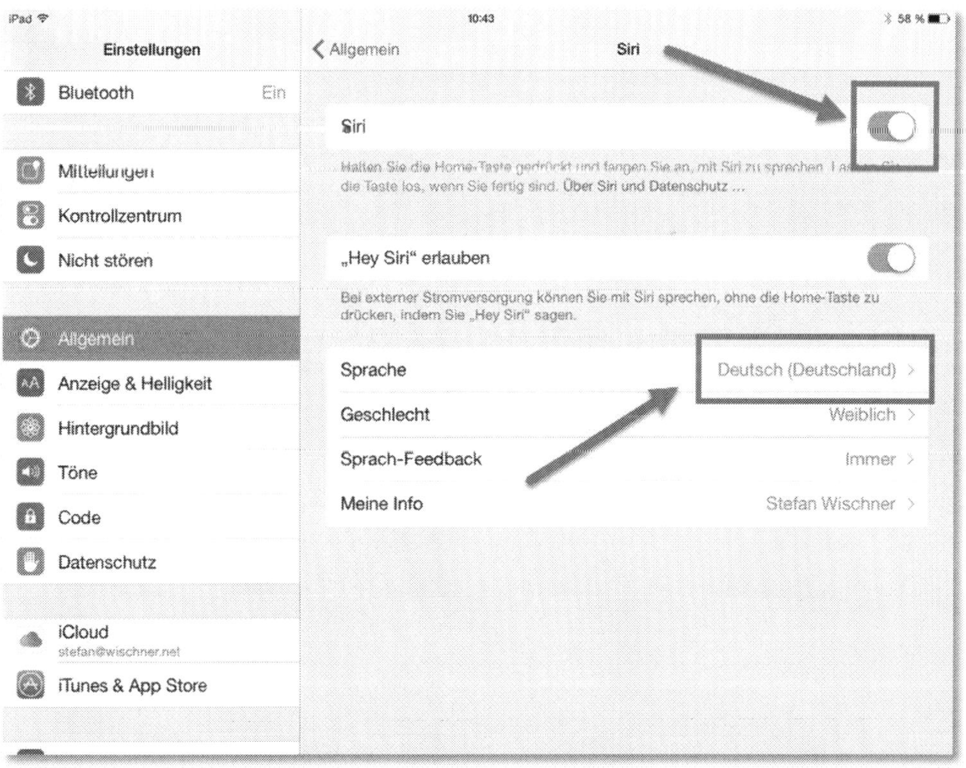

*Um Notizen zu diktieren, muss Siri in den iPad-Optionen unter **Allgemein** aktiviert und auf die richtige Sprache eingestellt sein. Außerdem braucht's eine aktive Internet-Verbindung.*

Um Text zu diktieren, tippen Sie auf der Bildschirmtastatur das Mikrofonsymbol links neben der Leertaste an und sprechen dann. An der Cursorposition erscheint nach kurzer Verzögerung der diktierte Text. Den Diktiermodus verlassen Sie wieder durch Antippen von ***Fertig***.

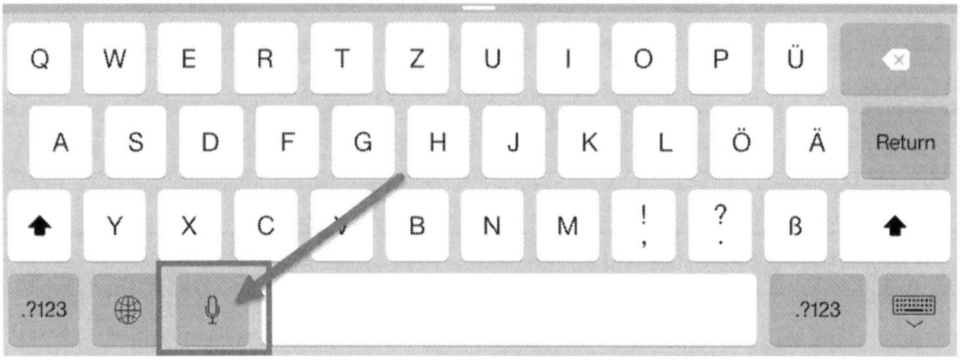

In jeder App mit Texteingabe, also auch in OneNote, starten Sie den Diktiermodus mit dem Mikrofon-Symbol auf der Bildschirmtastatur.

> Die Beschreibung gilt für iOS ab Version 8. Unter iOS 7 erscheint der diktierte Text erst, wenn Sie auf das eingeblendete große Mikrofon tippen.

Die Erkennungsleistung ist erstaunlich hoch; dennoch ist natürlich eine deutliche Sprechweise bei möglichst wenig Hintergrundgeräuschen für eine hohe Trefferquote sehr wichtig.

Sehr praktisch wäre es natürlich, wenn man quasi komplett freihändig Siri dazu veranlassen könnte, OneNote zu starten (das immerhin geht mit „Öffne OneNote“), eine neue Notizseite anzulegen und gleich automatisch in die Spracherkennung zu wechseln. Das klappt leider (noch?) nicht.

4. Inhalte an und von OneNote senden

Das direkte Erfassen von Texten, Bildern, Handschriftnotizen in der OneNote-App ist die eine Sache. Oft ist es aber so, dass man etwas ganz anderes mit dem iPad tut, wenn man auf eine Information stößt, die es wert ist, festgehalten zu werden. Seit iOS 8 ist es möglich, aus vielen Apps Inhalte direkt an eine OneNote-Notiz zu senden. Komplette Webseiten oder Auszüge davon schicken Sie mit dem Webclipper an OneNote. Zudem lassen sich Notizen per E-Mail-Nachricht beschicken.

Inhalte aus anderen Apps an OneNote senden

Mit der Version 8 des iOS hat Apple die so genannten „Extensions“ (Erweiterungen) eingeführt. Das sind im Prinzip Plug-Ins, die mit der jeweiligen App installiert werden. Sie sorgen dafür, dass viele Apps ein wenig über den Rand des Geheges schauen können, in der sie bisher eingesperrt waren. Extensions erlauben Apps zum Beispiel den Zugriff auf Dateien außerhalb des App-eigenen Filebereichs. Die Extension „Document Picker“ erlaubt es Apps wie OneNote, Dateien aus Cloud-Diensten wie Dropbox oder Google Drive zu öffnen (siehe Seite 65). Andere haben Zugriff auf die Benachrichtigungszentrale oder erlauben die Nutzung alternativer Bildschirmtastaturen. Die für dieses Kapitel und die Arbeit mit OneNote wichtigste Extension betrifft die „Teilen“-, „Öffnen in“ oder „Aktivitäten“ Funktion. Meist stecken diese Funktionen hinter einem Schaltflächen-Symbol das ein Quadrat mit einem senkrecht nach oben führenden Pfeil darstellt:

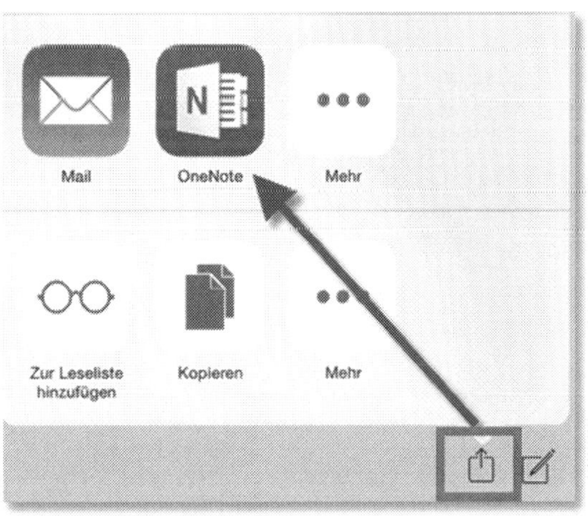

Damit kann eine App, die diese Extension unterstützt, bestimmte Inhalte und Daten an eine andere App (die ebenfalls eine entsprechende Extension besitzen muss) schicken. OneNote besitzt seit einiger Zeit eine solche Extension. In der Praxis bedeutet das: Sie können von anderen Apps aus via „Teilen“-Menü Inhalte direkt an einen bestimmten Abschnitt in einem wählbaren OneNote-Notizbuch schicken.

> Wenn im Teilen-Menü OneNote als Ziel nicht auftaucht, kann es sein, dass Sie die entsprechende Extension erst aktivieren müssen. Tippen Sie dazu auf das ***Mehr***-Symbol mit den drei Punkten. Schieben Sie dann den Schalter rechts neben ***OneNote*** so, dass er grün hinterlegt ist.

*Wenn im **Teilen**-Menü der Eintrag für OneNote fehlt, müssen Sie ihn zunächst aktivieren.*

Leider ist die Sache mit den Extensions und dem Teilen nicht standardisiert. Viele Apps kennen gar keine Teilen-Funktion (dazu gehören auch Apple-Apps wie „Kontakte" oder „Mail"). Andere verstecken diese Funktion in einem Untermenü, bieten Sie nur unter bestimmten Umständen an oder nutzen ein anderes Symbol als das gängige mit dem Quadrat und dem Pfeil.

Wenn eine App OneNote über die Teilen-Funktion unterstützt, ist es zudem überhaupt nicht festgelegt, welche Daten sie in welchem Format schickt. So mag man etwa von einem News-Reader erwarten, dass der Inhalt des gewählten Artikels oder zumindest der Teaser-Text in OneNote landen. Tatsächlich übermittelt die App aber nur den Link zum Originalartikel. Wenigstens lässt es sich vorher überprüfen, was an OneNote gesendet wird und in welcher Form. Vor dem Senden an OneNote erscheint nämlich eine Art Vorschau. Eine der Apps, mit der Sie Inhalte direkt an OneNote schicken können, haben Sie schon kennengelernt (Alon Dictaphone für Audio-Aufzeichnungen, siehe Seite 101). Hier ein paar weitere Beispiele:

Beispiel: Google-Maps-Position

Im Gegensatz zur Apple-eigenen Karten-App verfügt Google Maps sehr wohl über eine Extension mit ***Teilen***-Funktion. Die ist allerdings ziemlich versteckt und erfordert, dass Sie einen ganz konkreten Punkt auf der Karte markieren. So geht's:

1. Suchen Sie in Google Maps die Adresse oder Position, zu der Sie einen Kartenausschnitt speichern möchten oder tippen Sie eine Stelle auf der Karte etwas länger an. Links öffnet ein Bereich, der die Adresse und/oder Koordinaten der gewählten Position anzeigt.

2. Darunter finden sich auch die Schaltflächen ***Speichern*** und ***Teilen***. Tippen Sie letztere an.
3. Es erscheint das Fenster mit den verschiedenen Teilen- und Aktions-Optionen, in dem sich auch das OneNote-Symbol befindet. Tippen Sie es an.

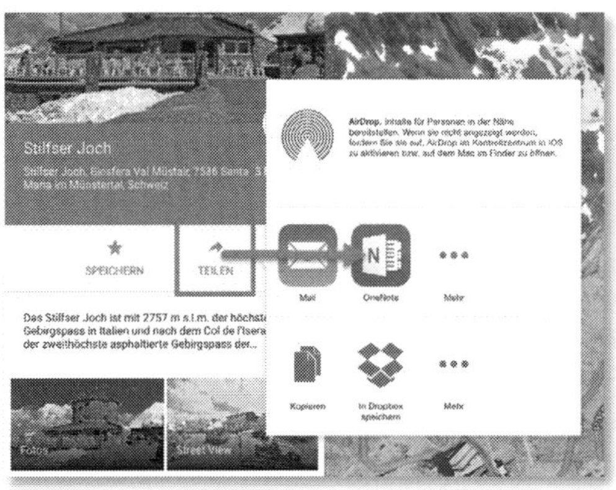

4. Das Teilen-Fenster wird durch ein anderes ersetzt, das mit **OneNote** überschrieben ist. Es zeigt den Inhalt, der in die Notiz gelangt. Bei Google Maps ist das die Adresse oder die Koordinaten, überschrieben mit „Gesetzte Markierung“ und gefolgt von einem Link in Kurzform. Ganz unten wird das Datenformat angegeben, in diesem Fall „Formatierter Text“.

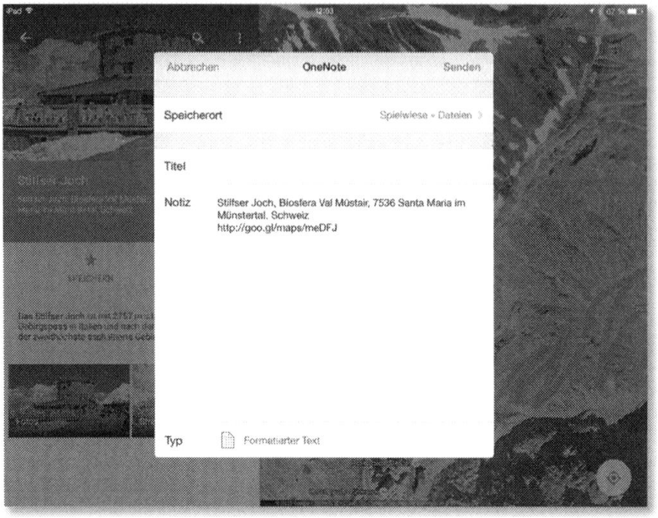

5. Tippen Sie in das Feld „Titel“ noch eine Seitenüberschrift ein. Lassen Sie es leer, wird die Seite immer mit den ersten Begriffen des Inhalts betitelt, in diesem Fall also „Gesetzte Markierung“.
6. Rechts neben Speicherort wählen Sie noch das Notizbuch (es muss geöffnet sein, um hier aufzutauchen) und den Abschnitt aus.
7. Schicken Sie den Inhalt ab, indem Sie auf ***Senden*** tippen.

In OneNote wird an der gewählten Stelle eine neue Seite angelegt, die genau die in der Vorschau gezeigten Inhalte enthält. Der Google-Maps-Link lässt sich antippen und nach einer Sicherheitsabfrage öffnen. Daraufhin wird die Google-Maps-App gestartet und zeigt den entsprechenden Kartenausschnitt.

Sollten Sie den Link auf einem andern Gerät öffnen, das über keine Google-Maps-App verfügt (etwa ein PC oder Mac), wird die Karte einfach im Web-Browser geladen.

Die Schritte 3 bis 8 der oben stehenden Anleitung sind für alle Apps, von denen aus Sie Inhalte an OneNote schicken möchten, dieselben. In den folgenden Beispielen werden Sie daher nicht vollständig wiederholt.

Beispiel: Cabinet PDF-Viewer mit Annotation

Eine App zum Anzeigen und Beschriften von PDF-Dokumenten? Das kann OneNote doch selbst. Stimmt, aber es geht durchaus auch noch etwas besser. Ich persönlich bin recht überzeugt vom kostenlosen „PDF Cabinet". Es erlaubt eine komfortable Anzeige auch sehr langer PDF-Dokumente und relativ einfache, aber sehr durchdachte und bequeme Annotationsmöglichkeiten. Zu den kleinen Annehmlichkeiten gehören solche Dinge wie eine horizontale oder vertikale Fixierung von Textmarker-Linien (kein zittriges Gekritzel mehr) oder das extrem praktische Radialmenü (ein wenig nach dem Vorbild der Windows-8-OneNote-App).

Gerade, wenn ich eher umfangreiche PDFs markieren und bearbeiten möchte (z.B. Anmerkungen in seitenlangen Vertragsentwürfen oder Manuskript-Korekturen), nutze ich lieber Cabinet als OneNote selbst. Letzteres bekommt dann das fertig bearbeitete Dokument zum Archivieren und Indexieren/durchsuchen:

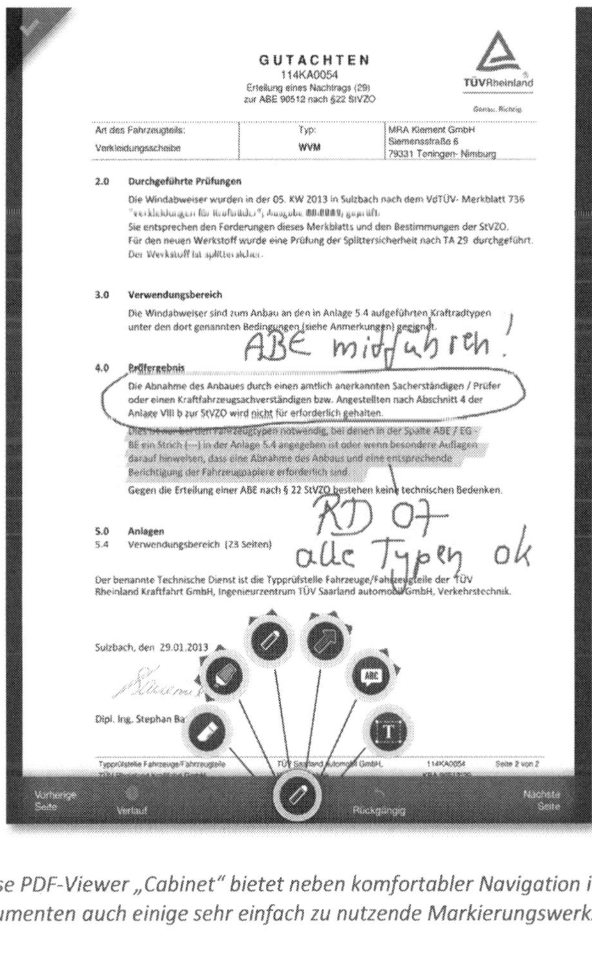

Der kostenlose PDF-Viewer „Cabinet" bietet neben komfortabler Navigation in mehrseitigen Dokumenten auch einige sehr einfach zu nutzende Markierungswerkzeuge.

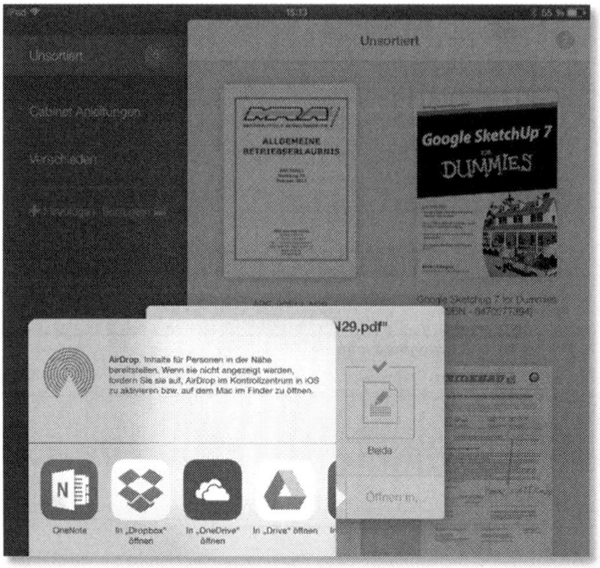

*Nach dem Beschriften einfach das Dokument mitsamt den (dann fest verankerten) Markierungen über das **Öffnen In...** - Menü an OneNote schicken.*

*Dort landet es zunächst als Dateianhang, also als Icon. Antippen, aus dem Kontextmenü den Punkt **Ausdruck** wählen ...*

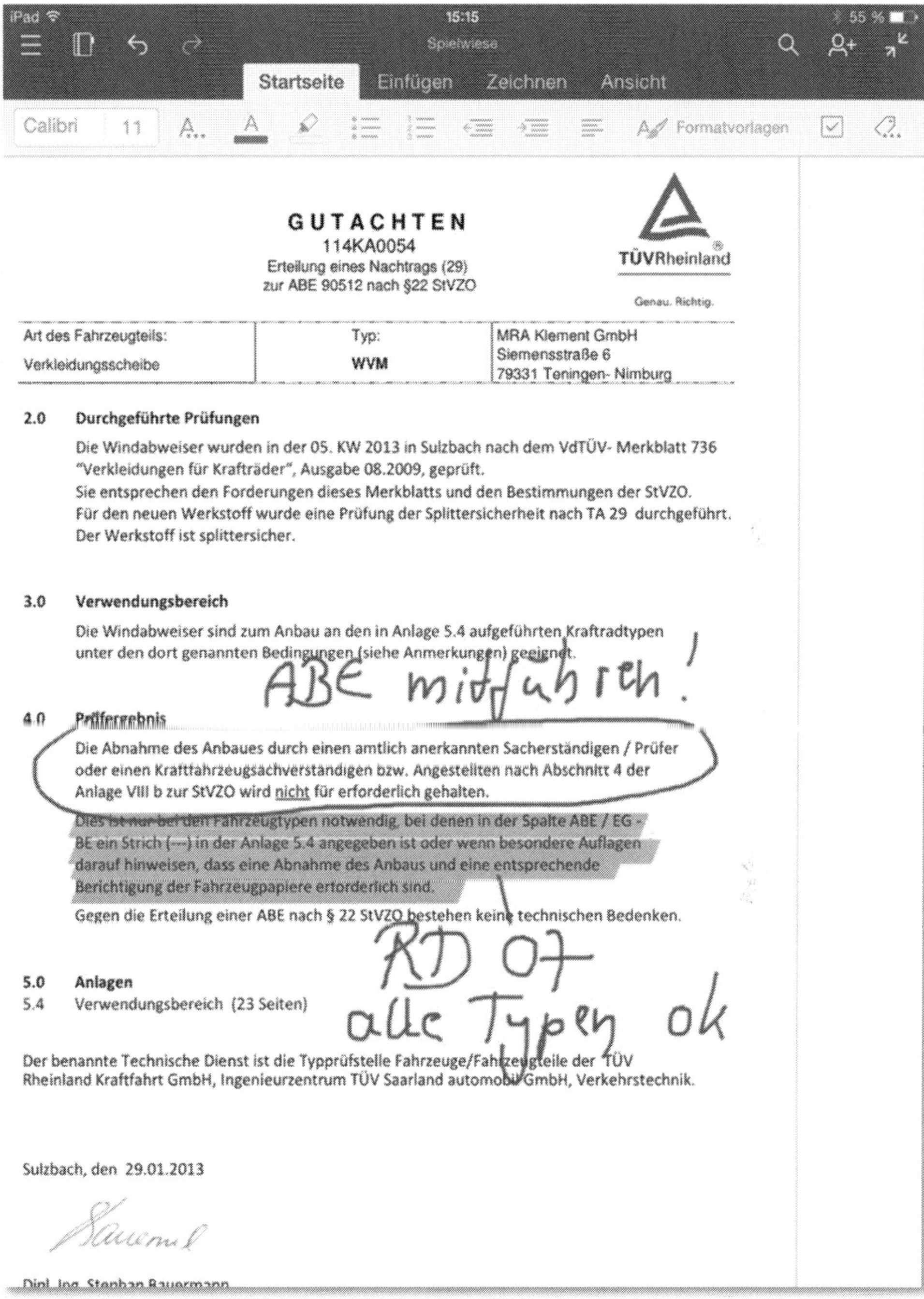

GUTACHTEN
114KA0054
Erteilung eines Nachtrags (29)
zur ABE 90512 nach §22 StVZO

TÜVRheinland
Genau. Richtig.

Art des Fahrzeugteils:	Typ:	MRA Klement GmbH
Verkleidungsscheibe	**WVM**	Siemensstraße 6 79331 Teningen- Nimburg

2.0 Durchgeführte Prüfungen

Die Windabweiser wurden in der 05. KW 2013 in Sulzbach nach dem VdTÜV- Merkblatt 736 "Verkleidungen für Krafträder", Ausgabe 08.2009, geprüft.
Sie entsprechen den Forderungen dieses Merkblatts und den Bestimmungen der StVZO.
Für den neuen Werkstoff wurde eine Prüfung der Splittersicherheit nach TA 29 durchgeführt.
Der Werkstoff ist splittersicher.

3.0 Verwendungsbereich

Die Windabweiser sind zum Anbau an den in Anlage 5.4 aufgeführten Kraftradtypen unter den dort genannten Bedingungen (siehe Anmerkungen) geeignet.

4.0 Prüfergebnis

Die Abnahme des Anbaues durch einen amtlich anerkannten Sacherständigen / Prüfer oder einen Kraftfahrzeugsachverständigen bzw. Angestellten nach Abschnitt 4 der Anlage VIII b zur StVZO wird nicht für erforderlich gehalten.
Dies ist nur bei den Fahrzeugtypen notwendig, bei denen in der Spalte ABE / EG - BE ein Strich (---) in der Anlage 5.4 angegeben ist oder wenn besondere Auflagen darauf hinweisen, dass eine Abnahme des Anbaus und eine entsprechende Berichtigung der Fahrzeugpapiere erforderlich sind.
Gegen die Erteilung einer ABE nach § 22 StVZO bestehen keine technischen Bedenken.

5.0 Anlagen
5.4 Verwendungsbereich (23 Seiten)

Der benannte Technische Dienst ist die Typprüfstelle Fahrzeuge/Fahrzeugteile der TÜV Rheinland Kraftfahrt GmbH, Ingenieurzentrum TÜV Saarland automobil GmbH, Verkehrstechnik.

Sulzbach, den 29.01.2013

Dipl.-Ing. Stephan Bauermann

...und schon landet das Dokument lesbar, in vollem Umfang und mitsamt aller in Cabinet vorgenommenen Markierungen und Anmerkungen in der OneNote-Notizseite.

Webseiten in OneNote speichern

Wie oft stolpert man im Internet – genauer: im World Wide Web – über Informationen, die man schnell mal eben festhalten möchte? Sei es beim gezielten Recherchieren im Rahmen eines Projekts oder beim klassischen „Surfen“, also dem Treibenlassen von Link zu Link. Sei es, um die Inhalte zu verwerten und für eigene Aufgaben zu nutzen oder einfach, um einen interessanten Artikel später zu lesen.

Manchmal reicht es, nur den Link zu einer interessanten Seite in einer OneNote-Notiz festzuhalten, vielleicht mit ein paar erklärenden Anmerkungen. Oder aber Sie möchten den kompletten Seiteninhalt speichern, um Inhalte später per OneNote-Suchfunktion viel schneller aufzuspüren, als das etwa mit der Favoriten- oder Lesezeichenverwaltung des Browsers ginge. Beides ist mit OneNote möglich.

Nur URL speichern

Die einfachste, oft aber durchaus sinnvolle Methode, Webseiten in OneNote zu speichern, beschränkt sich auf die URL, also die Adresse. Gegenüber der Favoritenverwaltung des Browsers hat das Speichern von Web-Adressen in OneNote etliche Vorteile. So lassen sich Links im Kontext anderer Notizen ablegen. Zum Beispiel beim Sammeln von Infos zu einem bestimmten Thema, zum Zusammenstellen von Produktlisten aus Online-Shops (Stichwort Wunschzettel), bei der Reiseplanung, Meeting- oder Präsentationsvorbereitung und, und, und...

Um eine Webadresse in OneNote zu speichern, gibt es derzeit nur die Möglichkeit über die Zwischenablage. Sie ist ein bisschen umständlich, hat aber einen Vorteil: Sie können ganz exakt bestimmten, wo der Link auf einer (auch vorhandenen) Notizseite landet. Sie funktioniert übrigens mit Safari und Chrome gleichermaßen.

1. Markieren Sie die Adresse in der Adresszeile und kopieren Sie ihn via Kontextmenü in die Zwischenablage. Steht der betreffende Link irgendwo im Text, tippen Sie ihn etwas länger an und wählen dann aus dem Kontextmenü den Befehl ***Kopieren*** (Safari) bzw. ***Link-URL kopieren*** (Chrome).

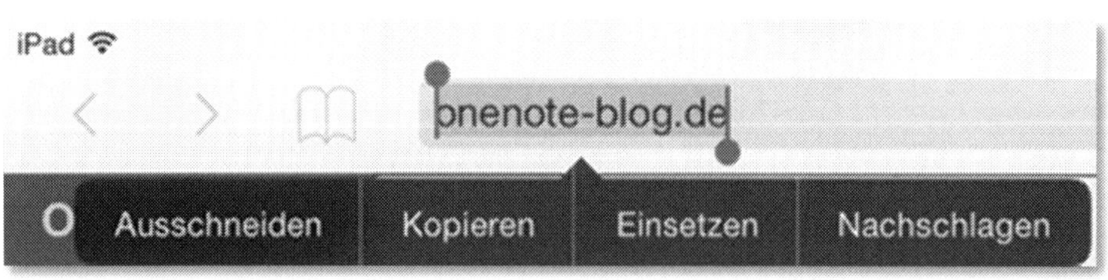

2. Wechseln Sie in die OneNote-App, setzen den Cursor an die gewünschte Stelle und tippen diese nochmals etwas länger an. Aus dem Kontextmenü wählen Sie ***Einsetzen***.

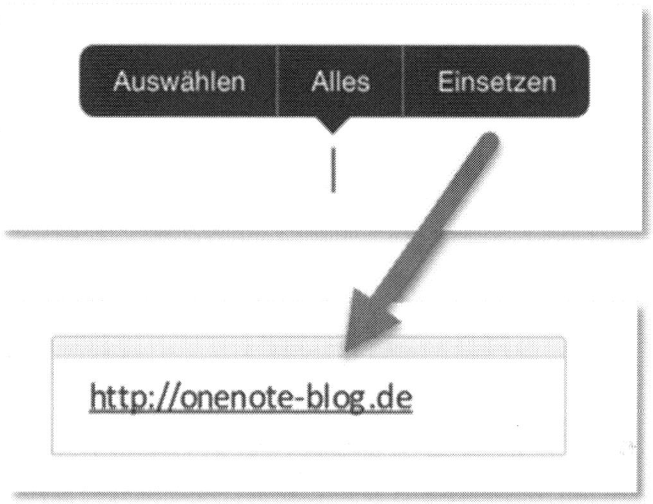

Der Link landet nicht nur als Text in der Notiz, sondern als funktionierende URL. Sie können Sie also antippen und durch Auswahl von ***Öffnen*** in den Standard-Browser wechseln, wo die entsprechende Seite sofort geöffnet wird.

> In der OneNote-Notiz erscheint die Webadresse im Klartext und vollem Umfang. Das ist zumeist hässlich, oft nichtssagend und erfordert vielleicht eine zusätzlich getippte Beschreibung, was sich genau hinter der URL versteckt. Ersetzen Sie doch einfach die Adresse selbst durch eine sinnvollere Bezeichnung: Einfach in der Notiz den Link antippen, ***Bearbeiten*** wählen und im Feld ***Anzeige*** eine Beschreibung eingeben.

> Bis vor kurzem gab es zumindest in Safari einen schnelleren Weg, nur die aktuelle URL an OneNote zu schicken, nämlich die ***Teilen***-Funktion (siehe Seite 105) mit OneNote als Ziel. In den aktuelleren Safari- und OneNote-Versionen landet dabei aber auch der Seiteninhalt in der Notiz. Mehr dazu auf der nächsten Seite.

Webseite mit Inhalt speichern

Nur die Adresse einer interessanten Webseite in OneNote zu speichern, ist vor allem platzsparend – sowohl auf den Raum auf der Notizseite als auch auf den verbrauchten Speicherplatz bezogen. Aber es erfordert in der Regel, dass Sie noch eine Erläuterung zum Seiteninhalt dazutippen, wollen Sie später noch wissen, was sich hinter der Webadresse verbirgt. Die Suchfunktion findet natürlich dann auch nur diese manuell hinzugefügten Erläuterungen oder Teile der Adresse, nicht aber Inhalte der Webseite.

Doch es geht auch anders: Inzwischen wurden OneNote-App und Safari derart erweitert, dass beim Nutzen der Teilen-Funktion aus dem Browser der komplette Inhalt der aktuell angezeigten Seite (und zwar der kompletten, nicht nur des sichtbaren Bereichs auf dem Bildschirm) an OneNote geschickt wird. Das geht so:

> Die nachfolgende Anleitung gilt nur für Safari! Mit der beim Verfassen dieses Buchs aktuellen Chrome-Version (45.0.2454.68) klappte das nicht. Beim Nutzen der Teilen-Funktion wurde lediglich der Seitentitel als Text und manchmal auch die URL übertragen. Möglicherweise ist dieses Problem inzwischen behoben.

1. Öffnen Sie die betreffende Webseite in Safari
2. Tippen Sie auf das ***Teilen***-Symbol (Quadrat mit herausführendem Pfeil) und wählen Sie ***OneNote*** als Ziel. Fehlt das OneNote-Symbol, lesen Sie bitte Seite 105.

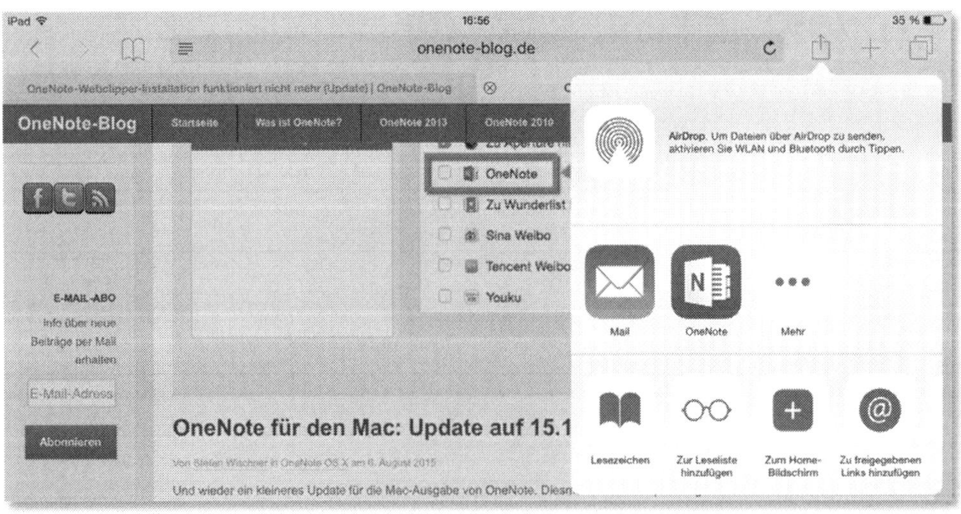

3. Es öffnet sich ein Fenster, in dem Sie das Ziel (Notizbuch, Abschnitt) auswählen, den Seitentitel ändern und eine Notiz hinzufügen können. Nach ein paar Sekunden erscheint hier außerdem eine Vorschau des Inhalts.

4. Tippen Sie auf ***Senden***. Das Fenster schließt sich und der Inhalt der Webseite wird an OneNote geschickt.

Das Format, in dem die Webseite auf der Notizseite landet, ist ein großer Screenshot, also eine Bitmap-Grafik. Das hat Vor- und Nachteile. Positiv ist, dass das Abbild der Seite in OneNote genauso aussieht wie die originale Webseite. Das ist nur mit der Screenshot-Methode möglich, will Microsoft nicht einen kompletten Webbrowser in OneNote einbauen, der HTML, CSS, Javascript usw. interpretieren kann.

Ein offensichtlicher Nachteil: Links, Eingabefelder, Scripts oder interaktive Objekte verlieren in der OneNote-Fassung komplett ihre Funktion. Es ist eben nur ein Bild.

Was jedoch bleibt, ist die Möglichkeit, nach auf der Webseite enthaltenem Text zu suchen. Dank der OCR-Funktion für alle Arten von Bildern (eben auch Screenshots) klappt das, nachdem die Grafik auf den Microsoft-Servern indexiert wurde. Mehr dazu ab Seite 139.

> Beim Senden von Webinhalten an OneNote wird immer im angegebenen Abschnitt eine neue Notizseite angelegt. Auf vorhandenen Seiten lassen sie sich nicht ein- oder zusammenfügen.

Einen Haken hat die beschriebene Methode allerdings, zumindest in der bei Verfassen dieses Buchs noch aktuellen Implementierung:

Die Webseiten-Screenshots, die auf der Notizseite landen, sind stark verkleinert (siehe Bild nach Schritt 4). Selbst in der höchsten Zoom-Stufe sind normale bis kleine Schriften kaum lesbar.

Da es sich um Bilder handelt, lassen sie sich zwar mit einer Desktop-Version von OneNote oder mit OneNote Online nachträglich vergrößern. Das ist aber arg umständlich. Besser ist derzeit, statt der Teilen-Funktion den OneNote-Webclipper zu verwenden:

Der OneNote-Webclipper

Konkurrent Evernote hat ihn schon lange, OneNote erst seit kurzem: Den Webclipper, ein Add-In für alle gängigen Browser, das mit einem oder wenigen Mausklicks die gerade angezeigte Webseite in ein Notizbuch schickt – wahlweise schick aufbereitet und von unnötigem Werbe- und Navigationsballast befreit.

Im Vergleich mit der zuvor vorgestellten Teilen-Funktion hat der OneNote-Webclipper zwei Vorteile:

- Als Screenshot abgelegt ist die in die Notizseite eingefügte Grafik wesentlich größer und gut lesbar (siehe Bild).
- Wahlweise lässt sich statt einem Screenshot auch eine bereinigte Version des Inhalts, z.B. eines Artikels, an OneNote übertragen. Dabei verschwinden Navigationselemente, Werbebanner o.ä. Nur Überschrift, Bilder und Textinhalte bleiben erhalten – und zwar im Textformat anstelle als Grafik. Enthaltene Links bleiben voll funktionsfähig. Leider klappt das nicht bei allen Webseiten gleichermaßen gut.

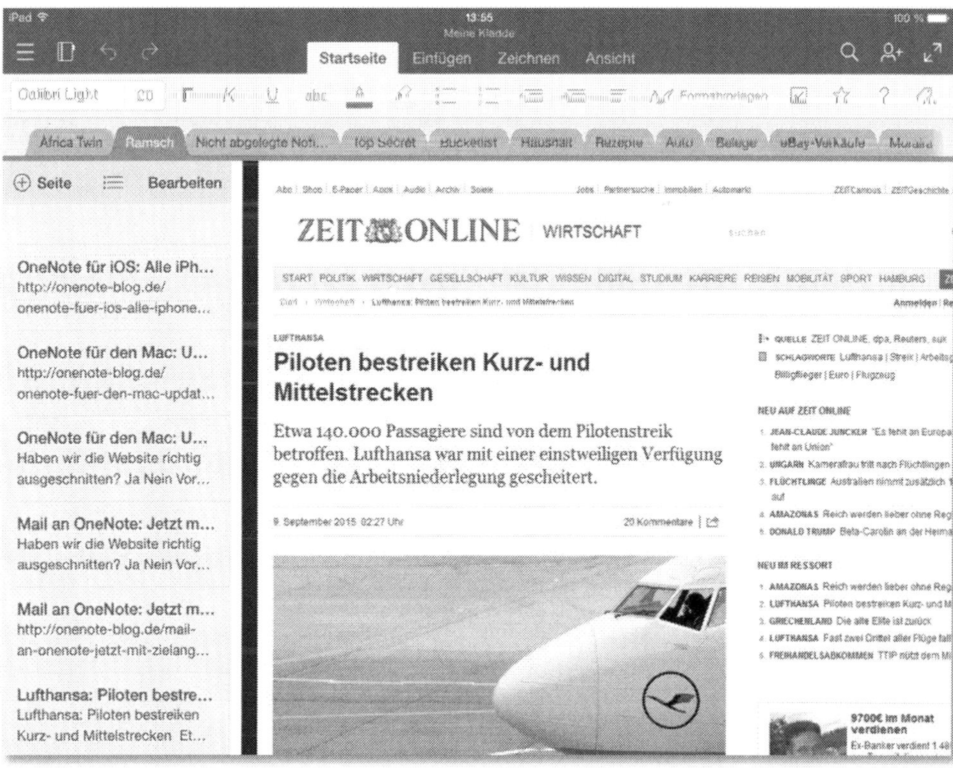

Der eigentlich für Desktop-Browser gedachte Web-Clipper funktioniert auch mit Safari unter iOS. Er liefert wesentlich größere Screenshots von Webseiten an OneNote.

Aus vielen Webseiten kann der Clipper auf Wunsch auch nur relevante Inhalte wie Überschriften, Bilder und Artikeltext herausfiltern und als editierbaren Text inklusive Links in OneNote speichern.

Leider ist der OneNote-Webclipper in erster Linie für Desktop-Browser auf PC oder Mac ausgelegt, nicht aber für Mobilgeräte. Dabei funktioniert er durchaus auch in Safari für iOS, nur die vorgesehene Installationsroutine nicht. Denn mit Ausnahme der Webclipper-Version für den Chrome-Browser ist er als so genanntes Javascript-Bookmarklet ausgelegt. Das ist im Prinzip ein Textmakro, dass genauso behandelt wird wie eine URL (Web-Adresse) und sich zum Beispiel in der Browser-Favoritenleiste ablegen lässt. Da liegt aber der Hase im Pfeffer. Auf der zugehörigen Webseite (**www.onenote.com/clipper**) ist die Installation des Bookmarklets per Drag & Drop in diese Favoriten- oder Lesezeichenleiste vorgesehen. Genau das funktioniert aber unter iOS nicht. Macht nix – wenn Sie ein wenig Umstand nicht scheuen, bekommen Sie den OneNote-Webclipper trotzdem ins iPad-Safari:

Webclipper in Safari einrichten und nutzen

Ein Bookmarklet ist nichts anderes als ein Lesezeichen, das etwas anderes als eine simple Web-Adresse enthält – in diesem Fall ein paar Zeilen Javascript-Code.

Glücklicherweise lässt sich somit der Webclipper in Safari auf dem iPad durchaus einrichten wenn auch nicht ganz so komfortabel, wie von Microsoft für Desktop-Browser vorgesehen. So geht's:

Zunächst benötigen Sie den vollständigen Javascript-Code des Webclippers.

Bei der E-Book-Version dieses Buchs können Sie den folgenden Javascript-Codeblock einfach markieren und in die Zwischenablage kopieren:

```
javascript:(function(){var%20jsCode=document.createEle-
ment('script');jsCode.setAttribute('src','https://www.one-
note.com/Clipper/Root?ClipperId=ON-6c6ab834-8cf0-4c91-a390-
b58c04286aae&ClipperType=Bookmarklet&ClipperVer-
sion=2.0.2');jsCode.setAttribute('id','oneNoteCaptureRoot-
Script');jsCode.setAttribute('type','text/ja-
vascript');document.body.appendChild(jsCode);})()
```

Halten Sie dagegen die gedruckte Ausgabe in den Händen, ist dieser Weg natürlich versperrt. Sie könnten den Code zwar auf dem iPad in einen Texteditor (oder OneNote) abtippen. Die Wahrscheinlichkeit eines Tippfehlers ist aber zu hoch. Besser geht es mit einem Desktop-Browser wie Firefox unter Windows oder Safari auf dem Mac. Nicht Chrome benutzen, weil die Clipper-Installation dort anders läuft!

1. Öffnen Sie mit Firefox, Safari o.ä. (nicht Chrome!) auf PC / Mac die Clipper-Installationsseite **www.onenote.com/clipper**.
2. Tippen Sie die Schaltfläche ***In OneNote ablegen*** an. Sind Sie auf der englischen Webseite gelandet, heißt die Schaltfläche ***Clip to OneNote***.

3. Es erscheint eine Art Overlay-Fenster mit einer kurzen Anleitung, die leider nur für Desktop-Browser, nicht aber auf dem iPad funktioniert. Statt ihr zu folgen, klicken Sie den hier ebenfalls vorhandenen Button ***In OneNote ablegen*** (bzw. ***Clip to OneNote***) mit der <u>rechten</u> Maustaste an.

4. Wählen Sie aus dem Kontextmenü ***Link kopieren*** (Safari) bzw. ***Link-Adresse kopieren*** (Firefox). Der Javascript-Codeblock steht nun in der Zwischenablage.

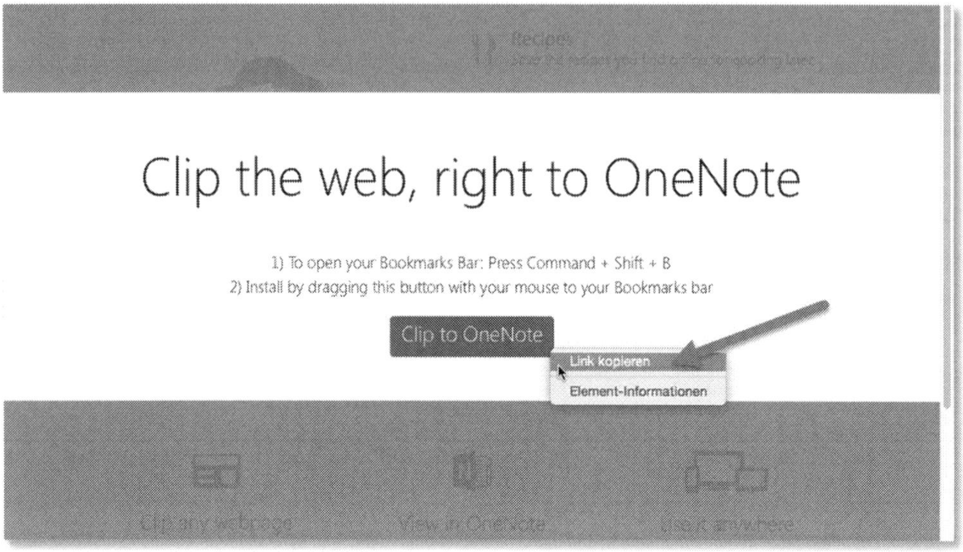

5. Deren Inhalt gilt es nun, an das iPad zu schicken. Das könnten Sie zum Beispiel in einer Textdatei tun, die Sie in einem von beiden Geräten aus erreichbaren Cloud-Speicher (iCloud, DropBox, OneDrive…) legen. Etwas komfortabler ist es, den Textblock einfach in einer Mail an Sie selbst, bzw. eine auf dem iPad erreichbare Adresse zu schicken:

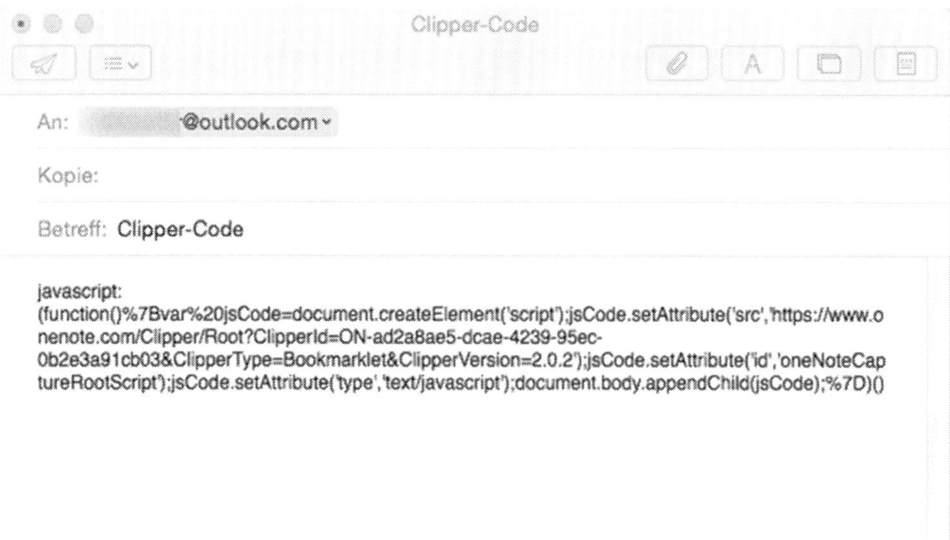

6. Den PC/Mac brauchen Sie jetzt nicht mehr; wechseln Sie zum iPad.
7. Überprüfen Sie zunächst folgende Optionen unter ***Einstellungen - Safari***: ***Cookies blockieren*** auf „Immer erlauben" und ***Favoritenleiste einblenden*** auf **An**. Letzteres ist optional, aber sehr praktisch für die Nutzung des Webclippers. Außerdem noch unter ***Einstellungen - Safari - Erweitert*** die Option JavaScript auf **An**.

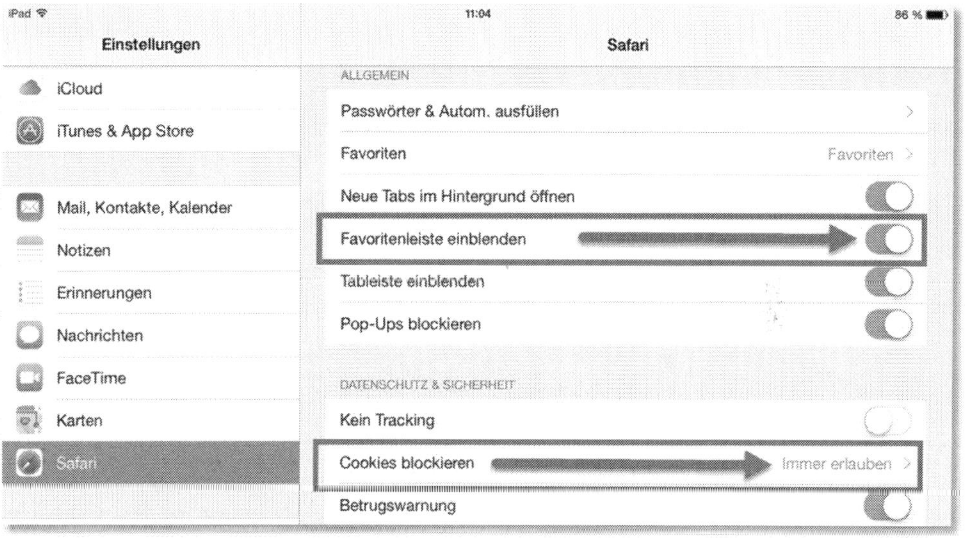

8. Dann öffnen Sie die Mail oder Textdatei mit dem Javascript-Code, markieren diesen komplett und kopieren Sie ihn in die Zwischenablage.

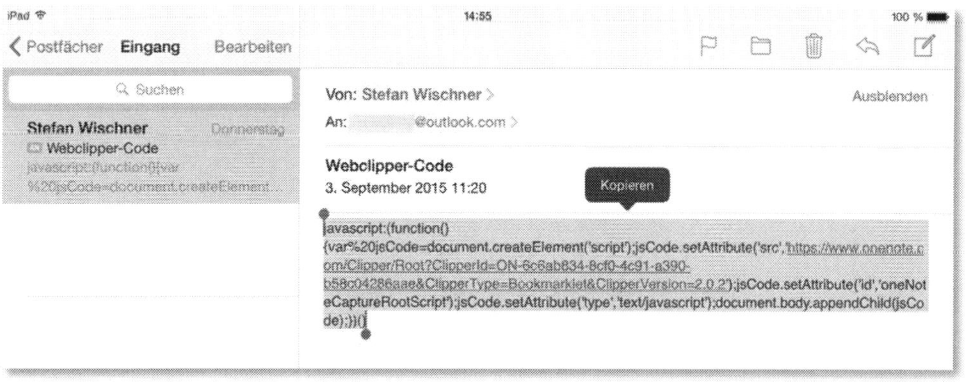

9. Öffnen Sie nun Safari und darin eine völlig beliebige Webseite.
10. Speichern Sie diese in der Lesezeichenliste, indem Sie das ***Teilen***-Symbol (Quadrat mit Pfeil) antippen und aus dem Menü ***Lesezeichen*** wählen.

Vergeben Sie am besten gleich einen sinnvollen Namen, z.B. „An OneNote“. Die URL ist zunächst egal. Tippen Sie abschließend auf ***Sichern***.

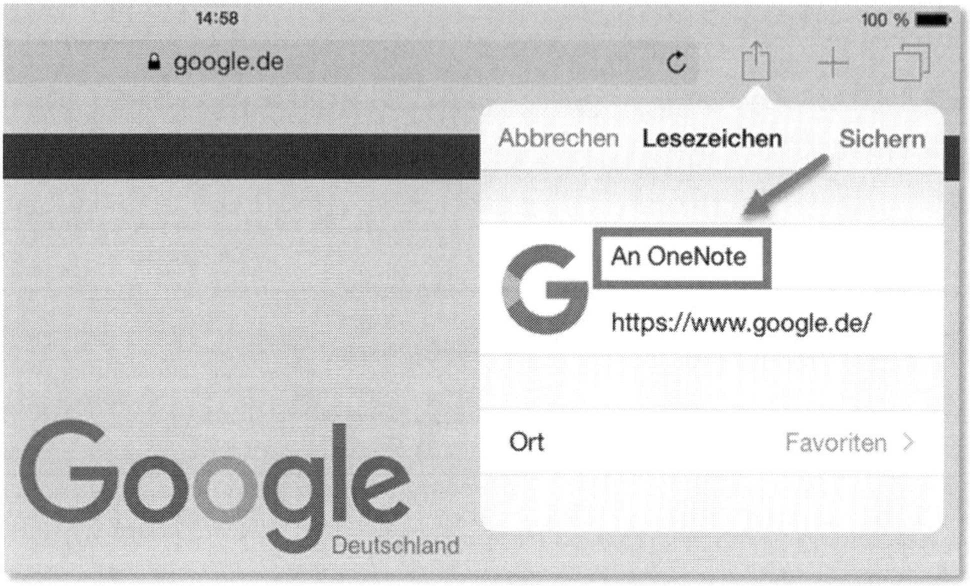

11. Jetzt tauschen Sie die URL in einem weiteren Schritt gegen den Webclipper-Code aus. Öffnen Sie dazu die Lesezeichenleiste durch Antippen des Buchsymbols links vom Feld für die Eingabe von URLs.
12. Tippen Sie ganz unten in der Liste auf ***Bearbeiten*** und dann auf den vorhin erzeugten Eintrag, z.B. „An OneNote“.

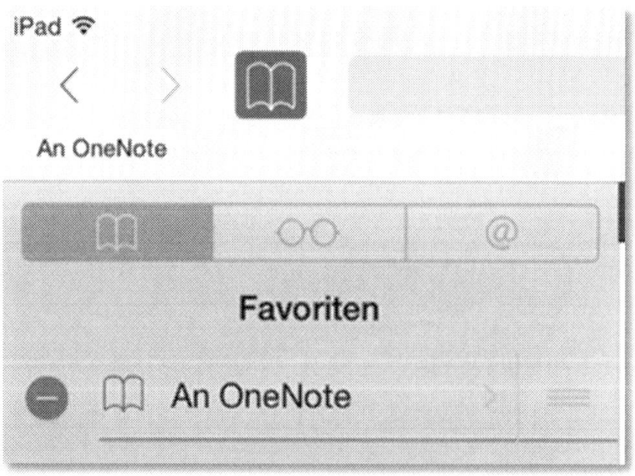

13. Es erscheinen die Details zum Lesezeicheneintrag. Markieren Sie die gesamte URL, löschen sie und fügen im entsprechenden Feld stattdessen den Javascript-Code aus der Zwischenablage ein:

Nach dem Antippen von ***Fertig*** auf der Bildschirmtastatur ist der Webclipper eingerichtet. Haben Sie in Schritt 7 die Favoritenleiste eingeblendet, sehen Sie den Eintrag unterhalb der Safari-Symbolleiste:

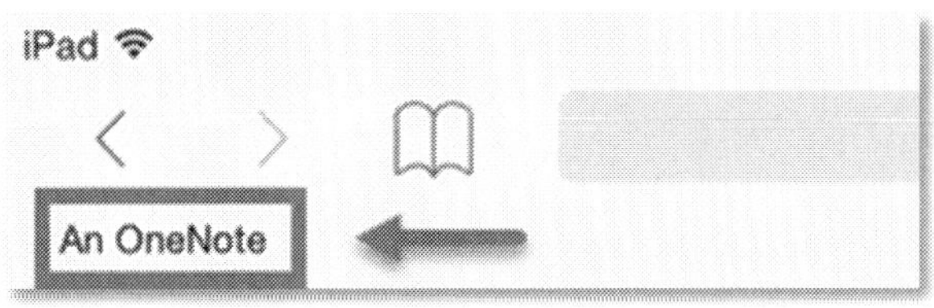

Webclipper in Safari benutzen

Die Nutzung des Webclippers ist sehr simpel:

1. Öffnen Sie die Webseite, deren Inhalt Sie in OneNote speichern möchten.
2. Tippen Sie den zuvor eingerichteten Eintrag (z.B. „An OneNote“) in der Favoritenleiste an. Ist diese ausgeblendet, können Sie auch die Favoritenliste über das Buchsymbol öffnen und den Webclipper-Eintrag dort anwählen.
3. Unter Umständen müssen Sie sich erst mit Ihrem Microsoft-Account anmelden. In diesem Fall erscheint rechts oben dieser Hinweis:

4. Tippen Sie auf ***Anmelden***, worauf sich ein weiteres Browserfenster öffnet, in dem Sie Ihre Zugangsdaten eingeben und wieder auf ***Anmelden*** tippen.
5. Sind Sie angemeldet, erscheint rechts oben der Webclipper im OneNote-typischen violett. Unter ***Speicherort*** wählen Sie ein Notizbuch und einen Abschnitt aus. Diese Einstellung merkt sich der Webclipper für das nächste Mal.

6. Im Feld ***Eine Notiz hinzufügen*** können Sie genau das tun.
7. Durch Antippen von ***Ausschneiden*** landet die gesamte Webseite als Screenshot am gewählten Ort in OneNote.
8. Möchten Sie hingegen zum Beispiel bei einem News- oder Blog-Artikel nur dessen Inhalt im Klartext übernehmen, schalten Sie vor dem Ausschneiden ganz oben von ***Ganze Seite*** auf ***Artikel*** um. Eine Vorschau zeigt dann, ob der gewünschte Inhalt ausgewählt ist. Diese Auswahl lässt sich allerdings nicht modifizieren!

*Wenn Sie die Ausschneideoption **Artikel** wählen, zeigt eine Vorschau, welche Inhalte an OneNote gesendet würden. Manchmal klappt's gut (wie hier auf Zeit Online), manchmal nicht.*

> Bis vor kurzem funktionierte die Javascript-Lesezeichen-Version auch in Chrome für iOS. Die beim Entstehen dieses Buchs aktuelle Chrome-Version ignorierte den Code aber völlig und war partout nicht zur Zusammenarbeit mit dem Clipper zu überreden. Möglicherweise bietet Microsoft bald eine Alternative an. Ansonsten lässt sich der Web-Clipper auf dem iPad vorerst nur mit Safari nutzen.

Mails an OneNote

Eine ganz andere Möglichkeit, Inhalte an OneNote zu schicken, macht die Notizbücher einer ganze Reihe weiterer Anwendungen zugänglich. Die Rede ist von der Option, Mails an OneNote zu schicken. Das ist nicht nur nützlich, um Nachrichten aus dem Mail-Client an OneNote zum Archivieren weiterzuleiten. Viele Apps, die keine „Teilen"- oder „Öffnen-In"-Funktion bereitstellen, können sehr wohl Inhalte als E-Mail versenden. Auf diese Weise bringen Sie sie dann doch sehr komfortabel in eine OneNote-Notiz.

Wer auch Evernote nutzt (oder genutzt hat), wird dieses Feature kennen. Dort ist es noch eine Ecke ausgefeilter. Aber auch die Mail-an-OneNote-Funktion ist sehr hilfreich, wenn man erst einmal die Ersteinrichtung hinter sich gebracht hat. Die ist leider nötig, was am Funktionsprinzip liegt:

Im Gegensatz zu Evernote bekommt nämlich nicht jeder OneNote-Nutzer mit Microsoft-Account eine spezielle E-Mail-Adresse zugewiesen, mit der sich Inhalte an ein Notizbuch schicken lassen. Statt dessen lautet die Adresse für jeden OneNote-Nutzer gleich, nämlich:

me@onenote.com

Dahinter steckt kein klassisches Postfach. Das würde auch keinen Sinn machen; schließlich würden die für die persönlichen Notizbücher bestimmten Nachrichten aller Anwender darin landen. Hinter der Adresse steckt vielmehr eine Art Sammelstation, aus der die Microsoft-Server die Nachrichten fischen und anhand der jeweiligen Absender den Microsoft-, respektive OneNote-Konten zuordnen und entsprechend in die richtigen Notizbücher weiterleiten, übrigens inklusive eventuell enthaltener Dateianhänge.

> Richten Sie für **me@onenote.com** oder eine alternativ verwendete Alias-Adresse (siehe Seite 130) einen eigenen Eintrag im Adressbuch ein. So können Sie künftig Mails durch einfaches Weiterleiten bequem in OneNote archivieren.

Eigentlich ganz pfiffig, aber es gibt bei diesem Verfahren ein Problem:

Nur wenn der Mail-Absender identisch mit der Mail-Adresse des Microsoft-Kontos ist, lassen sich die Nachrichten einem Nutzer und Notizbuch zuordnen. Würden Sie dagegen von einer anderen Adresse aus senden (so ziemlich jeder Internet-Nutzer dürfte mehrere privaten und/oder geschäftliche Mailadressen nutzen), kämen die Inhalte nie an.

Dieses Problem umgeht Microsoft, indem Sie beliebig viele (existierende) Alias-Adressen festlegen können, die ebenfalls einem bestimmten Microsoft- und damit OneNote-Account zugeordnet werden. All diese Adressen werden damit zu gültigen Absendern für Nachrichten an Ihr OneNote. Das geht so:

1. Öffnen Sie im Browser (egal, ob auf dem iPad oder einem PC/Mac) die Seite www.onenote.com/mailsettings.

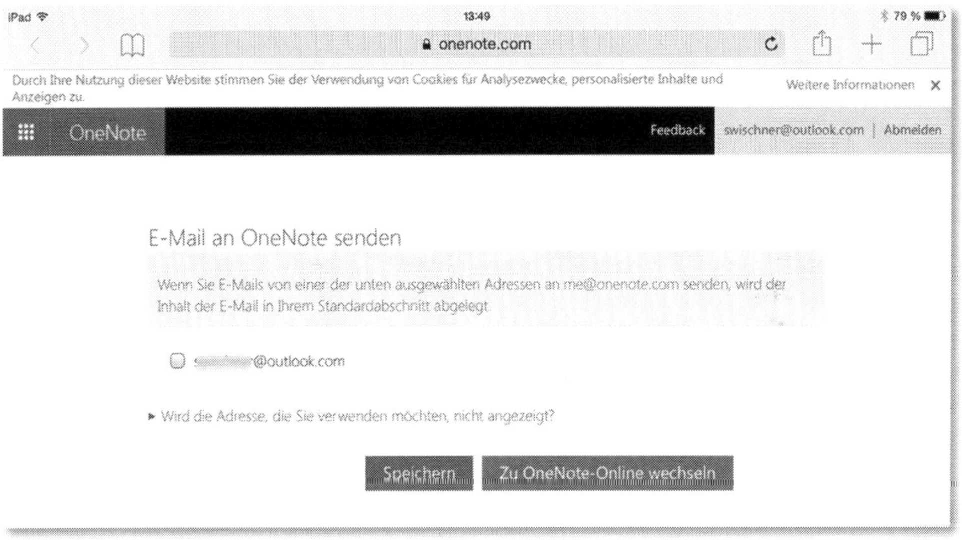

2. Als gültiger Absender ist hier zunächst nur die Adresse aufgeführt, die zu Ihrem Microsoft-Konto gehört. Setzen Sie ein Häkchen in das Kästchen vor der Adresse, um sie als Absender für Nachrichten an OneNote zu autorisieren.

3. Um weitere Adressen hinzuzufügen, klicken oder tippen Sie auf den Link ***Wird die Adresse, die Sie verwenden möchten, nicht angezeigt?*** und dann auf ***Aliaseinstellungen Ihres Microsoft-Kontos***.

4. Im folgenden Fenster können Sie Konto-Aliase festlegen. Dazu wählen Sie ***E-Mail-Alias hinzufügen***, im nächsten Fenster ***Eine vorhandene E-Mail-Adresse als Microsoft-Kontoalias hinzufügen*** und tippen die E-Mail-Adresse in das Feld.

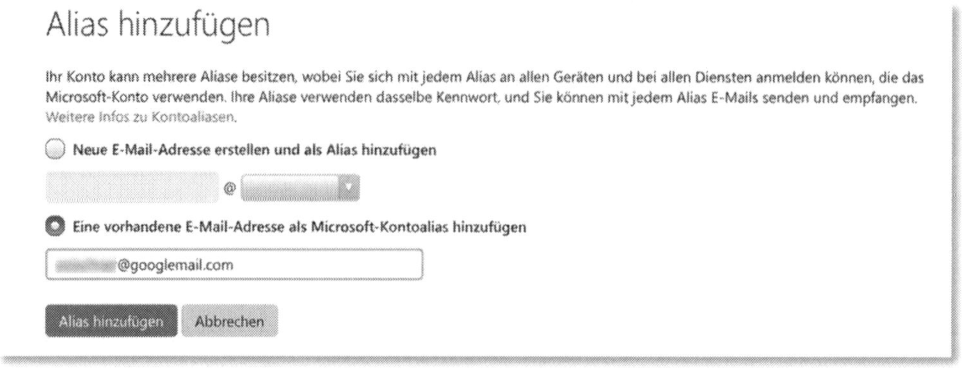

5. Zurück in der Übersicht der Kontoaliase taucht jetzt auch die neue Adresse in der Auflistung auf. Als nächstes müssen Sie noch ***Bestätigen*** (Link ganz rechts), dass Sie auch der Besitzer sind. Dazu wird eine Mail an die entsprechende Adresse gesendet. Die enthält einen Link, über den Sie die Alias-Adresse verifizieren.

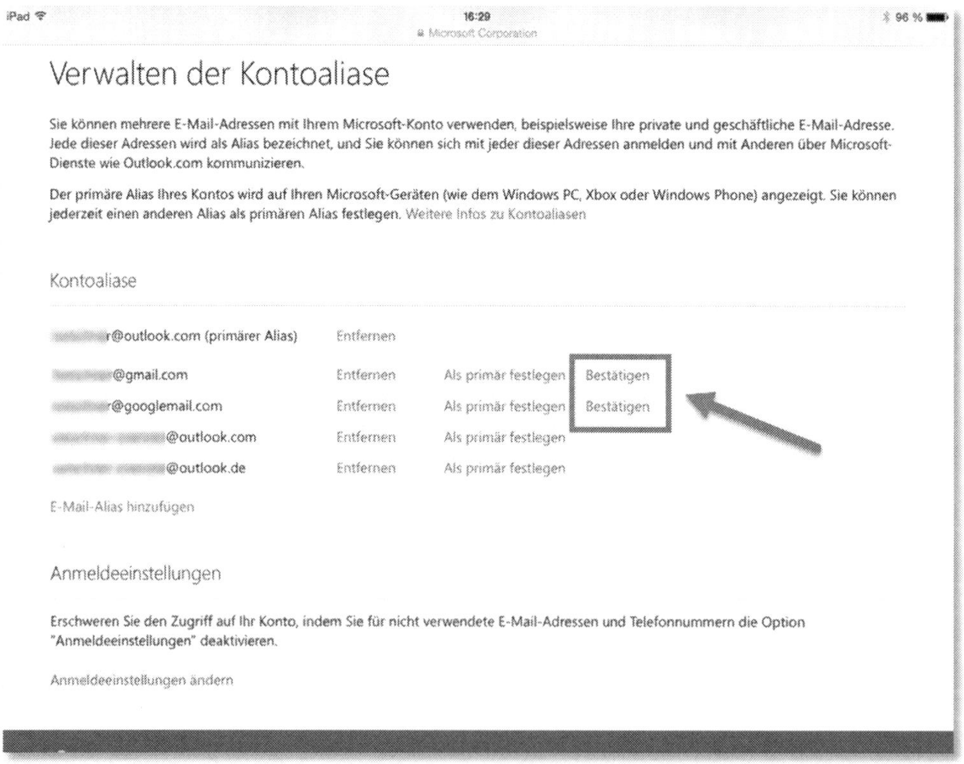

Ab sofort werden Mails auch von der zusätzlichen Alias-Adresse an **me@onenote.com** an OneNote weitergeleitet. Auf dieselbe Art können Sie nach Belieben weitere Alias-Adressen hinzufügen.

Ziel-Notizbuch und -Abschnitt wählen

Als Microsoft die Mail-an-OneNote-Funktion einführte, landete alles zwingend im Abschnitt „Nicht zugeordnete Notizen“ (oder „Schnelle Notizen“ oder „Schnellnotizen“, je nachdem, wann und wie Sie Ihren Account angelegt haben) in Ihrem Haupt-Notizbuch. Das ist zwar auch noch die Standardeinstellung.

Aber inzwischen wurde die Funktion auf eine Art ergänzt, die Evernote-Kennern bekannt vorkommen dürfte:

Unter **www.onenote.com/EmailSettings** dürfen Sie nun ein anderes Ziel-Notizbuch und darin einen beliebigen Abschnitt einstellen, der die Inhalte entgegennimmt. Also eine Art frei wählbare Inbox.

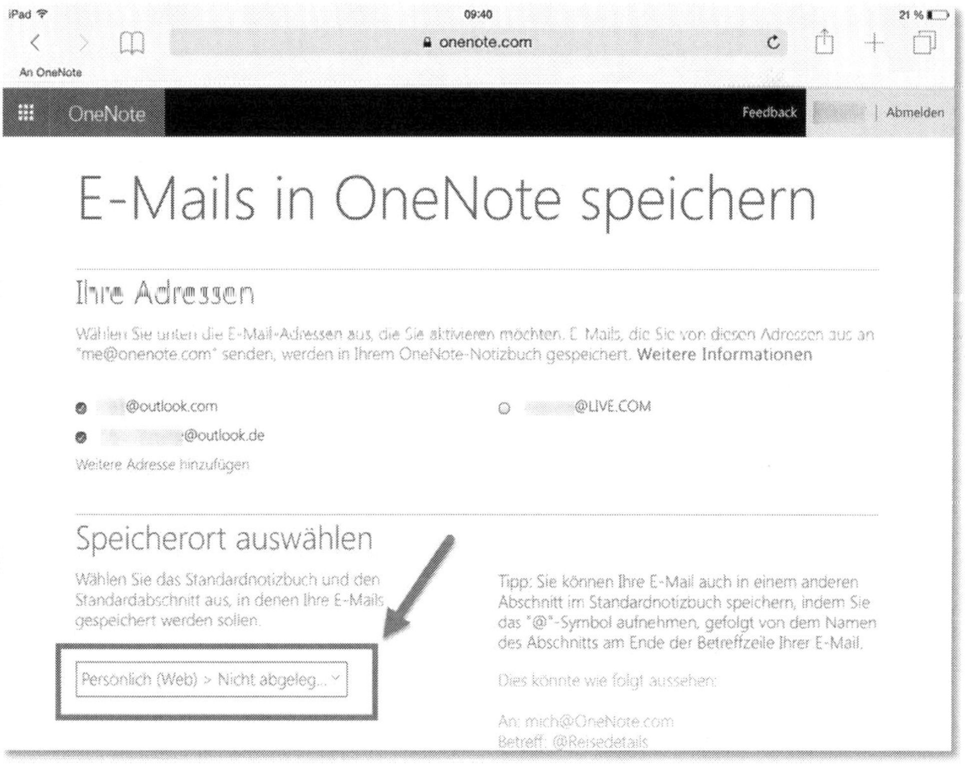

Eine weitere, möglicherweise bei Evernote abgeguckte Funktion: Hängen Sie an den Betreff der Nachricht ein "@", gefolgt von einem im eingestellten Zielnotizbuch vorhandenen Abschnittsnamen an, dient der für diese eine Mail als Ziel.

Ist der nach dem „@“ angegebene Abschnitt nicht vorhanden (oder haben Sie sich bei der Eingabe vertippt), wird er neu angelegt.

Von beliebiger Adresse aus an OneNote senden

Wie eben erklärt, ist die Voraussetzung für das Versenden von E-Mails direkt in eine OneNote-Notiz, dass der Absender der Mail in der „Berechtigungsliste" steht. In den meisten Fällen ist diese Authentifizierungsmethode auch völlig ausreichend.

In Einzelfällen kann es allerdings zu Problemen kommen. Dann zum Beispiel, wenn ein Firmen-Mailserver die Absenderadressen verändert (Spamschutz), die im Mailprogramm angezeigte Adresse nicht der tatsächlichen Absender-Adresse entspricht (Stichwort. „Senden als") oder Sie schlichtweg aus irgendwelchen Gründen eine Mail von einem Account aus an OneNote senden möchten, den Sie nicht als berechtigt angemeldet hätten.

Mit einem Trick können Sie dafür sorgen, dass jeder Absender akzeptiert wird. Dabei ist nicht mehr **me@onenote.com** das Ziel für OneNote-Notizen, sondern eine eigene Adresse, die Sie speziell für diesen Zweck festlegen. Das läuft grundsätzlich folgendermaßen (eine Schritt-für-Schritt-Anleitung folgt dann im Anschluss):

Sie richten in Ihrem Microsoft-Konto (nehmen wir einfach mal an, es heißt ***Karl_Meier@outlook.de***) eine zusätzliche Alias-Adresse an, zum Beispiel ***Karls_OneNote@outlook.de***.

Ab sofort landen alle E-Mails, die an diese Alias-Adresse gesendet werden, im eigentlichen Hauptkonto-Postfach, also bei ***Karl_Meier@outlook.de***.

Als nächstes richten Sie auf dem Hauptkonto eine Weiterleitungs-Regel ein: Alle Nachrichten, die an den Alias, also an ***Karls_OneNote@outlook.de*** gesendet wurden, leitet Outlook sofort weiter, und zwar an ***me@onenote.com***.

Der Absender dieser Nachrichten ist nun ***Karl_Meier@outlook.de***, und damit automatisch dem richtigen Microsoft-Konto und OneNote-Notizbuch zugeordnet.

Bei diesem Verfahren spielt der ursprüngliche Absender naturgemäß keine Rolle mehr; er wird ja durch die Weiterleitungsregel gegen den berechtigten ***Karl_Meier@outlook.de*** ersetzt.

Einziger Nachteil dieser Lösung: Da absolut jeder nun Inhalte an Ihr OneNote-Notizbuch senden kann, solange er nur die Zieladresse kennt, könnte Ungewolltes in Ihren Notizbüchern landen. Sie sollten diese Alias-Adresse tunlichst also für sich behalten. Im Zweifel können Sie sie auch jederzeit ändern und die Weiterleitungs-Regel entsprechend anpassen. So richten Sie den Alias und die Weiterleitung ein:

> Da alle folgenden Schritte in einem beliebigen Web-Browser erfolgen, können Sie die Einrichtung sowohl auf dem iPad als auch einem Desktop-Rechner oder anderen Mobilgerät vornehmen.

1. Öffnen Sie im Browser ***www.outlook.com*** und melden sich mit Ihren Zugangsdaten an.
2. Tippen oder klicken Sie auf das Zahnradsymbol rechts in der Menüleiste und wählen aus dem Menü den Eintrag ***Optionen***:

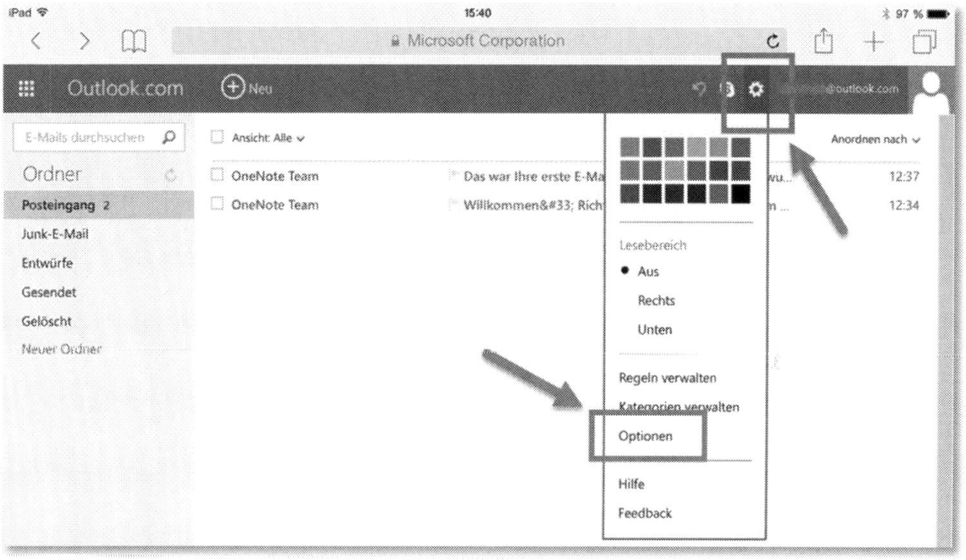

3. Auf der nächsten Seite wählen Sie ***Outlook.com-Alias erstellen***:

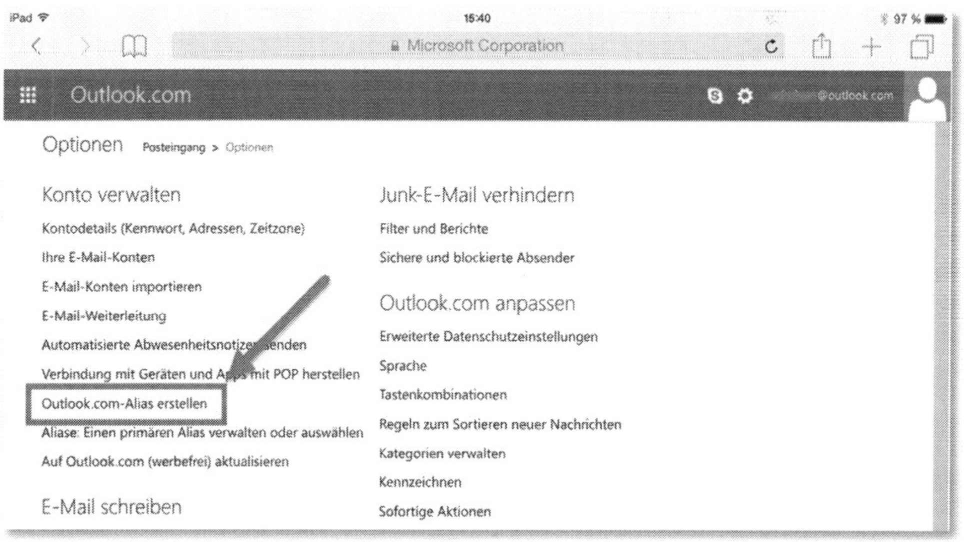

4. Sie gelangen in den Bereich ***Verwalten der Kontoaliase***. Klicken Sie hier auf den Link ***E-Mail-Alias hinzufügen***.

5. Im nächsten Fenster dürfen Sie sich eine alternative Mailadresse für das Konto ausdenken. Lassen Sie die Auswahl auf ***Neue E-Mail-Adresse erstellen...*** stehen und tragen in das darunterliegende Feld die Alias-Adresse ein. Hilfreich ist, wenn sie irgendeinen Hinweis auf OneNote enthält. So werden Sie später jederzeit daran erinnert, dass diese Adresse empfangene Nachrichten immer an OneNote weiterschickt:

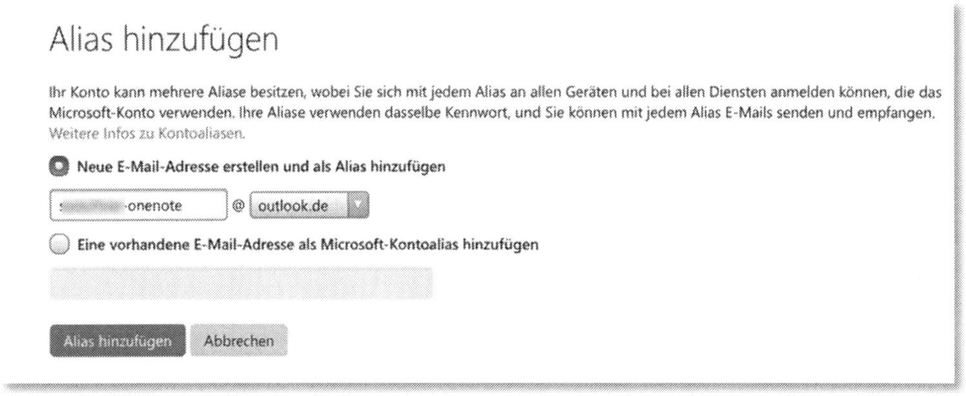

6. Zurück im Outlook-Hauptfenster ist noch eine Regel einzurichten, die Nachrichten an die eben festgelegte Alias-Adresse an **me@onenote.com** weiterleitet. Dazu klicken/tippen Sie wieder auf das Zahnradsymbol und wählen aus dem Menü den Eintrag ***Regeln verwalten***.

7. Im nächsten Fenster, überschrieben mit ***Regeln zum Sortieren neuer Nachrichten***, wählen Sie ***Neu***.

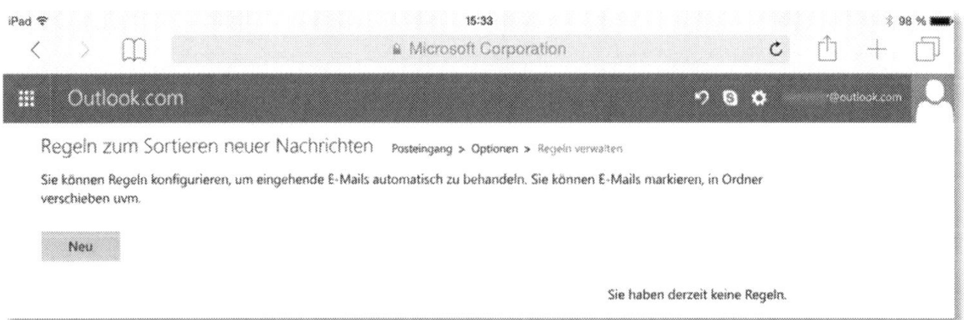

8. Es erscheint ein schmaler Fensterbereich mit der Regeldefinition. Links stehen zwei Felder für die Bedingung, die zutreffen muss, um die Aktion

in den rechten Feldern auszuführen. Wählen Sie für das linke Feld (vorbelegt mit ***Absender enthält***) die Option **Empfänger enthält** und tragen im zweiten Feld die zuvor angelegte Alias-Adresse, oder zumindest einen eindeutigen Teil davon ein. Damit betrifft diese Regel alle Mails, die nicht an die Haupt-, sondern die für OneNote-Nachrichten eingerichtete Alias-Adresse gesendet wurden.

9. Im dritten Feld (dem ersten Aktions-Feld) wählen Sie anstelle der Vorbelegung ***Löschen*** die Aktion ***Weiterleiten an*** aus. Tragen Sie ins letzte Feld noch die Zieladresse ein, nämlich ***me@onenote.com***.

10. Schließen Sie durch Antippen bzw. Anklicken von ***Regel erstellen*** ab.

Ab sofort brauchen Sie nur noch Nachrichten an die Alias-Adresse zu schicken, egal von welchem Absender aus. Sie landen automatisch im Abschnitt ***Schnelle Notizen*** Ihres persönlichen Hauptnotizbuchs.

> Der Regelassistent von Outlook erlaubt es, weitere Aktionen durchzuführen. Sie könnten zum Beispiel die Kategorisierung der weitergeleiteten Nachrichten ändern, um sie so zu kennzeichnen oder weitergeleitete Mails automatisch zu löschen oder in einen anderen Ordner zu verschieben, damit Sie nicht den Posteingang verstopfen.

> Wenn Sie diese Art der Umleitung verwenden, steht am Ende der per Mail gesendeten Notizen in OneNote immer nur Ihr eigener Haupt-Microsoft-Account als Absender, unabhängig vom tatsächlichen Versender.

5. Suchen, Finden, Organisieren

Neben dem offensichtlichen Vorteil, verschiedene Inhaltsformen wie z.B. Texte, Bilder oder Dateien zu speichern, ist eine Notiz-App wie OneNote der Kombination aus Ringblock und Stift in zwei weiteren Punkten deutlich überlegen: Alles lässt sich dank Suchfunktion in Sekundenschnelle wiederfinden. Außerdem können Sie Gliederungen und Strukturen im Nachhinein problemlos ändern, ohne Blätter herauszureißen und neu zusammenheften zu müssen. Um Beides geht es in diesem Kapitel.

Notizen durchsuchen

Um eine bestimmte Information in OneNote wiederzufinden, haben Sie im Prinzip zwei Möglichkeiten:

Entweder Sie haben Ihren Notizen eine so klare und nachvollziehbare Struktur (Organisation und Benennung von Notizbüchern, Abschnitten und Seiten) gegeben, dass sie gezielt an die richtige Stelle blättern können.

Oder Sie nutzen die simple, aber dafür extrem schnelle Suchfunktion von OneNote.

In vielen Fällen dürfte ein einzelner Suchbegriff reichen:

1. Tippen Sie links oben auf das Lupensymbol.
2. An dessen Stelle tritt eine Eingabezeile, die in blasser Schrift den Hinweis „Alle Notizbücher durchsuchen" enthält. Tippen Sie den gesuchten Begriff (Groß-/Kleinschreibung ist unwichtig) und schließen Sie mit der Schaltfläche ***Suchen*** auf der Tastatur ab.
3. Schon nach den ersten Buchstaben des Suchbegriffs klappt eine vorläufige Ergebnisliste auf.
4. Alle Listeneinträge bestehen aus dem jeweiligen Seitentitel und darunter das jeweilige Notizbuch und der Abschnitt in blasserer Darstellung.
5. Tippen Sie einen Listeneintrag an, um die zugehörige Seite zu öffnen. Die Fundstelle(n) wird/werden mit einem gelben Marker hervorgehoben.

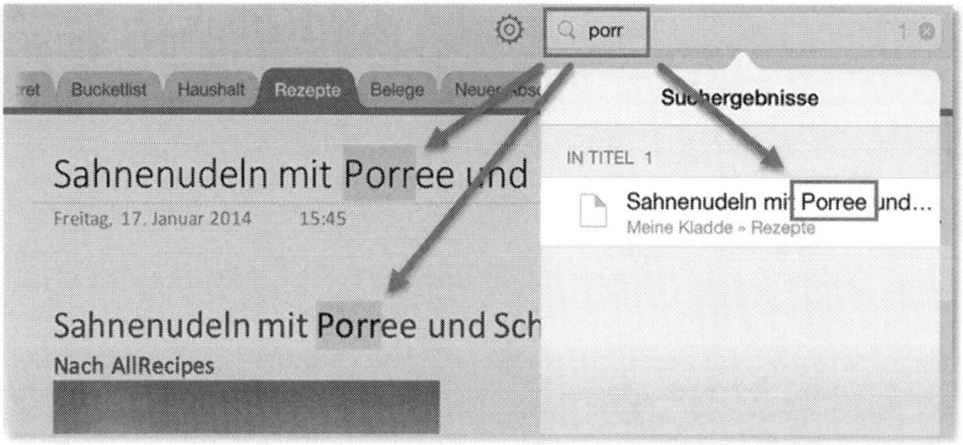

> OneNote ist bislang nicht in die Spotlight-Suche von iOS oder OS X integriert. Nach Inhalten von Notizen lässt sich also derzeit ausschließlich über das Suchfeld in der OneNote-App fahnden.

Suchreichweite festlegen

Standardmäßig werden bei der Suche alle offenen Notizbücher berücksichtigt. Siehe dazu den untenstehenden Tippkasten. Sie können die Reichweite der Suchfunktion aber auch auf das im Moment angezeigte Notizbuch, den gerade offenen Abschnitt (bzw. die Abschnittsgruppe) oder nur die aktuelle Seite begrenzen.

Dazu tippen Sie das Zahnradsymbol an und wählen aus der Liste ***Suchen in*** den passenden Eintrag, also z.B. ***Diese Abschnittsgruppe*** oder ***Diesem Notizbuch***. Ab sofort gelten Suchvorgänge nur im angegebenen Bereich.

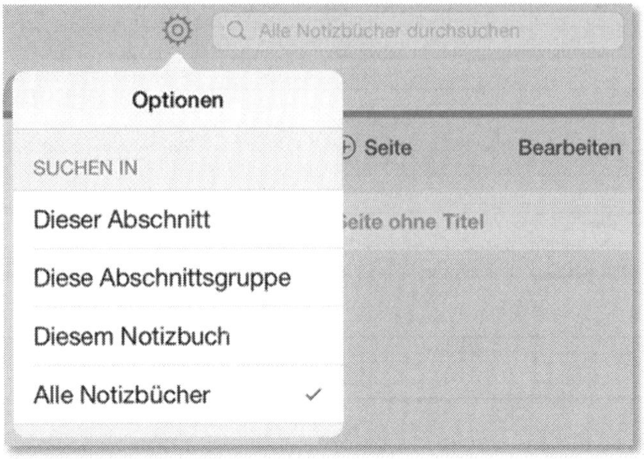

Diese Einstellung bleibt so lange erhalten, wie Sie die OneNote-App geöffnet haben. Nach dem kompletten Schließen und dem nächsten Start der App wird sie standardmäßig wieder auf ***Alle Notizbücher*** zurückgesetzt.

Alle Notizbücher meint in Wirklichkeit nicht alle auf OneDrive abgelegten Notizbücher, sondern nur die, die gerade in der App geöffnet sind! Welche das sind, stellen Sie am einfachsten fest, indem Sie links oben auf das „Hamburger-Menü", also die drei horizontalen Stricke klicken. Das öffnet eine Auflistung aller offenen Notizbücher. Fehlt hier eines, das Sie ebenfalls nach dem Suchbegriff durchforsten möchten, müssen Sie es zunächst über ***Weitere öffnen...*** in die App laden.

Abschnitte, die mit einem Kennwort geschützt und verschlüsselt sind (siehe Seite 155), werden bei der Suche nicht berücksichtigt! Um diese in eine Suche einzuschließen, müssen Sie sie erst durch die Kennworteingabe manuell entsperren.

Begriffskombinationen suchen

Anstelle von einzelnen Suchworten können Sie auch nach Kombinationen zweier oder mehrerer Begriffe fahnden. OneNote bietet drei Möglichkeiten:

- **Und**-Verknüpfung: Alle eingegebenen Begriffe müssen auf der Seite enthalten sein. Syntax: gesuchte Begriffe einfach nebeneinander schreiben.
- **Oder**-Verknüpfung: Es reicht, wenn einer der Begriffe auf der Seite vorhanden ist. Syntax: Zwischen die Begriffe OR (in Großbuchstaben!) schreiben.
- **Exakte Zeichenfolge**: Die angegebenen Begriffe müssen genau so zusammen auf der Seite stehen. Syntax: Die Suchworte in doppelte Anführungszeichen einschließen.

Das folgende sehr einfache Beispiel soll die Syntax der Begriffssuche veranschaulichen. Es verwendet vier Seiten im aktuellen Abschnitt, die jeweils kurze Wortkombinationen enthalten:

Seite 1:	*Alpha Beta Gamma*
Seite 2:	*Alpha Beta*
Seite 3:	*Alpha Gamma*
Seite 4:	*Beta Gamma*

Eine Suche nach dem einzelnen Wort ***Alpha*** würde zum Beispiel die Seiten 1,2 und 3 als Ergebnis auswerfen, da in ihnen dieses Wort vorkommt.

Und-Verknüpfung:

Eine Suche nach den beiden Begriffen ***Alpha*** und ***Beta***, einfach nebeneinander geschrieben, liefert die Seiten 1 und 2 als Ergebnis. Es wird eine UND-Verknüpfung angenommen und somit nur die Seiten berücksichtigt, in denen beide Worte enthalten sind. Beim Aufruf der gefundenen Seiten werden denn auch beide Treffer markiert.

Oder-Verknüpfung:

Suchen Sie dagegen nach ***Alpha OR Beta*** (exakt so ins Suchfeld eingegeben) sind alle Seiten relevant, in denen entweder der eine oder der andere Begriff (es dürfen aber auch beide sein) steht. Im Beispiel sind das alle vier Seiten (Auf Seite 4 fehlt zwar das „Alpha“; der Begriff „Beta“ kommt aber vor.

Exakte Zeichenfolge:

Fassen Sie zwei Suchbegriffe in Anführungszeichen ein, etwa **„Alpha Gamma“**, reicht es nicht mehr aus, dass beide Begriffe auf der Seite vorhanden sind. Sie müssen vielmehr auch in Kombination exakt so dastehen, also nacheinander und mit einem Leerzeichen getrennt. Entsprechend fällt Seite 1 (Alpha Beta Gamma) aus. Zwar sind beide Begriffe enthalten, aber nicht in der exakten Zeichenfolge mit nur einem Leerzeichen dazwischen. Nur die Seite 3 erfüllt die Suchkriterien.

Ein gängiges Beispiel für die Abfrage von Zeichenfolgen ist die Suche nach einem Namen in Verbindung mit einem Vornamen:

Meier als Suchbegriff wirft sämtliche Meiers aus.

Hubert Meier bringt auch Seiten als Ergebnis, auf denen *Hubert* Schultz und Karl *Meier* genannt sind. Die UND-Verknüpfung setzt ja nur voraus, dass beide Begriffe irgendwo auf der Seite vorkommen.

Nur ***„Hubert Meier"*** in Anführungszeichen spürt genau diesen Namen auf, nicht aber etwa „Meier, Hubert".

In der Windows-Desktop-Version von OneNote können Sie anstelle von „OR" auch das deutsche „ODER" verwenden. Die Ausgaben für iOS und Mac kennen hingegen nur die englische Form.

Wundern Sie sich nicht, wenn Sie statt der OneNote-App die Web-Version OneNote-Online verwenden und die hier genannten Suchregeln nicht funktionieren. Die Suche in der Browser-Version ist derzeit noch extrem schwach. So ist die Reichweite auf den aktuellen Abschnitt begrenzt. Zwei nebeneinander stehende Begriffe werden immer per ODER-Logik gesucht. UND-Verknüpfung und Kontextsuche (Anführungszeichen) gibt es überhaupt nicht.

Die Suche beschränkt sich in der OneNote-App bislang auf enthaltene Textstellen, auch in Bildern oder Handschrift. Weitere Suchkriterien, wie zum Beispiel Kategorien, gesprochene Begriffe in Audio-Files oder bestimmte Bearbeiter, bleiben vorerst der Desktop-Ausgabe von OneNote für Windows (2010 / 2013) vorbehalten.

OCR: Text in Bildern und PDFs finden

Eine der ausgesprochenen Stärken von OneNote: Nicht nur Textinhalte lassen sich nach Schlüsselworten durchsuchen. Auch Text in PDFs (selbst, wenn die nur als Bitmap-Grafik ausgeführt sind) und Bildern wird dank integrierter OCR-Funktion (Optical Character Recognition) gefunden.

Speichern Sie also zum Beispiel Fotos von Belegen oder Dokumenten auf einer Notizseite (siehe „Office Lens“, ab Seite 61), finden Sie auch innerhalb der Dokumente vorkommende Worte – vorausgesetzt, die Bildqualität ist gut genug und der Text kontrastreich und nicht auf farbigem oder dunklem Hintergrund

> Die hier besprochene OCR-Funktion hat nichts mit der Handschrifterkennung von OneNote zu tun! Das ist eine ganz eigene Funktion. Die OCR-Texterkennung setzt „gedruckten“ Text voraus. Wenn Sie also z.B. handschriftliche Notizen auf einem Zettel fotografieren oder scannen und in OneNote speichern, werden sich die NICHT nach Begriffen durchsuchen lassen.

Um ein PDF Dokument oder Foto durch die OCR-Funktion indexieren zu lassen, müssen Sie überhaupt nichts tun, außer das entsprechende Notizbuch mit dem Server zu synchronisieren. Danach kann es allerdings noch einige Minuten dauern, bis die Inhaltserkennung abgeschlossen ist. Die OCR-Funktion läuft nämlich nicht auf dem iPad, sondern auf den Microsoft-Servern. Das ist eine der Neuheiten, die Microsoft erst kürzlich eingeführt hat.

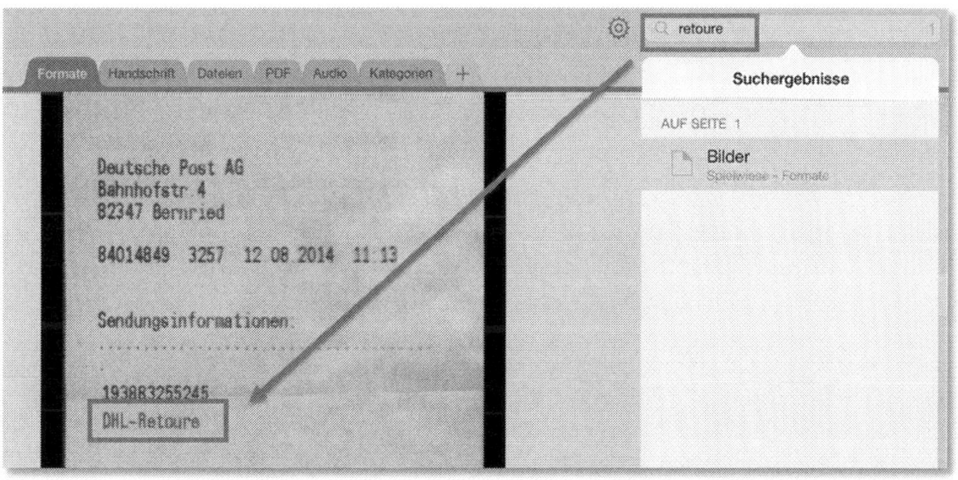

Auf dem Bild schlecht zu erkennen: Das Suchwort wird direkt im Foto gelb hinterlegt dargestellt.

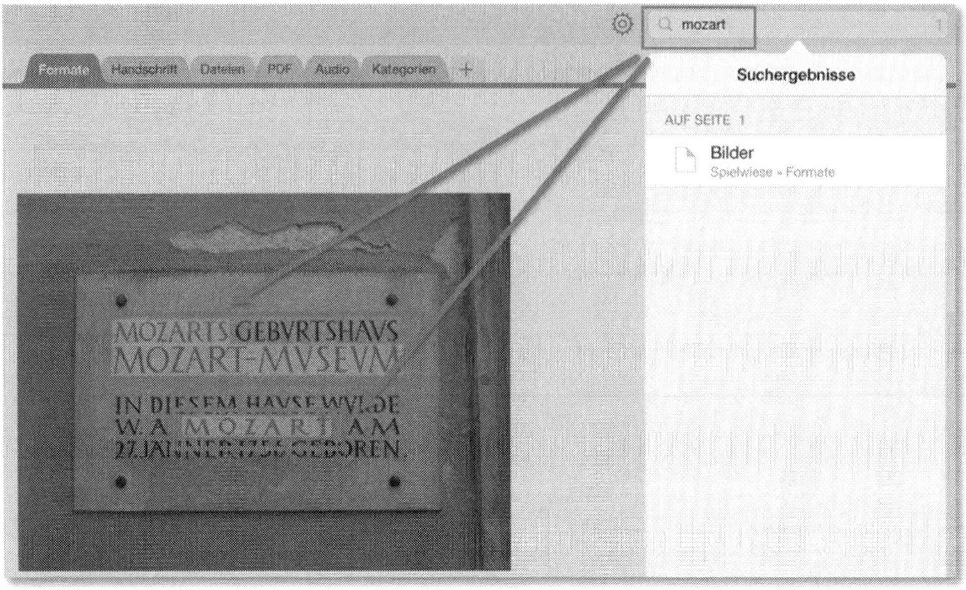

Auch auf Fotos und bei Nicht-Standard-Schriften ist die Erkennungsrate gut – so lange der Kontrast hoch genug ist.

Es werden nur Bilder und PDFs indexiert, sind also nach darin enthaltenem Text durchsuchbar, **die nach der Einführung des serverseitigen OCR im März 2015 erfasst wurden**. Ältere Inhalte müssten Sie zunächst mindestens einmal mit OneNote für Windows öffnen, damit sie von der Windows-(OneNote-) eigenen OCR-Routine behandelt werden. Microsoft hat allerdings versprochen, dass das nachträgliche Indexieren ohne Windows-Hilfe bald nachgereicht werden soll. Vielleicht ist das schon geschehen, wenn Sie dieses Buch lesen.

Während Sie in Bildern oder PDF-Dokumenten enthaltenen Text zwar mit der Suchfunktion aufspüren können, gibt es bei der iPad-App bislang keine Funktion, ihn zum Beispiel via Zwischenablage herauszukopieren. Das geht aber mit der Windows-Desktop-Version von OneNote (2010 oder 2013), am besten mit dem kostenlosen Add-In „OneTastic". Damit lassen sich Textteile gezielt selektieren. Ohne Add-In wird der gesamte Text herauskopiert.

Inhalte verschieben und umorganisieren

Im Prinzip können Sie Ihre in OneNote gespeicherten Informationen genau so organisieren wie in einem herkömmlichen Notizbuch aus Papier – nämlich gar nicht. Neues kommt auf neu geschaffenen freien Platz der aktuellen Seite oder Sie fangen einfach ein neue an. Ordnen oder Kategorisieren sparen Sie sich und finden Informationen später einfach durch Blättern wieder. Oder – hier sind Sie schon weiter als mit dem Papier-Pendant – Sie nutzen die Suche nach Begriffen, von denen Sie wissen, dass sie auf der gesuchten Seite vorkommen (siehe Seite 134).

Aber OneNote ist eben kein Notizblock oder -buch mit fest gebundenen Seiten sondern vielmehr ein Ringordner. Sie können einzelne Seiten nach Belieben herausnehmen, woanders einheften, durch farbige Einlegeblätter oder Register (in OneNote: Abschnitte) thematisch zusammenfassen oder sogar in ein ganz anderes Notizbuch übertragen.

All das funktioniert hervorragend und dank Drag & Drop sehr einfach und quasi intuitiv mit **OneNote 2010/2013 für Windows**. Wenn Sie dieses neben der iPad-Version einsetzen, sei Ihnen auch die nachträgliche Sortierung und Organisation mit dieser Programmversion angeraten – es geht einfach viel schneller.

Aber auch die iPad-App bietet einige Möglichkeiten, vorhandene Inhalte nachträglich umzustrukturieren, aufzuräumen und nicht mehr Benötigtes zu entsorgen. Fangen wir mit letzterem an, also dem Löschen:

Löschen von Seiteninhalten

Möchten Sie ein Bild, ein PDF-Dokument, einen Textabschnitt oder ein anderes Objekt (Tabelle, eingefügtes Dateisymbol...) aus einer Notizseite entfernen, funktioniert das wie in den meisten anderen iOS-Apps mit einem Editor. Zunächst müssen Sie das oder die zu löschende(n) Element(e) markieren. Je nach Objekt ist die Vorgehensweise etwas unterschiedlich:

- Bilder, PDFs und Dateisymbole markieren Sie durch kurzes Antippen. Eine gestrichelter Rahmen um das Objekt zeigt, dass es markiert ist. Zum Entfernen des Objekts wählen Sie ***Löschen*** aus dem gleichzeitig erschienenen Kontextmenü.

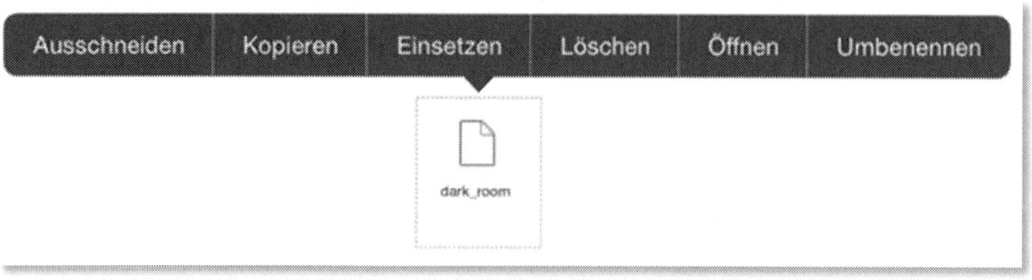

- Um Texte ganz oder teilweise zu markieren, tippen Sie sie etwas länger an. Wählen Sie dann aus dem sich öffnenden Kontextmenü den Befehl ***Alles***, um den gesamten Textabsatz zu markieren oder ***Auswählen***, um einen Textbereich durch Verschieben der Anfangs- und Ende-Markierungen festzulegen. Löschen Sie den Text dann entweder mit der entsprechenden Taste der Bildschirmtastatur oder durch Wahl von ***Ausschneiden*** aus dem Kontextmenü. Letzteres überschreibt allerdings einen eventuell vorhandenen Inhalt der Zwischenablage.

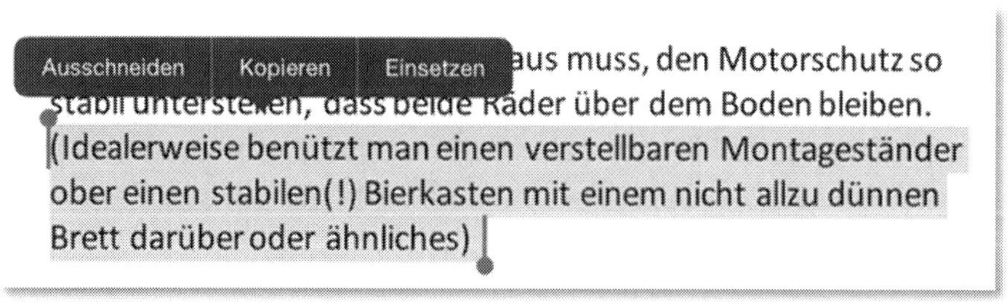

- Komplette Rahmen zu markieren, ist ein bisschen fummelig: Sobald Sie den Cursor durch Antippen in eine Tabelle oder ein Textelement setzen, wird der zugehörige Textrahmen dargestellt. Tippen Sie nun den oberen grauen Balken doppelt an, sollte der gesamte Rahmeninhalt markiert werden und ein längeres Kontextmenü erscheinen. Um den kompletten Rahmen samt Inhalt zu entfernen, wählen Sie aus dem Menü ***Löschen*** oder ***Ausschneiden***. Die Markierung per Doppeltipp funktioniert nicht immer. Probieren Sie es gegebenenfalls mehrfach. Eine höhere Zoomstufe kann beim Treffen des oberen Rahmenbalkens helfen.

- Ganze Tabellen könnten Sie ebenfalls per Doppeltipp auf den oberen Balken markieren. Es geht aber einfacher: Setzen Sie den Cursor irgendwo in die Tabelle. Das Menü der OneNote-App ändert sich und zeigt drei neue Befehle. Tippen Sie den linken (***Auswählen***) an und wählen aus dem Menü dann ***Tabelle***. Diese wird komplett markiert und das Kontextmenü klappt auf. Einen ***Löschen***-Befehl gibt es hier zwar nicht, aber ***Ausschneiden*** tut es auch.

> Entfernen Sie Bilder oder Textrahmen, die mitten auf einer Seite standen, bleibt eine unschöne Lücke. Da sich bislang in der iPad-Version von OneNote weder Textrahmen noch Bilder bequem verschieben lassen (außer per Ausschneiden und Einsetzen), können Sie diese Lücken nicht einmal manuell schließen. Hier hilft OneNote 2010/2013 für Windows. Diese Version verfügt über eine Funktion namens ***Schreibbereich einfügen***, die eigentlich solche Lücken für neu einzusetzende Inhalte schaffen soll. Diese Funktion lässt sich aber auch umgekehrt nutzen, um ganz einfach mit der Maus Leerbereiche zu entfernen. Weiter unten stehende Elemente werden dann automatisch nach oben gezogen.

Versehentlich entfernte Elemente lassen sich eine gewisse Zeit lang (siehe Seite 161) mit der ***Rückgängig***-Funktion wiederherstellen.

Löschen ganzer Seiten

Sehr viel einfacher ist das Löschen einer kompletten Seite.

1. Markieren Sie den Seitentitel in der Navigationsliste und wischen kurz nach links.
2. Rechts von der Bezeichnung erscheint nun eine signalrot hinterlegte Löschen-Schaltfläche. Tippen Sie die an, ist die Seite entfernt.

Sie können auch bequem mehrere Seiten im aktuellen Abschnitt löschen:

1. Tippen Sie oberhalb der Seitennavigationsliste auf ***Bearbeiten***.
2. Die Darstellung der Liste ändert sich etwas; vor jedem Seiteneintrag steht nun ein Kreis. Markieren Sie die zu entfernenden Seiten, indem Sie das jeweilige Kreissymbol antippen.
3. Tippen Sie abschließend das Mülltonnensymbol oberhalb der Seitenliste an. Alle markierten Seiten werden ohne Rückfrage auf einmal entfernt.

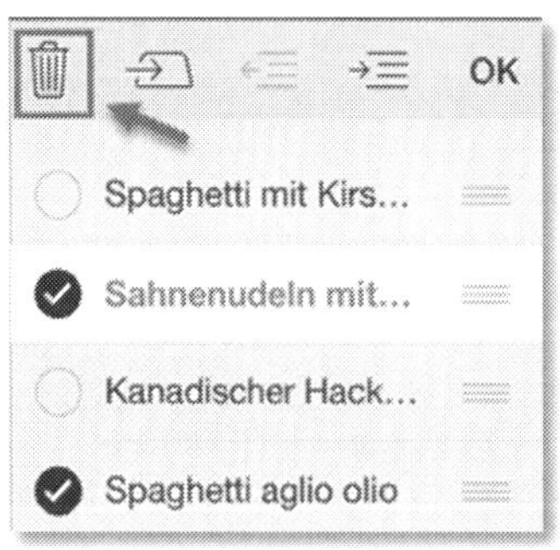

Das Löschen einzelner oder mehrerer Seiten lässt sich unmittelbar nach der Aktion mit der ***Rückgängig***-Funktion widerrufen. Nutzen Sie zusätzlich OneNote für Windows oder OS X, können Sie gelöschte Seiten auch zu einem späteren Zeitpunkt wiederherstellen. Mehr dazu ab Seite 164.

Löschen von Abschnitten und Abschnittsgruppen

Möchten Sie einen kompletten Abschnitt mitsamt aller enthaltenen Seiten loswerden, geht das folgendermaßen:

1. Öffnen Sie den betreffenden Abschnitt durch Antippen des entsprechenden farbigen Reiters unterhalb der Menüzeile.
2. Tippen Sie den Reiter ein zweites Mal an, um das Kontextmenü zu öffnen.

3. Aus diesem wählen Sie den Befehl ***Löschen***.
4. Es erscheint eine Sicherheitsabfrage, die Sie nochmals mit ***Löschen*** bestätigen.

> Gelöschte Abschnitte lassen sich nicht mit der ***Rückgängig***-Funktion wiederherstellen! Um einen versehentlich entfernten Abschnitt zurückzuholen, benötigen Sie OneNote 2010/2013 für Windows oder die Version für den Mac. Mehr dazu ab Seite 164

Um eine Abschnittsgruppe (siehe Seite) zu löschen, verfahren Sie ganz genauso wie bei einem einzelnen Abschnitt.

Löschen von Notizbüchern

Das Löschen kompletter Notizbücher direkt aus der OneNote-App für das iPad (oder auch anderen OneNote-Versionen) heraus hat Microsoft gar nicht vorgesehen.

Sie können überflüssige Notizbücher aber trotzdem loswerden, und zwar direkt an ihrem Speicherort. Im Normalfall also auf OneDrive. Entweder erledigen Sie das im Webbrowser (z.B. Safari) oder mit der separaten iOS-App für OneDrive. Hier die Anleitung für beide Varianten:

Im Webbrowser:

1. Öffnen Sie www.onedrive.com und melden Sie sich ggf. mit den Benutzerdaten Ihres Microsoft-Kontos an.
2. Navigieren Sie in der Ordner- und Dateiübersicht zum Speicherort des betreffenden Notizbuchs.
3. Markieren Sie es, indem Sie das Häkchen in der rechten oberen Ecke setzen. Sie dürfen auch mehrere Notizbücher auf einmal zum Löschen vormerken.
4. Wählen Sie aus dem Menü ***Verwalten*** den Befehl ***Löschen***.

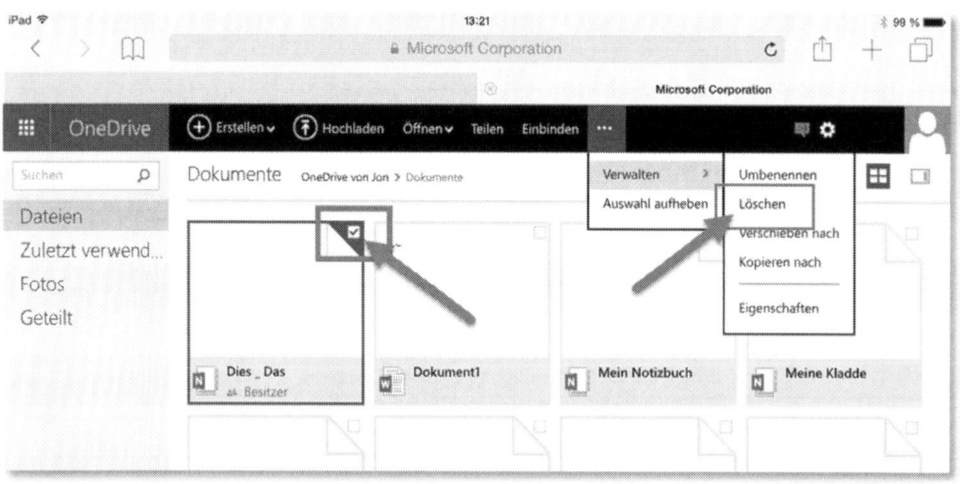

Das gelöschte Notizbuch landet im Papierkorb von OneDrive, in dem es 60 Tage lang verwahrt wird (siehe auch Seite 166).

In der OneDrive-App:

Stellen Sie sicher, dass im Menü am unteren Rand die Option ***Dateien*** markiert ist.

1. Navigieren Sie zu dem Ordner, in dem das Notizbuch gespeichert ist.
2. Tippen Sie den entsprechenden Eintrag etwas länger an, um ihn zum Löschen vorzumerken. Er wird mit einem weißen Häkchen im roten Kreis markiert. Auf dieselbe Art dürfen Sie auch mehrere Notizbücher (oder sonstige Dateien) auf einmal markieren.
3. Tippen Sie nun auf das Papierkorbsymbol in der unteren Menüleiste.
4. Es erscheint eine Sicherheitsabfrage, die Sie bestätigen.

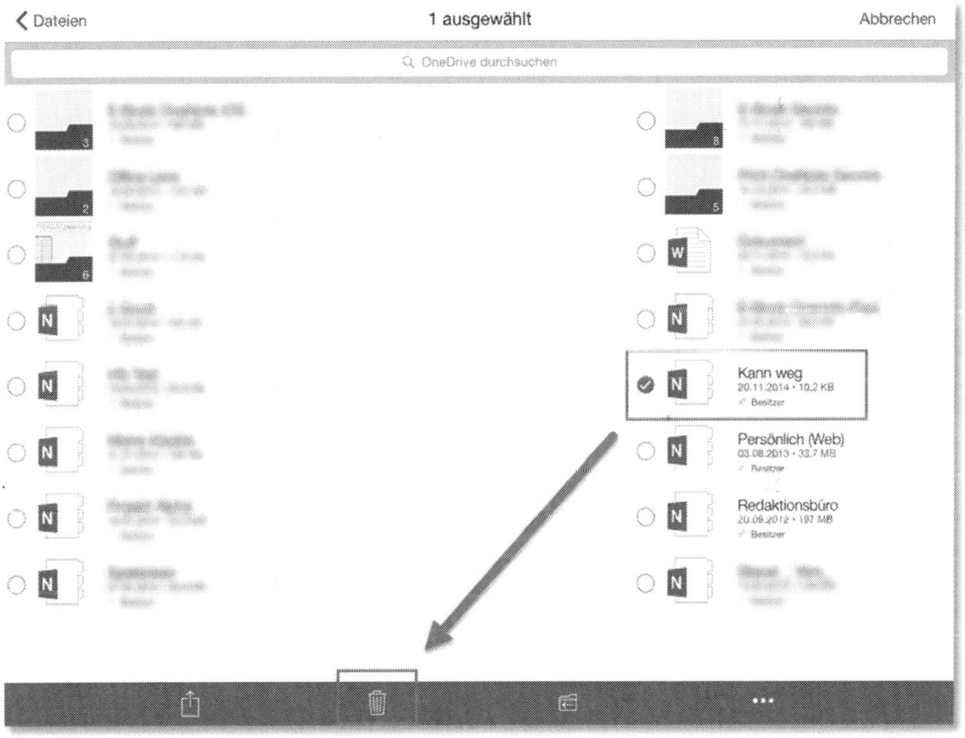

> Sollte das betreffende Notizbuch anstatt auf OneDrive in einer SharePoint-Bibliothek gespeichert sein (nur für Office-365-Abonnenten), löschen Sie es via Webbrowser an der zugehörigen URL – die entsprechenden Zugriffsrechte vorausgesetzt. Liegt es auf SharePoint Online (= OneDrive for Business), geht das auch mit der OneDrive-App.

Seiten umsortieren

Die Sortierung der Seiten in der rechten Liste entspricht immer der Reihenfolge, in der sie angelegt wurden. Neue Seiten landen immer ganz unten in der Liste. Sie können die Anordnung vorhandener Seiten aber nachträglich jederzeit anpassen:

1. Tippen Sie rechts oberhalb der Seitenliste auf ***Bearbeiten***
2. Die Darstellung der Liste ändert sich; unter anderem steht nun rechts neben jedem Eintrag ein „Anfasser", dargestellt durch drei horizontale Linien. Tippen Sie das Symbol an und halten Sie es fest, während Sie den Eintrag an eine andere Position in der Liste verschieben:

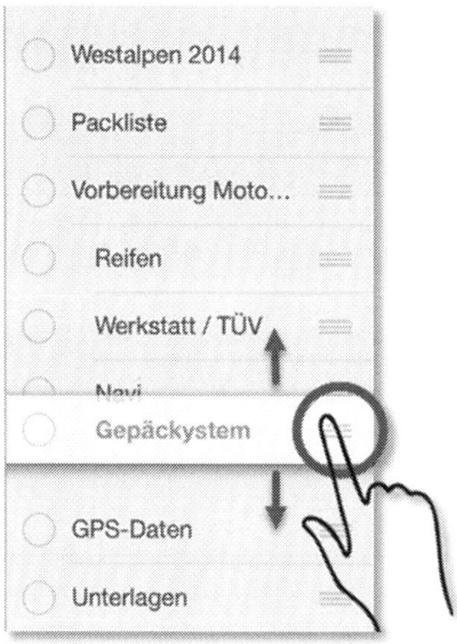

Eine automatische Sortierung der Seiten, etwa nach dem Alphabet, ist nicht möglich. Allerdings könnten Sie in OneNote 2010/2013 mit dem zusätzlichen kostenlosen Add-In „OneTastic" die Seitenliste per Makro jederzeit nachträglich sortieren. Auf dem iPad ist allerdings nur eine manuelle Neusortierung nach der oben stehenden Anleitung möglich.

Die Seitenreihenfolge wird mit dem Notizbuch gespeichert. Sie bleibt also auch nach Beenden und Neustart der App erhalten und gilt nach dem Synchronisieren auch in anderen OneNote-Versionen, etwa für Windows oder Mac.

Seitenhierarchie ändern

Die einzelne Seite ist noch nicht OneNotes unterste Hierarchiestufe. Seiten dürfen Unter- und Unter-Unter-Seiten enthalten. Allerdings hat diese Abstufung in erster Linie optische, aber keine funktionellen Auswirkungen. Das heißt: Untergeordnete Seiten werden zwar eingerückt dargestellt, aber zum Beispiel nicht beim Kopieren oder Verschieben der übergeordneten Seiten automatisch mitgenommen. Auch erlaubt die iPad-App im Gegensatz zur Windows-Ausgabe von OneNote (noch?) keine Ausblenden (Einklappen) von Unterseiten. Dafür gestaltet sich das (immer nur nachträglich mögliche) Herab- oder Heraufstufen einer Seite sehr einfach:

1. Tippen Sie rechts oberhalb der Seitenliste auf ***Bearbeiten***.
2. Links neben jedem Seiteneintrag erscheint nun ein Kreis. Tippen Sie den bei jedem Eintrag an, dessen Hierarchiestufe Sie verändern möchten.
3. Je nachdem, ob Sie die Seite(n) herauf- oder herunterstufen möchten, tippen Sie auf das dritte (eine Stufe nach oben) oder das vierte (eine Stufe nach unten) Symbol:

Der entsprechende Seiteneintrag, bzw. alle ausgewählte, rücken in der Übersichtsliste entsprechend nach links oder rechts. Mehr als drei Abstufungen gibt es übrigens nicht. Hat eine Seite die oberste oder unterste Ebene erreicht, ist das entsprechende Symbol nicht mehr anwählbar.

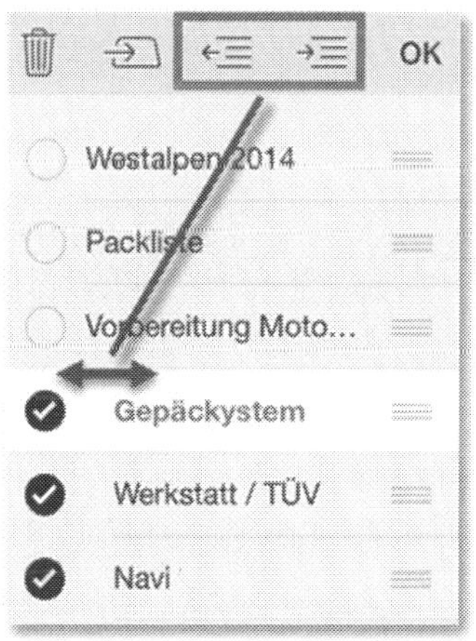

> Es muss immer mindestens eine Seit der obersten Ebene geben. Würden Sie alle Seiten in einem Abschnitt markieren und eine Rangstufe tiefer schieben wollen, bleibt die allererste Seite der Liste auf der obersten Ebene, wird also nicht eingerückt.

Abschnitte umsortieren

Genau wie die Seiten eines Abschnitts lassen sich auch die Abschnitte selbst innerhalb des Notizbuchs in eine neue Reihenfolge bringen. Dazu verschieben Sie einfach die farbigen Reiter durch Antippen und Festhalten in der Horizontalen:

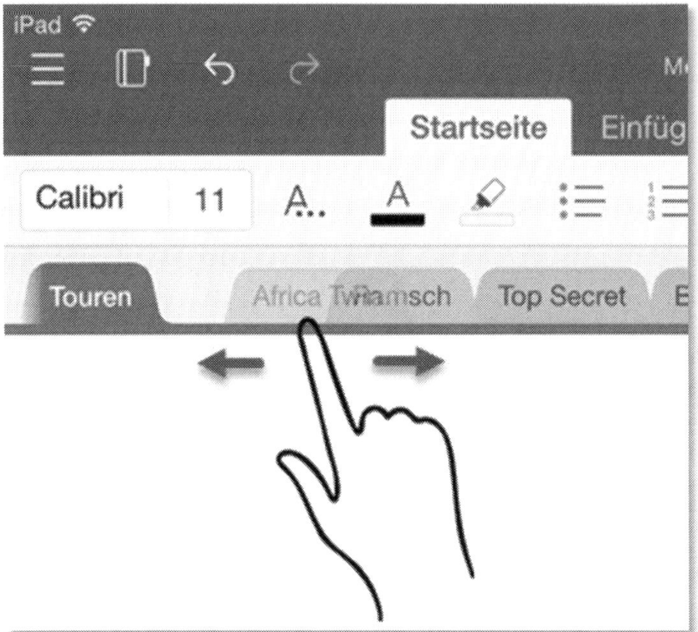

> Auch die neue Abschnittsreihenfolge wird mit dem Notizbuch gespeichert. Sie übersteht einen Neustart der App und gilt nach dem Synchronisieren auch in allen anderen OneNote-Ausgaben.

Notizbücher umsortieren

Die Liste der geöffneten Notizbücher, die nach dem Antippen des „Hamburger-Menüs“ (die drei horizontalen Linien) links oben ausklappt, lässt sich ebenfalls in eine neue Reihenfolge bringen. Allerdings gibt es hierbei im Gegensatz zur Umsortierung von Abschnitten oder Seiten ein paar Besonderheiten zu beachten:

- Sobald Sie eines der Notizbücher schließen und später wieder öffnen, landet es wieder am Ende der Liste. Die Sortierung ist also nur dann permanent, wenn Sie alle Notizbücher in der Liste ständig geöffnet halten.

- Die Reihenfolge der Notizbücher wird lokal auf dem iPad gespeichert und gilt auch nur hier. In anderen OneNote-Versionen können Sie ohne weiteres einen anderen Satz von Notizbüchern geöffnet halten. Von daher wird auch die auf dem iPad angepasste Sortierung natürlich nicht auf andere Geräte übernommen.

So ändern Sie die Reihenfolge in der Notizbuchliste auf dem iPad:

1. Öffnen Sie die Notizbuchliste durch Antippen des „Hamburger-Menüs" (der horizontale Linien) in der linken oberen Ecke.
2. Tippen Sie auf die recht kleine Bezeichnung ***Bearbeiten*** (nicht auf das größere Zahnradsymbol darüber!).

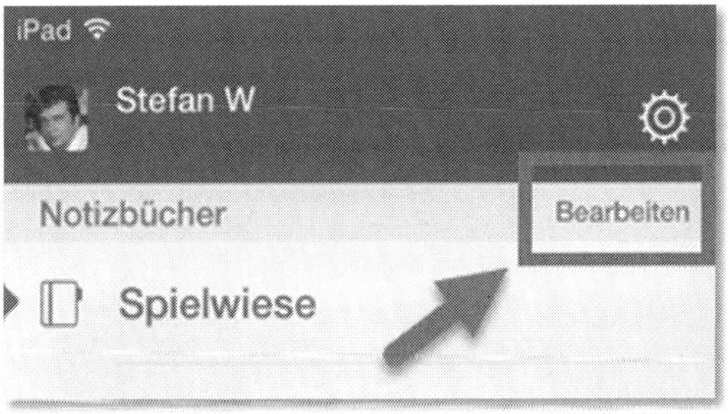

3. Die Listendarstellung ändert sich und versieht jeden Eintrag unter anderem mit drei grauen horizontalen Linien rechts. Tippen Sie dieses Symbol an und verschieben Sie den Notizbucheintrag nach oben oder unten.

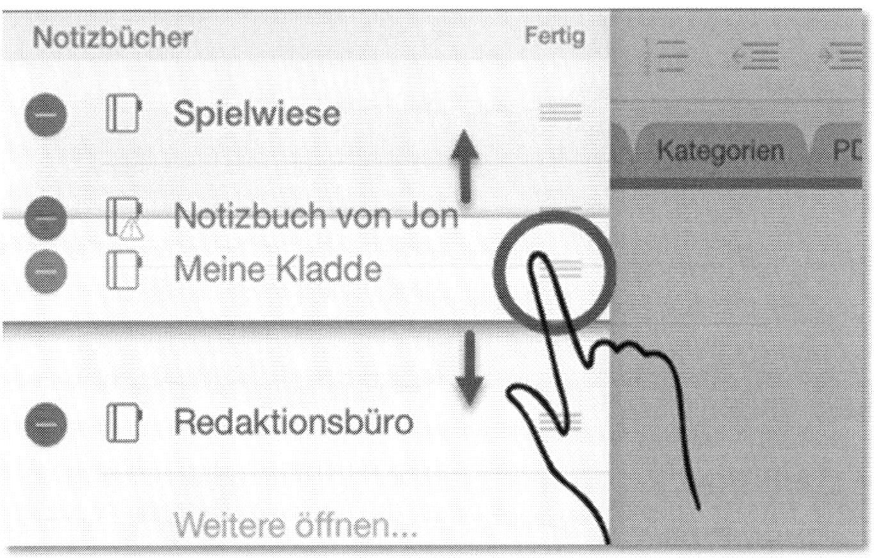

Inhalte verschieben / kopieren

Einen beliebigen Notizinhalt (Text, Tabelle Bild, Dateiausdruck oder -Icon...) innerhalb der aktuellen Seite an eine andere Position zu bringen, ist bei fast allen OneNote-Versionen eine leichte Übung: Drag & Drop des Inhaltsrahmens oder Objekts per Maus. Nicht so leider bei den Mobilausgaben, die iPad-App eingeschlossen.

Hier hat Microsoft nämlich das Verschieben von Objekten innerhalb einer Seite noch nicht implementiert. Es fällt mir schwer, zu glauben, dass das so bleibt. Vorläufig jedoch gibt es – wollen Sie dafür nicht eben OneNote für Windows oder den Mac starten – nur zwei Ausweichmöglichkeiten:

- Benutzen Sie die Web-App OneNote Online mit einem Browser. Auch mit dem Tablet-Versionen von Safari oder Chrome können Sie nämlich unter www.onenote.com sehr wohl Inhalte per Drag & Drop verschieben. Das klappt allerdings eher widerwillig und sporadisch. Unter Umständen müssen Sie mehrfach das aufklappende Kontextmenü „wegklicken" und mit einer neuen Markierung ansetzen.
- Direkt in der OneNote-App klappt's nur etwas umständlich über die Zwischenablage: Rahmen oder Objekt markieren, über das Kontextmenü ausschneiden und an der gewünschten Zielposition wieder einsetzen.

Die zweite Methode ist auch das Verfahren der Wahl, wenn Sie Inhalte in eine andere Seite, einen anderen Abschnitt oder ein anderes Notizbuch verschieben möchten. Kopieren geht natürlich auch, wenn Sie aus dem Kontextmenü ***Kopieren*** anstelle von ***Ausschneiden*** wählen.

Seiten verschieben / kopieren

Einzelne Seiten lassen viel bequemer „herausnehmen" und in einen anderen Abschnitt verschieben oder auch dort als Kopie anlegen. Besonders praktisch ist diese Funktion, wenn Inhalte im Abschnitt „Schnelle Notizen" gelandet sind. Das passiert zum Beispiel, wenn Sie Infos per Mail an **me@onenote.com** schicken (siehe Seite 126). Aus diesem „Eingangskorb" lassen sich Seiten problemlos nachträglich an ihrem richtigen Platz einsortieren.

Der Ziel-Abschnitt darf dabei sogar in einem anderen Notizbuch sein. Voraussetzung ist lediglich, dass dieses aktuell ebenfalls geöffnet ist. Ob das der Fall ist, können Sie jederzeit durch Auswahl des „Hamburger-Menüs" (die drei horizontalen Linien ganz links oben) feststellen. Wird das Notizbuch in der Liste aufgeführt, kann es als Ziel für die verschobene Seite dienen. Das Verschieben oder Kopieren klappt übrigens nicht nur Seite für Seite, sondern auch mit mehreren auf einen Schwung. So geht's:

1. Tippen Sie rechts oberhalb der Seitenliste auf ***Bearbeiten***.
2. Die Darstellung ändert sich: Oben erscheint ein Menü mit vier Symbolen und jedem Seiteneintrag ist ein Kreis vorangestellt. Markieren Sie die zu verschiebende(n) Seite(n), indem Sie diesen Kreis antippen und so mit einem Haken versehen.

3. In der Menüleiste oben tippen Sie nun das zweite Symbol von links an.
4. Es öffnet sich ein weiteres Menü, aus dem Sie nach Bedarf entweder ***Verschieben*** oder ***Kopieren*** auswählen.
5. Es erscheint eine Übersicht aller Abschnitte im aktuellen Notizbuch. Wählen Sie das Ziel aus oder tippen Sie links oben auf ***Notizbücher***, um einen Abschnitt in einem anderen geöffneten Notizbuch zu wählen.

> Nach dem Antippen des Zielabschnitts wird/werden die Seite(n) ohne Rückfrage sofort kopiert oder verschoben. Sie können diesen Vorgang aber mit der Undo-Funktion rückgängig machen.

Abschnitte verschieben

Abschnitte und Abschnittsgruppen lassen sich ebenso einfach verschieben wie Seiten. Allerdings ist es nicht vorgesehen, Abschnitte zu kopieren. In OneNote für Windows und auch in der Mac-Version klappt das hingegen problemlos.

So verschieben Sie einen Abschnitt in der iPad-App vom aktuellen Notizbuch in ein anderes oder in eine andere Abschnittsgruppe:

1. Öffnen Sie zunächst den zu verschiebenden Abschnitt. Welche Seite darin dargestellt wird, spielt keine Rolle.
2. Tippen Sie den Abschnittsreiter kurz an, um das Kontextmenü zu öffnen.
3. Aus diesem wählen Sie den Befehl ***Verschieben***.

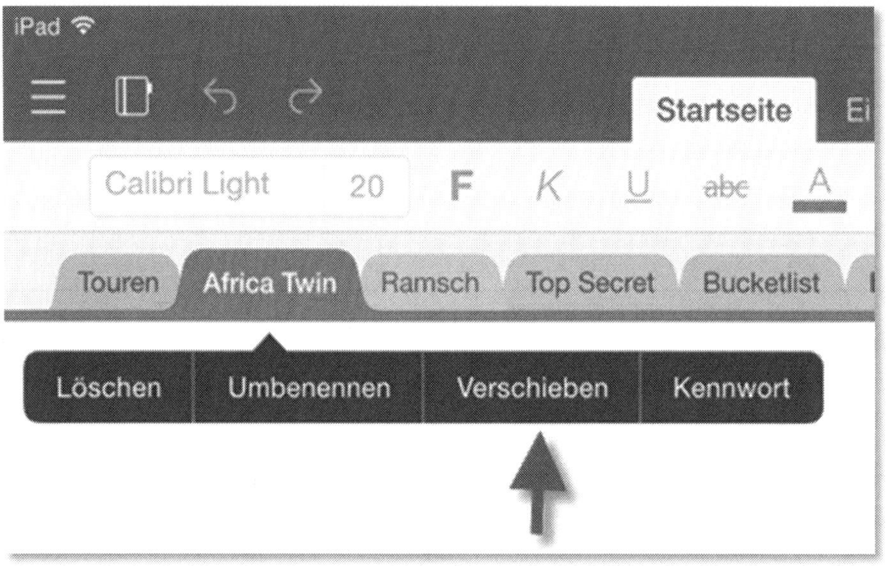

4. Es öffnet sich ein Fenster mit der Auflistung aller gerade in der App geöffneten Notizbücher. Wählen Sie hier das Ziel für den Abschnitt aus, woraufhin er ohne Rückfrage verschoben wird. Das Ziel kann eine vorhandene Abschnittsgruppe und/oder ein anderes Notizbuch sein.

> Im Gegensatz zu Seiten lässt sich das Verschieben von Abschnitten nicht mit der ***Undo***-Funktion rückgängig machen. Erfolgte die Aktion irrtümlich, bleibt nur das Öffnen des Abschnitts an seiner neuen Position und das erneute Verschieben zurück ins ursprüngliche Notizbuch.

6. Sicherheit

In einem Notizbuch kann ganz Banales stehen, aber auch Informationen, die man vielleicht nicht gerne Dritten zugänglich macht und deren Verlust gar eine Katastrophe wäre. Zwar ist es mit der Privatsphäre in den meisten OneNote-Versionen nicht so weit her; schließlich zwingen alle außer der Office-Ausgabe für Windows zum Speichern der Inhalte auf Microsoft-Servern. Aber vor neugierigen Blicken Dritter, die das eigene iPad in die Finger bekommen kann man sich auch in OneNote gut schützen. Und in Sachen Backups oder Reanimieren versehentlich gelöschter Inhalte geht auch was. Das sind die Themen dieses Kapitels.

Verschlüsselung und Kennwortschutz

Das ungute Gefühl, persönliche und möglicherweise vertrauliche Informationen den Cloud-Servern eines (noch dazu US-) Unternehmens wie Microsoft anzuvertrauen, ist verständlich und möglicherweise auch nicht ganz unberechtigt. Welche Daten Sie in OneNote speichern und welche nicht, ist natürlich Ihre persönliche Entscheidung.

Immerhin lassen sich auch in der iOS-App von OneNote einzelne Inhalte verschlüsseln und mit einem Kennwort. Microsoft versichert, verschlüsselte Abschnitte selbst nicht entsperren zu können. Beweisen lässt sich das freilich nicht.

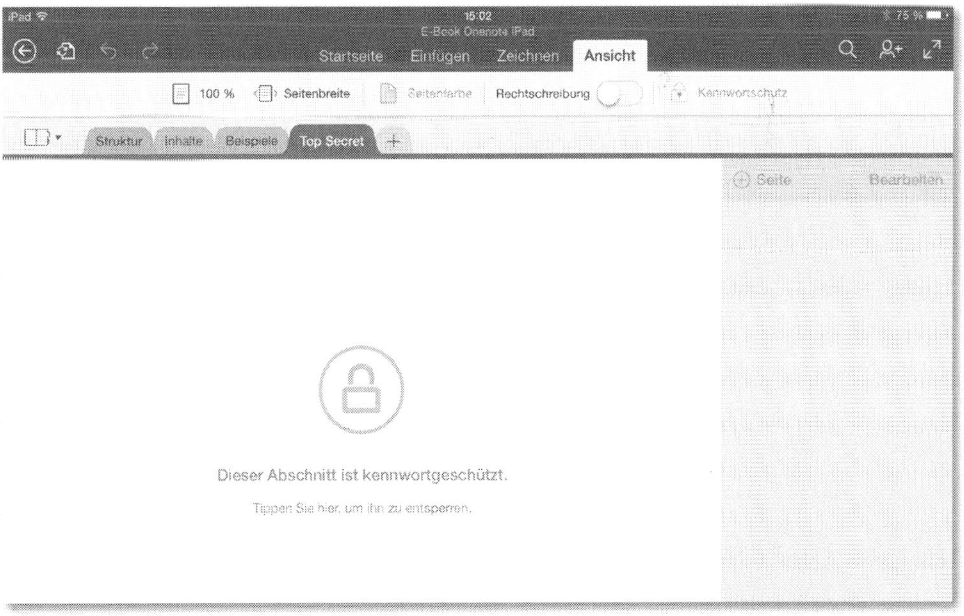

Komplette Abschnitte lassen sich verschlüsseln und mit einem Kennwort versehen.

Abgesehen davon schützt das Verschlüsseln von Notizen aber in jedem Fall vor neugierigen Blicken, falls mal jemand anderes das iPad in die Hand bekommt. Außerdem lassen sich so bei der Freigabe, was ja nur mit Notizbüchern als Ganzes funktioniert (Siehe Seite 175), bestimmte Bereiche verborgen halten.

Ein paar Anmerkungen noch zum Kennwortschutz in OneNote:

- Es lassen sich nur ganze Abschnitte verschlüsseln und mit einem Kennwort versehen, nicht aber einzelne Seiten, Textpassagen oder komplette Notizbücher.
- Jeder Abschnitt erhält ein eigenes Kennwort. Es gibt kein Master-Kennwort, mit dem sich zum Beispiel alle als „verschlüsselt" gekennzeichneten Abschnitte auf einmal entsperren ließen. Sie können aber natürlich für mehrere Abschnitte jeweils dasselbe Kennwort vergeben.
- Es gibt bei einem vergessenen Kennwort absolut keine Möglichkeit, dieses auszulesen oder zurückzusetzen. Microsoft weist darauf hin, dass auch der Support hier nicht helfen kann. Notieren Sie sich Kennwörter daher an einem sicheren Ort, etwa ganz altmodisch auf einem Zettel im Schreibtisch oder nutzen Sie eine Passwort-Safe-App.
- Die Suchfunktion berücksichtigt nur unverschlüsselte Seiten. Sie wird einen Begriff nur dann in einem verschlüsselten Abschnitt finden, wenn dieser gerade entsperrt ist.

Einen Abschnitt verschlüsseln

So versehen Sie den gerade angezeigten Abschnitt mit einem Kennwortschutz:

5. Tippen Sie im Menü ***Ansicht*** ganz rechts auf die Schaltfläche ***Kennwortschutz***.
6. Es öffnet sich ein Ausklappmenü. Tippen Sie hier den einzigen wählbaren Eintrag namens ***Diesen Abschnitt schützen*** an.

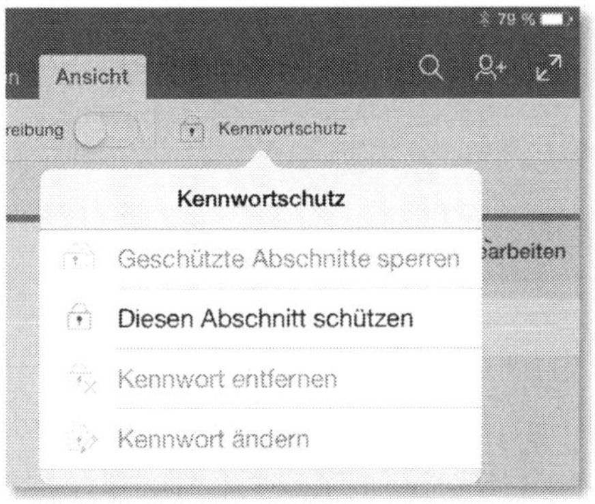

7. Im folgenden Fenster geben Sie unter ***Kennwort*** ein Passwort ein und wiederholen es zur Kontrolle im Feld ***Überprüfen***.

> ⚠ Dieses Kennwort dürfen Sie auf keinen Fall vergessen! Es gibt keine Möglichkeit, es zu ändern oder zurückzusetzen; auch der Microsoft-Support hilft nicht weiter. Notieren Sie es sich gegebenenfalls und bewahren den Zettel an einem sicheren Ort auf.

Geschützten Abschnitt entsperren

Mit Kennwort versehene und verschlüsselte Abschnitte zeigen anstelle des Inhalts nur eine weiße Seite mit einem entsprechenden Hinweis an. Um einen solchen Abschnitt „aufzusperren", tippen Sie irgendwo auf die Seite. Es öffnen sich ein Fenster mit der Passwortabfrage und die Bildschirmtastatur. Geben Sie das Kennwort ein und tippen dann auf ***Entsperren*** oder ***Fertig***.

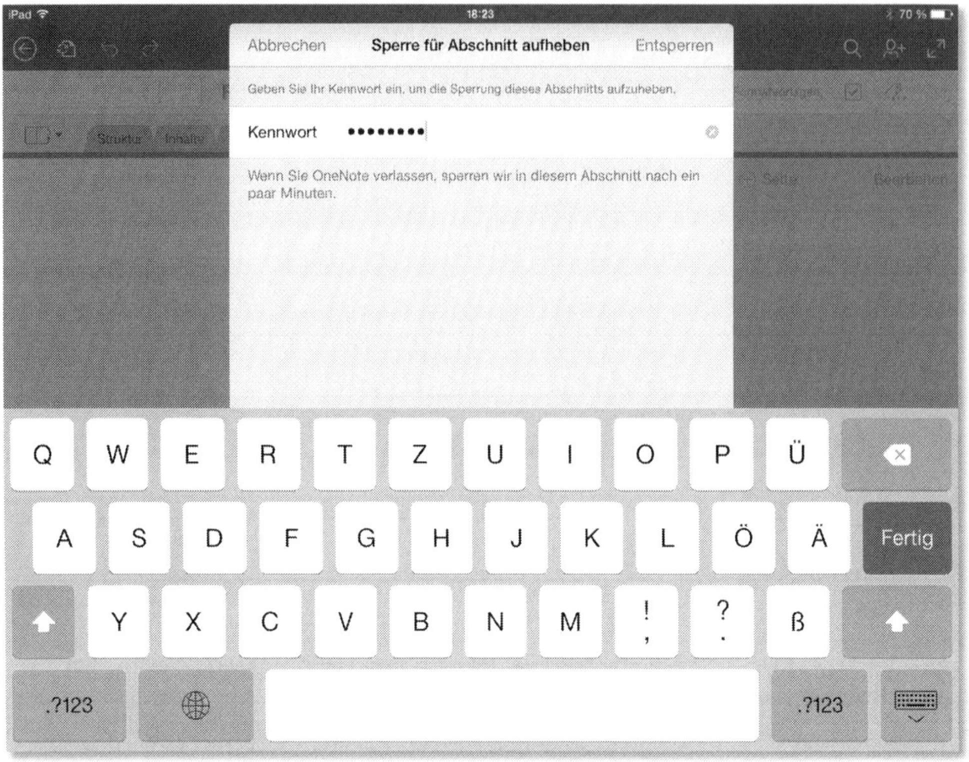

Nach Eingabe des korrekten Kennworts wird der Abschnitt entsperrt.

Schutz wieder aktivieren

Wenn Sie eine gewisse Zeit (etwa zehn Minuten) keine Änderung an der entsperrten Seite vornehmen, aktiviert sich der Schutz automatisch wieder. Im Gegensatz zur Windows-Version von OneNote lässt sich diese Zeitspanne übrigens nicht einstellen.

Sie können den „Vorhang" aber auch vorzeitig per Hand wieder schließen:

8. Öffnen Sie das Menü ***Ansicht*** und tippen ganz rechts auf die Schaltfläche ***Kennwortschutz***.
9. Tippen Sie auf Geschützte Abschnitte sperren.

Die Verschlüsselung wird sofort wieder aktiv – und zwar nicht nur für den aktuell angezeigten Abschnitt, sondern für alle, die mit einem Kennwortschutz versehen und eventuell gerade entsperrt sind.

Passwort ändern

Sie können ein einmal vergebenes Kennwort jederzeit wieder ändern:

1. Entsperren Sie den betroffenen Abschnitt zunächst, wie auf Seite 157 gezeigt.
2. Öffnen Sie das Menü ***Ansicht*** und tippen ganz rechts auf die Schaltfläche ***Kennwortschutz***.
3. Tippen Sie auf Kennwort ändern.
4. Es öffnet sich ein Fenster mit drei Eingabefeldern. In das obere tragen Sie das bisher gültige Kennwort ein; in die beiden unteren zweimal das neue.
5. Schließen Sie mit einem Tipp auf ***Ändern*** rechts oben ab oder tippen Sie auf der Bildschirmtastatur ***Fertig*** an.

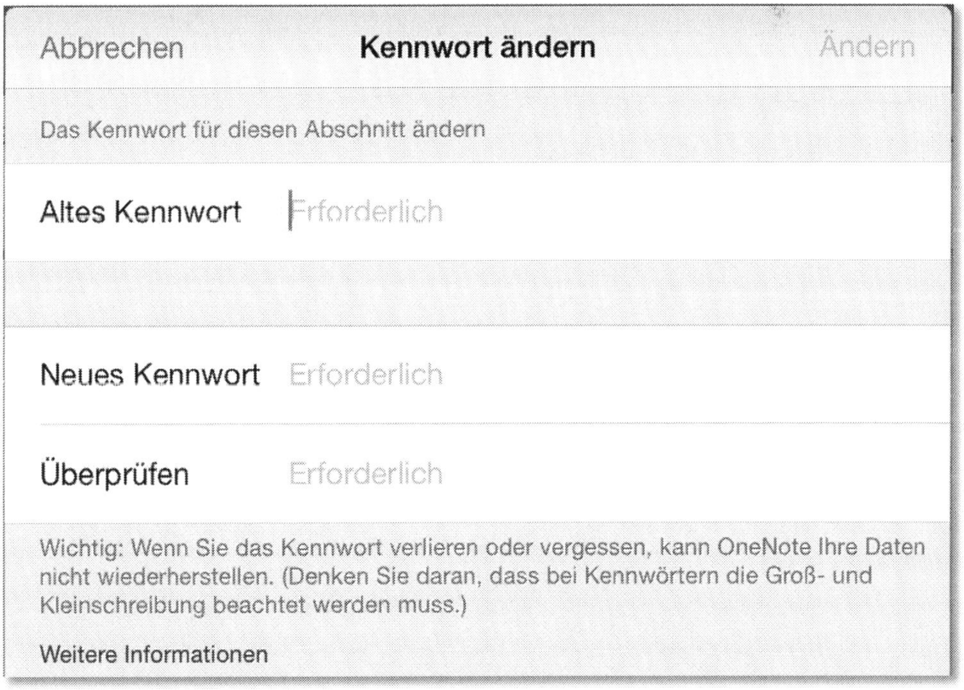

Passwortschutz entfernen

Ganz ähnlich funktioniert das komplette Entfernen des Kennwortschutzes, was auch die Verschlüsselung des betroffenen Abschnitts wieder aufhebt:

1. Öffnen Sie das Menü ***Ansicht*** und tippen ganz rechts auf die Schaltfläche ***Kennwortschutz***.
1. Tippen Sie auf Kennwort entfernen.
2. Es öffnet sich ein Fenster, in dem Sie das aktuell noch gültige Kennwort bestätigen.
3. Nach einem abschließenden Tipp auf ***Entfernen*** rechts oben oder ***Fertig*** auf der Tastatur ist die Verschlüsselung dauerhaft aufgehoben.
4.

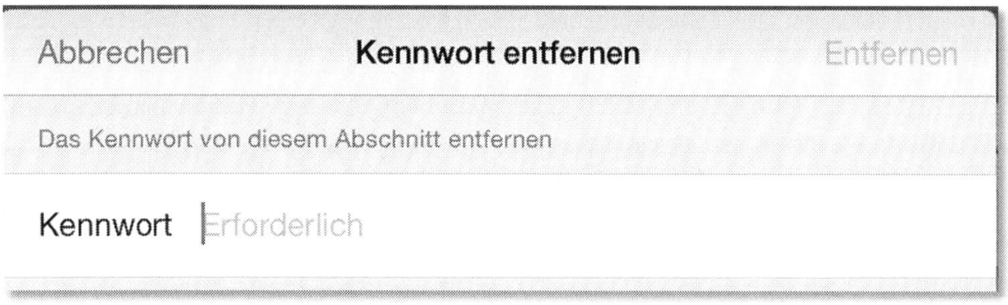

Sollten Sie OneNote auf mehreren Systemen nutzen: Es spielt keine Rolle, wo Sie das Kennwort festgelegt und einen Abschnitt verschlüsselt haben. Das Passwort gilt natürlich auch, wenn Sie die Notiz auf einer der OneNote-Ausgaben für Windows, den Mac oder im Browser (OneNote Online) öffnen wollen.

Die zum Zeitpunkt des Entstehen dieses Buchs aktuellen OneNote-Ausgaben für **Android** und **Windows Phone 8** unterstützen noch keine verschlüsselten Abschnitte und können vorhandene auch nicht entsperren.

Gelöschtes wiederherstellen

Nur allzu leicht ist ein wichtiger Inhalt oder eine ganze Notizseite gelöscht, das Entsetzen vielleicht groß. Keine Panik! In vielen Fällen lässt sich der Irrtum korrigieren, auch ohne dass Sie dazu ein – hoffentlich vorhandenes – Backup (dazu mehr ab Seite 167) heranziehen müssten.

Die Zeit zurückdrehen mit „Undo"

In vielen iOS-Apps gibt es eine rettende Funktion, die Sie sicher auch schon vom PC oder Macher kennen: „Undo" oder „Rückgängig".

Das System speichert die meisten Aktionen (vor allem Hinzufügen oder Löschen von Inhalten) in einer Liste. Mit der ***Undo***-Funktion springen Sie einen Schritt in der Liste zurück und machen die letzte Aktion sozusagen ungeschehen. Analog dazu gibt es eine ***Redo***-Funktion, die das Gegenteil bewirkt: Das letzte Undo wird wieder zurückgenommen.

> Nicht nur beim Tippen von Notizen, sondern vor allem bei Handschriftlichem und Zeichnungen sind Undo und Redo sehr hilfreich. Wenn zum Beispiel mal wieder der Handballenschutz versagt hat und Sie ein paar ungewollte Strichte auf der Seite produziert haben, ist die Korrektur per ***Undo*** deutlich komfortabler als das Wechseln zum Radiergummi.

Die ***Undo***- und ***Redo***-Funktionen werden in den meisten iPad-Apps mit denselben Symbolen gekennzeichnet:

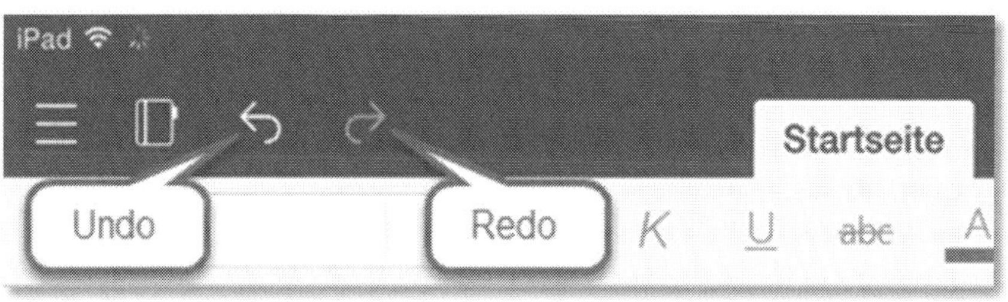

Beispiel: Sie markieren und löschen eine Grafik auf einer Notizseite, entscheiden sich aber anders. Ein Tipp auf ***Undo*** stellt die Grafik wieder her. Tippen Sie nun auf ***Redo***, wird sie wieder entfernt.

Die ***Undo***-Funktion hat ein begrenztes Erinnerungsvermögen! Spätestens nach dem Beenden und Neustart von OneNote ist die Aktionsliste gelöscht; die App hat schlichtweg vergessen, was Sie zuletzt getan haben. Die „Rückgängig"-Funktion hilft also meist nur, wenn Sie sie möglichst sofort nach dem Irrtum anwenden!

Eine gelöschte Notizseite können Sie mit ***Undo*** problemlos wiederherstellen, einen gelöschten oder umbenannten Abschnitt jedoch nicht!

Ältere Seitenversionen wiederherstellen

Geht es darum, nach umfangreichen und vielleicht mehrfachen Änderungen einer Seite einen bestimmten früheren Bearbeitungsstand wiederherzustellen, hilft die Undo-Funktion in aller Regel nicht weiter – schon gar nicht, wenn OneNote zwischendurch geschlossen worden ist.

Zu diesem Zweck bietet OneNote eine Versionsverwaltung, die den Zugang zu früheren Seitenversionen erlaubt.

Leider fehlt diese Zugangsmöglichkeit aber (noch) in der OneNote-App für das iPad. Das ist aber nicht ganz so schlimm, denn: Die Web-App von OneNote (OneNote Online) unterstützt bereits den Zugriff auf ältere Ausgaben einer bestimmten Seite. Und das klappt auch mit einem Browser auf dem iPad. Etwas umständlich, aber bis diese Funktion auch ihren Weg in die OneNote-App findet (was ich persönlich für sehr wahrscheinlich halte) immerhin besser als gar nichts.

So kommen Sie via Browser an frühere Seitenversionen heran:

1. Öffnen Sie zum Beispiel in Safari die Seite www.onenote.com und klicken Sie ganz rechts oben auf ***Amelden***. Danach werden Sie noch gefragt, ob Sie sich mit einem Microsoft-Konto (OneDrive) oder einem Office-365-Konto (SharePoint Online / OneDrive for Business) anmelden möchten. In der Regel dürfte ersteres der Fall sein.
2. Geben Sie im nächsten Fenster Ihre Zugangsdaten ein und tippen auf ***Anmelden***. Es öffnet sich OneNote Online mit einer Übersicht Ihrer Notizbücher. Wählen Sie das betreffende durch Antippen aus.
3. Es kann ein paar Sekunden dauern, bis der Inhalt der zuletzt (im Browser) angezeigten Notizseite erscheint. Wenn es sich nicht um die Seite handelt, von der Sie eine frühere Version wiederherstellen möchten, tippen

Sie das „Hamburger"-Menü (die drei waagrechten Balken) links oben an. Daraufhin erscheint die Notizbuch-Navigation mit Abschnitten und Seiten. Öffnen Sie die betreffende Seite.

4. Tippen Sie nun in der Menüleiste den Befehl ***Ansicht*** an. Sollten von der gewählten Seite keine weiteren Versionen auf dem Server existieren, ist das ganz rechte Symbol ***Seitenversionen*** blass dargestellt und nicht wählbar. In diesem Fall haben Sie Pech.
5. Andernfalls tippen Sie auf ***Seitenversionen***.
6. In der Seitenauflistung erscheinen nun zusätzlich und etwas eingerückt unterhalb des originalen Seitentitels so viele weitere Einträge, wie Versionen vorhanden sind. Sie sind mit dem Speicherdatum und dem Namen des letzten Bearbeiters betitelt.
7. Tippen Sie den passenden Eintrag an, wird die jeweilige Version zur Inhaltsprüfung im rechten Bereich angezeigt. Zusätzlich erscheint der Hinweis, dass diese Version schreibgeschützt ist. Sie können sie also im Moment nicht verändern.
8. Wenn Sie die Version gefunden haben, mit der Sie die aktuelle Fassung ersetzen möchten, tippen Sie ihren Titel nochmals an, diesmal aber etwas länger. Es öffnet sich ein Menü, aus dem Sie den Befehl ***Wiederherstellen*** wählen.

An der ursprünglichen Stelle steht nun wieder die gewählte alte Fassung der Seite.

Zusätzliche Seitenfassungen werden erst nach dem Synchronisieren der Version auf dem iPad mit OneDrive gespeichert. Auch legt der Server offensichtlich nicht bei jeder kleinen Änderung gleich eine ältere Fassung an. Wie groß die Änderungen sein müssen oder in welchen Zeitabständen sie zu erfolgen haben, damit eine Alt-Version gespeichert wird, ist leider nicht offensichtlich. Bearbeiten mehrere Personen eine Seite, scheint das häufiger zu passieren als bei nur einem Bearbeiter. Es ist also auch immer ein wenig Glück im Spiel.

Gelöschte Seiten und Abschnitte zurückholen

Wie zuvor gezeigt, lässt sich eine versehentlich gelöschte Notizseite unmittelbar nach der Aktion mit dem ***Undo***-Befehl ins Leben zurückrufen. Mit Abschnitten klappt das nicht. Es gibt für beide Fälle jedoch eine weitere Rettungsmöglichkeit. Die setzt allerdings ein Desktop-OneNote unter Windows (OneNote 2010 oder 2013, auch die kostenlose Version) oder auf dem Mac (ab Programmversion 15.10.0) voraus.

Jedes Notizbuch führt nämlich einen eigenen Papierkorb, in dem gelöschte Seiten und Abschnitte landen. Sie bleiben also gespeichert, sind jedoch versteckt. Die mobilen Apps, auch die für iOS, bieten bislang allerdings noch keinen Zugriff darauf – die Desktop-Versionen für Windows und Mac dagegen schon.

> Die Papierkörbe halten Seiten und Abschnitte 60 Tage lang nach dem Löschen vor. Danach verschwinden sie endgültig!

So stellen Sie gelöschte Seiten und Abschnitte in OneNote für Windows wieder her:

1. Öffnen Sie das Notizbuch, in dem die gelöschten Seiten oder Abschnitte ursprünglich waren.
2. Klicken Sie im Menü ***Verlauf*** auf das Symbol ***Notizbuch-Papierkorb***. Alternativ zu Schritt 1 und 2 können Sie das Notizbuch auch in der linken Übersichtsliste mit der rechten Maustaste anklicken und aus dem Kontext-Menü den Eintrag ***Notizbuch-Papierkorb*** wählen.
3. Der OneNote-Editor zeigt jetzt den Papierkorbinhalt so an, als wäre er ein eigenes Notizbuch, also mit Abschnitts-Karteireitern und Seitenliste.
4. Um eine gelöschte Seite oder einen Abschnitt ins Leben zurückzuholen, klicken Sie ihn mit der rechten Maustaste an, wählen ***Verschieben oder Kopieren*** und geben ein Ziel in einem vorhandenen Notizbuch an. Das kann, muss aber nicht der ursprüngliche Ort sein.
5. Abschließend verlassen Sie den Papierkorb, indem Sie auf den gebogenen grünen Pfeil links neben den Karteireitern klicken (siehe Abb.).

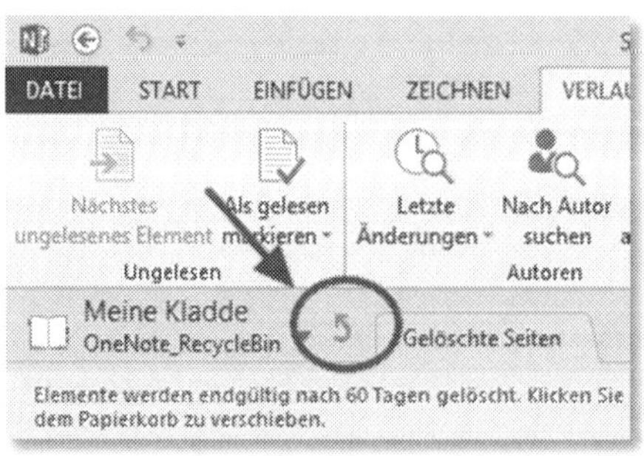

Und so geht es mit OneNote für den Mac:

1. Öffnen Sie das betreffende Notizbuch, in dem die gelöschten Seiten ursprünglich waren.
2. Klicken Sie im Menü ***Ansicht*** auf das Symbol ***Gelöschte Notizen***.
3. Wie bei der Windows-Variante wird eine spezielle Abschnittsgruppe angezeigt, die alle gelöschten Elemente enthält. Klicken Sie den entsprechenden Abschnitt oder die Seite mit der rechten Maustaste an und wählen Sie aus dem Menü den Befehl ***Wiederherstellen in...***.

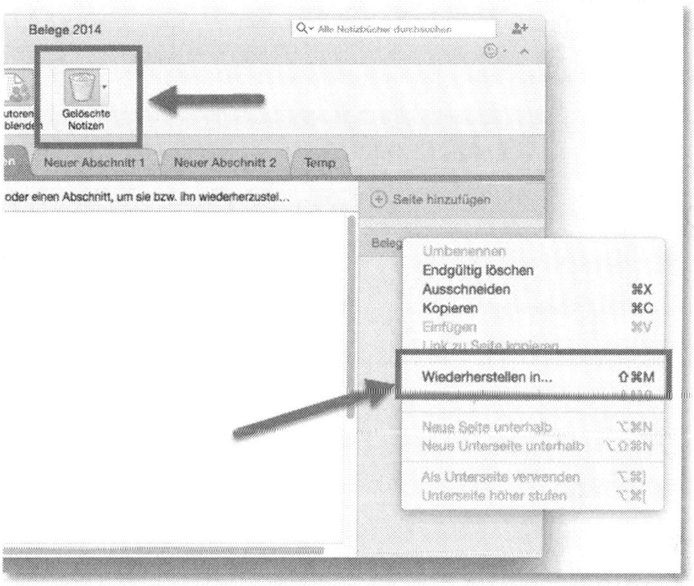

4. Es öffnet sich eine Liste aller derzeit geöffneten Notizbücher und darin enthaltenen Abschnitte. Wählen Sie die Stelle, an die Sie den gewählten Abschnitt oder die Seite verschieben möchten und klicken Sie auf ***Wiederherstellen***.
5. Abschließend verlassen Sie den Papierkorb, indem Sie auf den gebogenen Pfeil links neben den Karteireitern klicken

Es spielt keine Rolle, mit welchem OneNote-Client Sie die Seiten gelöscht haben. Auch auf dem iPad entfernte Seiten lassen sich – nach der Synchronisation mit OneDrive – mit einem Windows-PC oder Mac wiederherstellen.

Gelöschte Notizbücher zurückholen

Haben Sie irrtümlich ein komplettes Notizbuch gelöscht (siehe Seite 145), lässt sich das zumindest zwei Monate lang aus dem OneDrive-Papierkorb zurückholen. Dazu benötigen Sie einen Webbrowser, zum Beispiel Safari oder die OneDrive-App für iOS.

Per Web-Browser:

1. Öffnen Sie die Seite **www.onedrive.com**
2. Melden Sie sich ggf. mit den Zugangsdaten zu Ihrem Microsoft-Konto an.
3. Tippen Sie in der Übersicht Ihres Cloudspeicher-Inhalts links unten auf ***Papierkorb***.
4. Die Anzeige wechselt zu einer Auflistung aller innerhalb der letzten 60 Tage gelöschten Dateien, wozu auch OneNote-Notizbücher gehören können.
5. Setzen Sie in das Kästchen links vom entsprechenden Notizbuchnamen durch Antippen ein Häkchen.
6. Tippen Sie dann im schwarz hinterlegten Menü oben auf den Befehl ***Wiederherstellen***.

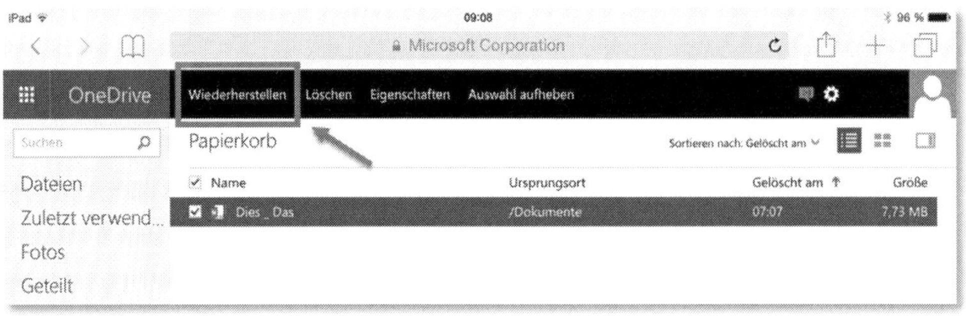

Das gelöschte Notizbuch verschwindet aus der Liste und landet wieder an seinem ursprünglichen Speicherort.

Mit der OneDrive-App:

1. Öffnen Sie die App und tippen rechts oben auf die drei Punkte.
2. Aus dem Ausklappmenü wählen Sie den Eintrag ***Papierkorb öffnen***.

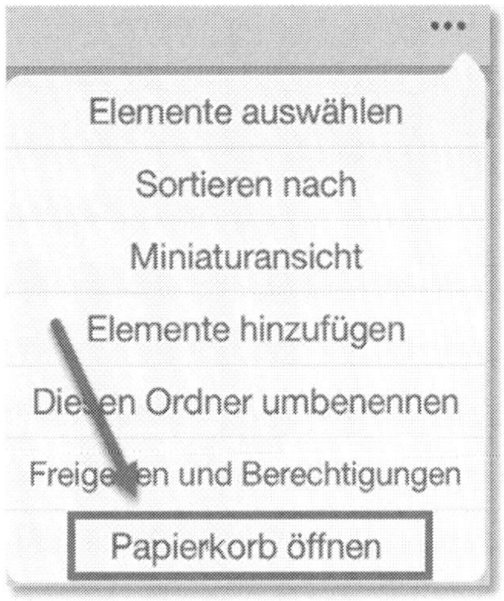

3. Der Bildschirminhalt wechselt jetzt zu einer Liste aller gelöschten und im Papierkorb vorgehaltenen Dateien und Ordner. Lokalisieren Sie das gelöschte Notizbuch.
4. Tippen Sie den zugehörigen Eintrag an, um ihn mit einem weißen Häkchen im roten Kreis zu markieren.
5. In der Menüleiste am unteren Bildschirmrand wählen Sie nun das rechte Symbol mit dem kreisförmig gebogenen Pfeil. Es steht für „Wiederherstellen".

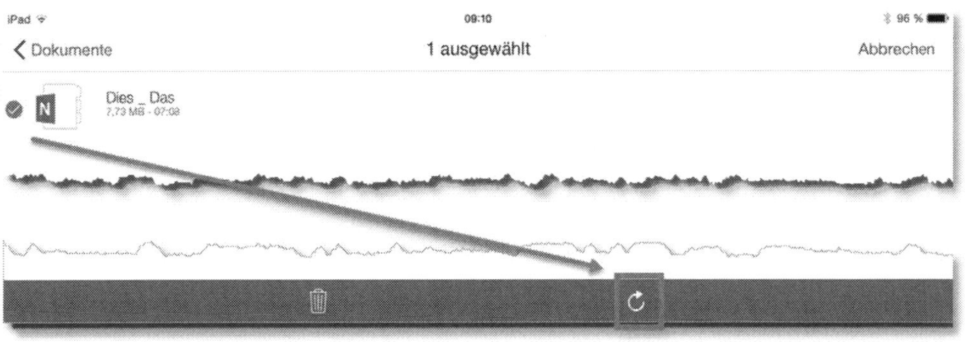

Ohne weitere Rückfrage wird das Notizbuch dadurch an seinem ursprünglichen Speicherort wiederhergestellt.

Backups: Kann ich meine Notizen komplett sichern?

Dass die Überschrift dieses Abschnitts als Frage formuliert ist, lässt nichts Gutes hoffen. Und tatsächlich: Es gibt auf dem iPad keinerlei Möglichkeit, eine Sicherheitskopie von OneNote-Notizbüchern anzulegen. Auch nicht mit der OneDrive-App oder im Webbrowser.

Das ist zunächst einmal eine ganz schlechte Nachricht. Zwar versichert Microsoft (wie alle anderen Cloud-Anbieter auch), auf ihren Servern wären Daten grundsätzlich viel sicherer als auf einem eigenen PC oder einer externen Festplatte. Aber selbst, wenn das rein technisch betrachtet stimmen mag – ein lokales Backup auf einem eigenen physikalischen Datenträger gibt ein weit besseres Gefühl.

Es geht ja nicht nur darum, dass die Microsoft-Serverfarmen einem Super-GAU (Hackerangriff, Naturkatastrophe, Brand, Terroranschlag) zum Opfer fallen könnten. Es reicht vielmehr – und das soll schon mehrfach vorgekommen sein – dass der Microsoft-Account plötzlich aus vielleicht nicht einmal nachvollziehbaren Gründen willkürlich gesperrt wird oder anderweitig unerreichbar wird.

Ein persönliches, lokales Backup muss also her! Nur: Das simple Kopieren oder Herunterladen der (vermeintlichen) OneNote-Dateien von OneDrive via App oder Browser hilft überhaupt nichts. Diese „Dateien“ sind nämlich lediglich Verknüpfungen (Links) zu den versteckte gehaltenen und nicht erreichbaren Datenbankinhalten.

Was also tun?

Zeit für eine gute Nachricht: Ein lokales Backup beliebiger, auch auf OneDrive gespeicherter Notizbücher ist sehr wohl möglich. Es gibt nur eine wichtige Voraussetzung:

OneNote 2010 oder 2013 auf einem Windows-PC
(bzw. unter Windows auf einem Mac, z.B. mit Parallels oder Bootcamp)

Das Desktop-Windows (und nur das) ist nämlich in der Lage, an beliebiger Stelle speicherbare Sicherungen von OneNote-Inhalten gleich auf mehrere Arten herzustellen:

- Als (manuelles oder automatisches) Backup in der Windows-/Desktop-Struktur von OneNote (ein Ordner pro Notizbuch, eine .ONE-Datei pro Abschnitt)
- In einem Archiv im ONEPKG-Format (eine Datei pro Notizbuch)
- Im HTML-, PDF- oder Word-DOC-Format

Letzteres ist natürlich eine Notlösung. Schließlich gehen dabei sowohl das Layout der OneNote-Seiten als auch die Originalstruktur (Abschnitte, Seiten) verloren. Aber zumindest die Inhalte werden so gerettet.

Backups mit OneNote 2010/2013 für Windows

Das Problem mit den Backups ist, dass die meisten OneNote-Versionen auf die Cloud als Speicherort beschränkt sind. Das gilt auch für die iPad-App. Dabei bleibt aber der Zugriff auf Datei- und Ordnerebene verwehrt. Genau diesen bräuchte es jedoch für eine Sicherung auf einen beliebigen Datenträger.

> Ein Download der OneNote-„Dateien" per Browser oder OneDrive-App bringt nichts. Denn tatsächlich handelt es sich gar nicht um Dateien, sondern nur um symbolische Verknüpfungen, die keinerlei Notizdaten enthalten.

Die Ausnahme sind hier nur die Windows-Desktop-Versionen von OneNote (2010/2013, bald 2016). Sie entstammen allesamt dem „Ur-OneNote" (2003), das mit Internet, Cloud und Synchronisation nicht am Hut hatte und Notizen nur auf der lokalen Platte ablegen konnte. Diese Fähigkeit ist zumindest den mit MS Office installierten OneNote-Versionen erhalten geblieben. Die seit einem guten Jahr ebenfalls erhältliche kostenlose Ausgabe von OneNote 2013 ist zwar um den Support von lokalen Notizbüchern beschnitten worden. Microsoft hat diese Funktion aber nur sehr „schlampig" entfernt. Von da her lassen sich Backups von auf OneDrive oder SharePoint abgelegten Notizbüchern auch mit dem Gratis-OneNote herstellen, aber:

> Zwar kann auch die kostenlose Version von OneNote 2013 zum Anfertigen von Backups als Ordnerstruktur oder ONEPKG-Dateien genutzt werden. Zum Zurückspielen eines solchen Backups im Notfall brauchen Sie aber (zumindest kurzfristigen Zugriff auf) ein OneNote 2010/2013 aus dem MS-Office-Paket. Ob Sie für letzteres eine herkömmliche Einzellizenz oder ein Office-365-Abo haben, spielt keine Rolle.

Natürlich ist diese Einschränkung alles andere als optimal. Aber wenigstens klappt die wichtigste Funktion – das Sichern der wertvollen Notizbuchinhalte – auch mit der Gratis-Ausgabe. Lediglich ein Windows-PC (oder eine virtuelle Windows-Umgebung auf dem Mac) ist Voraussetzung.

Und wenn es dann mal passiert ist – wichtige Inhalte sind versehentlich gelöscht oder anderweitig verloren – ist das Auftreiben eines Windows-Rechners mit MS Office gegenüber einem Total-Datenverlust noch das kleinere Übel.

Und so funktionieren Backup und Wiederherstellung von OneNote-Notizbüchern (auch) auf OneDrive mit OneNote 2010 oder 2013 für Windows:

Backup in eine ONEPKG-Datei

Der bequemste Weg, ein komplettes Notizbuch auf einem beliebigen Datenträger zu sichern, ist dessen Export in eine ONEPKG-Datei. Sie enthält in einem einzigen File alle Abschnitte, Seiten und Inhalte (auch z.B. eingebettete Dateien) eines Notizbuchs. Das ONEPKG-Format ist eigentlich zur kompletten Weitergabe von Notizbüchern an Empfänger mit einer Vollversion von OneNote 2010/2013 gedacht. Es lässt sich aber auch wunderbar als Backup nutzen.

> Technisch ist eine ONEPKG-Datei ungeachtet der sperrigen Namens-Endung nichts anderes als ein ZIP-Archiv. Dieses enthält dieselben Ordner und Dateien wie bei einer lokalen Speicherung mit OneNote 2010/2013 oder dessen eigenem Backup-Format.
> Sie könnten also eine ONEPKG-Datei auch jederzeit mit einem Archivprogramm wie WinZIP o.ä. öffnen und gezielt einzelne Abschnitte (.ONE-Dateien) herausziehen.

So geht's:

1. Öffnen Sie das betreffende Notizbuch und klicken Sie auf ***Datei***
2. Im linken Menü wählen Sie ***Exportieren***.
3. Unter Aktuelles Element exportieren klicken Sie auf ***Notizbuch*** und dann im rechten Bereich auf OneNote-Paket (ONEPKG-Datei).
4. Nun wählen Sie ***Exportieren***, bestimmen Speicherort und Namen und schließen mit ***Speichern*** ab.

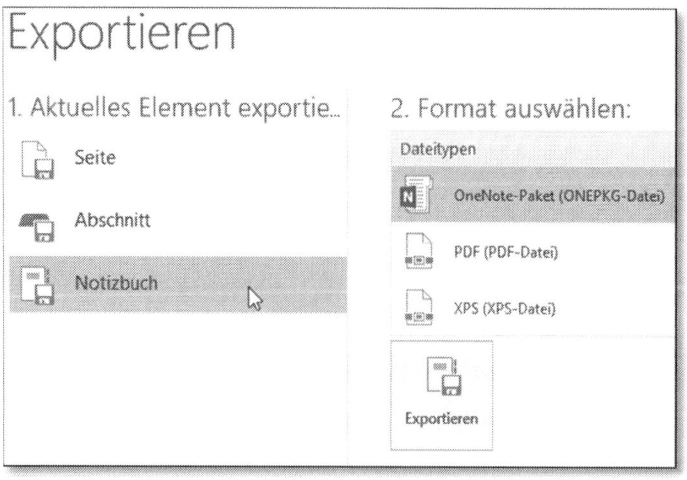

Auto-Backup in OneNote 2010/2013 konfigurieren

Sollten Sie OneNote für Windows eher regelmäßig nutzen, macht die enthaltene automatische Backup-Funktion Sinn. Sie sorgt für regelmäßige Sicherungen an einen wählbaren Speicherort ohne Ihr Zutun. Die Backup-Funktion ist auch in der kostenlosen Ausgabe von OneNote 2013 enthalten und standardmäßig aktiv – leider mit nicht allzu sinnvollen Grundeinstellungen. Die lassen sich aber leicht ändern:

5. Unter ***Datei*** – ***Optionen*** öffnen Sie die Kategorie Speichern und Sichern.
6. Im oberen Bereich des rechten Abschnitts (***Speichern und Sicherung***) tragen Sie unter Sicherungsordner einen anderen Zielpfad ein als den voreingestellten auf der lokalen Platte. Verwenden Sie möglichst ein anderes (auch externes) Laufwerk als Ziel.
7. Da bereits unter dem bisher als Backupspeicher eingestellten Ordner vorhandene Sicherungen nicht automatisch an den neuen Ort verschoben werden, klicken Sie am besten noch auf ***Alle Notizbücher jetzt sichern***, was ein sofortiges Komplett-Backup veranlasst.
8. Ändern Sie – je nach OneNote-Nutzung – noch die Backup-Häufigkeit unter ***Mein Notizbuch automatisch sichern alle*** in eine kürzere Frequenz als die voreingestellten zwei Wochen.

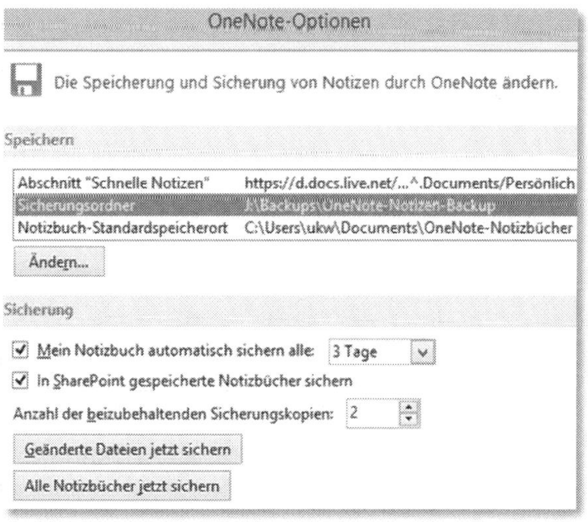

> Die Backup-Funktion sichert nur die geöffneten und mit dem lokalen Windows-PC vollständig synchronisierten Notizbücher.

Backup zurückspielen

Jetzt ist es doch passiert und Sie müssen auf ein gespeichertes Backup zurückgreifen. Je nachdem, ob Sie ein Backup in Form einer ONEPKG-Datei angelegt (siehe Seite 170) oder die OneNote-eigene Backup-Funktion (siehe Seite 171) verwendet haben, unterscheiden sich die Methoden zur Wiederherstellung etwas.

> Noch einmal der wichtige Hinweis: Während die kostenlose Version von OneNote 2013 Backups zwar anlegen kann, braucht's zum Zurückspielen unbedingt eine mit MS Office installierte Version von OneNote 2010 oder 2013. Das hängt damit zusammen, dass Microsoft beim Gratis-OneNote den Zugriff auf lokal gespeicherte Notizbuchdateien gesperrt hat. Und dazu gehören leider auch die Backup-Files.

Wiederherstellen aus einer ONEPKG-Datei:

Die etwas einfachere Wiederherstellungsmethode setzt eine ONEPKG-Archivdatei (siehe Seite 170) voraus. Einziger Nachteil: Es lassen sich nur komplette Notizbücher, nicht aber gezielt einzelne Abschnitte aus einem Backup wiederherstellen. So geht's:

1. Klicken Sie im Windows-Explorer oder den von Ihnen verwendeten Dateimanager die ONEPKG-Datei doppelt an. Alternativ können Sie auch in OneNote beginnen und das Archiv über ***Datei – Öffnen – Von anderen Orten aus öffnen – Computer*** öffnen. In diesem Fall müssen Sie im Dateiauswahl-Fenster rechts unten den Dateityp zunächst von „Onenote-Inhaltsverzeichnis (*.onetoc2)" auf „OneNote-Paket in einer Datei (*.onepkg)" umstellen.

2. Es öffnet sich ein Fenster, in dem Sie den Namen und Speicherort des neu anzulegenden Notizbuchs angeben. Das Importieren einer ONEPKG-Datei erfolgt nämlich niemals in ein vorhandenes Notizbuchs, auch nicht in das ursprünglich in diese Datei importierte. Tippen Sie oben einen Namen für das Notizbuch ein (darf ruhig ein bereits vorhandener sein; es gibt dann aber eben zwei gleichnamige Bücher mit ggf. unterschiedlichem Inhalt).

3. Im unteren Auswahlfeld wählen Sie einen der vorgegebenen Speicherorte für das neue Notizbuch. Angeboten werden neben dem lokalen Standardpfad auch alle in OneNote 2010/2013 eingerichteten Online-Speicherorte, also OneDrive oder SharePoint (OneDrive for Business. Tipp: Der OneDrive-Cloud-Speicherort trägt eine kryptische Bezeichnung, die mit „**https://d.docs.live.net/**..." beginnt.

Sollten Sie in OneNote für Windows mehrere OneDrive-Accounts eingerichtet haben, tauchen alle mit kryptischen Bezeichnungen in der Auswahlliste für das Speicherziel auf. Um herauszufinden, welche dieser Bezeichnungen für welches Konto steht, gehen Sie folgendermaßen vor:
Brechen Sie den Import zunächst ab. Wählen Sie in OneNote ***Datei – Öffnen – Von anderen Orten aus öffnen***. Markieren Sie das OneDrive-Konto, in dessen Cloud-Speicher Sie die ONEPKG-Datei importieren wollen und dann rechts eines der dort bereits enthaltenen Notizbücher. In einem Tooltip an der Maus erscheint der zugehörige Speicherpfad (siehe Bild unten).
Merken oder notieren Sie sich die ersten paar Zeichen nach dem „https://d.docs.live.net/". Damit lässt sich das richtige Konto dann in Schritt 3 der obenstehenden Anleitung eindeutig identifizieren.

*Über **Datei – Öffnen** bekommen Sie in OneNote 2010/2013 die ID-Nummer eines bestimmten OneDrive-Kontos heraus.*

Abschließend ist in OneNote ein neues Notizbuch mit dem angegebenen Namen und dem Inhalt der importierten ONEPKG-Datei entstanden.

Wiederherstellen aus der OneNote-Backup-Funktion (Ordner und .ONE-Files):

1. In der Backstage-Ansicht (***Datei***) klicken Sie rechts oben auf die Schaltfläche ***Sicherungen öffnen***. Das folgende Dateiauswahlfenster zeigt den Inhalt des aktuell eingestellten Sicherungsordners und alle gespeicherten Notizbücher als eigenständige Ordner.
2. Öffnen Sie den Ordner des Notizbuchs, aus dem Sie Abschnitte wiederherstellen wollen, und wählen Sie den oder die (mit gedrückter **[Strg]**-Taste) wiederherzustellenden Abschnitt(e) aus.
3. Zurück in OneNote sehen Sie am Ende der Notizbuchliste einen neuen Bereich namens ***Geöffnete Abschnitte***. Dieser spezielle Bereich verhält sich im Wesentlichen wie ein normales Notizbuch. Allerdings sind alle Inhalte schreibgeschützt
4. Sie können nun die einzelnen Abschnitte per Rechtsklick auf den jeweiligen Karteireiter und durch die Auswahl von ***Verschieben oder Kopieren*** den gewünschten Ort verschieben. Soll ein komplettes gelöschtes Notizbuch wiederhergestellt werden (das heißt, es gibt im Moment noch gar kein Ziel für die Kopie), legen Sie zuvor ein neues an.
5. Nach der Zielauswahl klicken Sie auf ***Kopieren***. Sie werden bemerken, dass die Schaltfläche ***Verschieben*** nicht anwählbar ist, was am Schreibschutz der Backup-Version liegt. Wiederholen Sie die letzten beiden Schritte für alle Abschnitte, die Sie wiederherstellen möchten.
6. Abschließend werden Sie die Abschnitte noch umbenennen wollen, da sie außer ihrer ursprünglichen Bezeichnung auch noch das Sicherungsdatum und eine eventuelle Versionsnummer im Namen tragen.

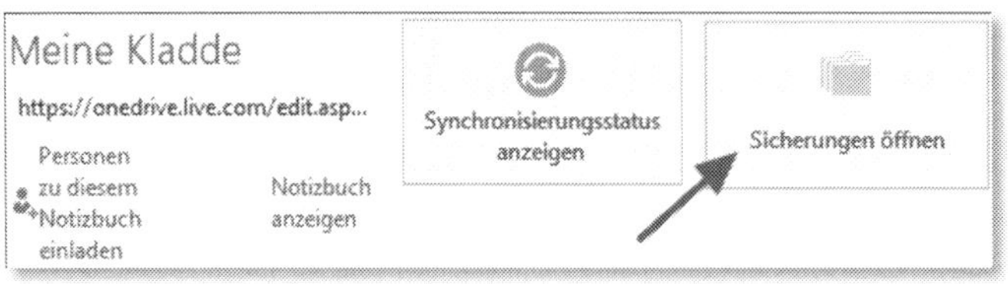

Es ist leider nicht vorgesehen, aus OneNote heraus ein komplettes Notizbuch auf einmal aus einer Sicherungskopie wiederherzustellen. Das ginge nur durch Verschieben oder Kopieren der Backup-Dateien per Explorer in einen unter OneNote neu angelegten Notizordner.

7. Teilen und Teamwork

Eine der besonderen Eigenschaften von OneNote ist die Möglichkeit, nicht nur auf die eigenen Notizen von verschiedenen Geräten aus zuzugreifen, sondern Notizbücher auch mit anderen Nutzern zu teilen. Sei es zur komplexen Projektplanung, zum Brainstorming im Team oder auch nur für das Vorbereiten einer Feier oder das gemeinsame Führen einer Einkaufsliste mit dem Partner / der Partnerin. Wie das funktioniert, lesen Sie in diesem Kapitel.

Notizbücher freigeben

Mit der Freigabe eines Notizbuchs berechtigen Sie beliebig viele andere Nutzer, dieses zu lesen und ggf. auch darin zu schreiben. Sie können eine Notiz sogar gemeinsam und gleichzeitig bearbeiten. Alle Änderungen sind nach kurzer Verzögerung direkt sichtbar.

OneNote benötigt dafür keine komplizierte Benutzerverwaltung, wie zum Beispiel in Netzwerkbetriebssystemen oder Datenbanken üblich. Für den Zugriff auf ein bestimmtes Notizbuch braucht es lediglich einen speziellen Link, der auf die zugehörigen Dateien auf OneDrive führt. Praktisch kann also jeder das Notizbuch öffnen, der diesen Link besitzt bzw. kennt. Dieser Link ist aber so kompliziert aufgebaut, dass er sich unmöglich erraten oder anderweitig konstruieren lässt.

Das Freigeben eines Notizbuchs unter OneNote ist also nichts anderes als das Erzeugen eines solchen Links, den Sie demjenigen dann zukommen lassen, dem Sie Zugang zu den Notizen gewähren möchten. Die einzelnen OneNote-Versionen unterstützen dabei, indem Sie nicht nur den Link erzeugen, sondern auch gleich dessen Versand per Mail organisieren.

In der OneNote-App für das iPad geht das so:

1. Stellen Sie sicher, dass das Notizbuch, das Sie freigeben möchten, geöffnet ist.
2. Tippen Sie oben das zweite Symbol von rechts an. Es zeigt eine Person und rechts daneben ein Pluszeichen.
3. Wählen Sie ***Personen einladen*** und geben im folgenden Dialog eine E-Mail-Adresse zum Versand des Einladungslinks ein.

4. Wählen Sie per Schiebeschalter, ob der Empfänger das Notizbuch nur lesen oder auch bearbeiten darf.

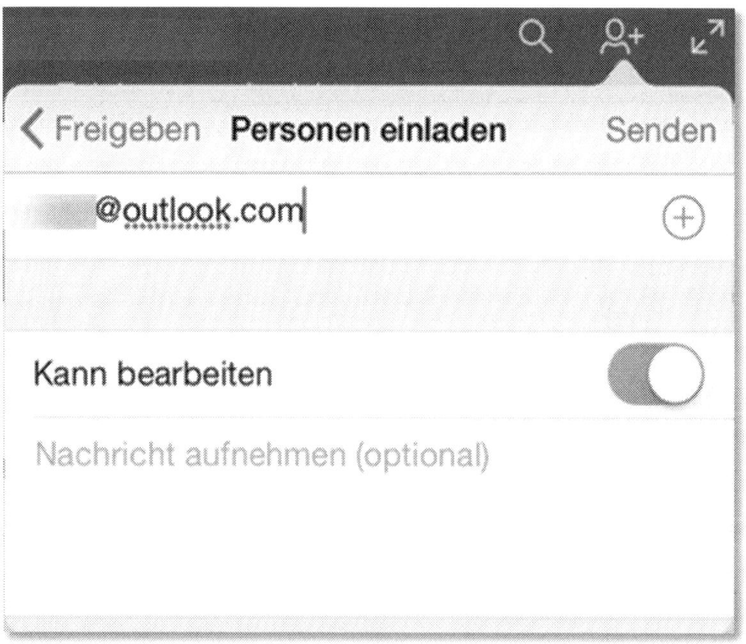

5. Tippen Sie abschließend auf ***Senden***.

Alternativ zu den Schritten 3 bis 5 tippen Sie auf ***Link kopieren***, wählen dann entweder ***Nur anzeigen*** oder ***Anzeigen und bearbeiten*** und lassen Sie dem Empfänger den nun in der Zwischenablage stehenden Link auf anderem Wege zukommen – etwa per Messenger.

> In OneNote lassen sich ausschließlich komplette Notizbücher freigeben, nicht aber einzelne Abschnitte oder Seiten. Organisieren Sie Ihre Informationen entsprechend oder sperren Sie einzelne Abschnitte, die nicht für fremde Augen bestimmt sind, per Verschlüsselung mit Kennwort ab (siehe Seite155).

Von einem anderen Account aufs iPad teilen

Es gibt auch den Fall, dass Sie auf dem iPad ein oder mehrere Notizbücher nutzen möchten, die nicht in dem Cloudspeicher liegen, der zum auf dem iPad verwendeten Microsoft-Account gehört. Entweder möchte ein(e) Freund/-in, ein(e) Arbeitskollege/-in oder ein Familienmitglied ein Notizbuch mit Ihnen gemeinsam bearbeiten. Oder Sie verwenden selbst mehrere Microsoft-Accounts, zum Beispiel einen geschäftlichen auf dem Desktop-PC oder Notebook und einen anderen, vielleicht privaten, für das iPad.

> Sie könnten zwar durchaus direkt auf dem iPad mehrere Konten gleichzeitig verwenden, zum Beispiel Ihre eigenen privaten und geschäftlichen. Das geht in der OneNote-App über das Hauptmenü, das Zahnradsymbol, Antippen Ihrer Konto-Einstellung und ***Dienst hinzufügen***. Es ist aber nicht nur etwas einfacher in der Handhabung, auf dem iPad nur ein Konto zu verwenden und andere Notizbücher diesem freizugeben. Microsoft hat zudem in der neuen OneNote-App für Windows 10 die Zahl gleichzeitig nutzbarer Microsoft-Konten auf eines begrenzt, wenn man über kein Office 365 Abo verfügt. Es steht zu befürchten, dass diese Einschränkung auch anderen Mobilversionen von OneNote bevorsteht. Die Teilen-Methode wird dann aber immer noch funktionieren.

Es geht also nicht darum, ein Notizbuch von Ihrem iPad aus zu teilen. Vielmehr will ein anderer (oder Sie selbst an einem anderen Rechner) ein Notizbuch zur Nutzung auf Ihrem iPad, also an den dort von Ihnen genutzten Microsoft-Account freigeben.

Das klappt von jeder beliebigen OneNote-Version aus – natürlich auch von einem anderen iPad nach der vorstehenden Anleitung. Bei anderen OneNote-Versionen unterscheidet sich das Vorgehen geringfügig. Hier die Verfahren für *OneNote 2013 für Windows*, *OneNote für OS X* und die Web-Version *OneNote Online*:

OneNote 2013 für Windows

1. Öffnen Sie das Notizbuch, das Sie freigeben möchten.
2. Klicken Sie auf den Menübefehl ***Datei***.
3. Wählen Sie aus dem linken Menü ***Personen einladen***.
4. Tragen Sie im rechten Bereich eine auf dem iPad erreichbare Mail-Adresse ein.
5. Achten Sie darauf, dass rechts davon ***Kann bearbeiten*** ausgewählt ist (siehe Bild unten).
6. Klicken Sie auf ***Freigeben***.

Mac OS

1. Öffnen Sie das Notizbuch, das Sie freigeben möchten.
2. Klicken Sie ganz rechts oben auf das Symbol mit der Person, neben der ein Pluszeichen steht.
3. Wählen Sie aus dem ausklappenden Menü ***Personen einladen.***
4. Stellen Sie sicher, dass das Häkchen bei ***Kann bearbeiten*** gesetzt ist.

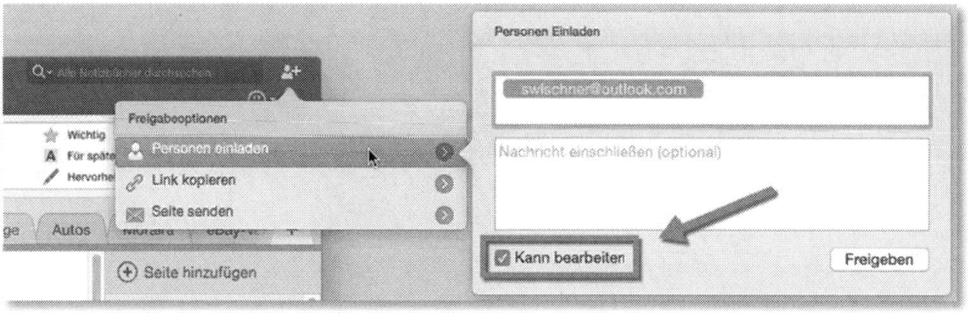

5. Tragen Sie im folgenden Feld eine E-Mail-Adresse ein, unter der Sie die Person erreichen können. Wenn Sie das Notizbuch für sich selber freigeben, nehmen Sie ein Postfach, das Sie auf dem iPad öffnen können. Zusätzlicher Nachrichtentext im unteren Feld ist optional.
6. Klicken Sie auf ***Freigeben***.

OneNote Online

Das Freigeben funktioniert auch problemlos in der Browser-Version von OneNote. Das ist zudem eine Möglichkeit, sich selbst auf dem iPad Notizbücher eines Zweit-Accounts freizugeben, ohne dafür einen anderen Rechner zu bemühen. So geht's:

1. Öffnen Sie im Webbrowser (egal, ob auf einem Windows-PC, Mac, Smartphone, dem iPad oder einem anderen Tablet) OneNote Online unter **www.onenote.com**.
2. Melden Sie sich ggf. mit den Zugangsdaten Ihres Microsoft-Kontos an.
3. Öffnen Sie das Notizbuch, das Sie freigeben möchten.
4. Klicken oder tippen Sie rechts oben auf die Schaltfläche ***Freigeben***.
5. Im folgenden Dialog geben Sie eine auf dem iPad zugängliche Ziel-E-Mail-Adresse ein.
6. Stellen Sie sicher, dass die Einstellung ***Empfänger können Elemente bearbeiten*** aktiviert ist.
7. Klicken oder tippen Sie auf ***Teilen***.

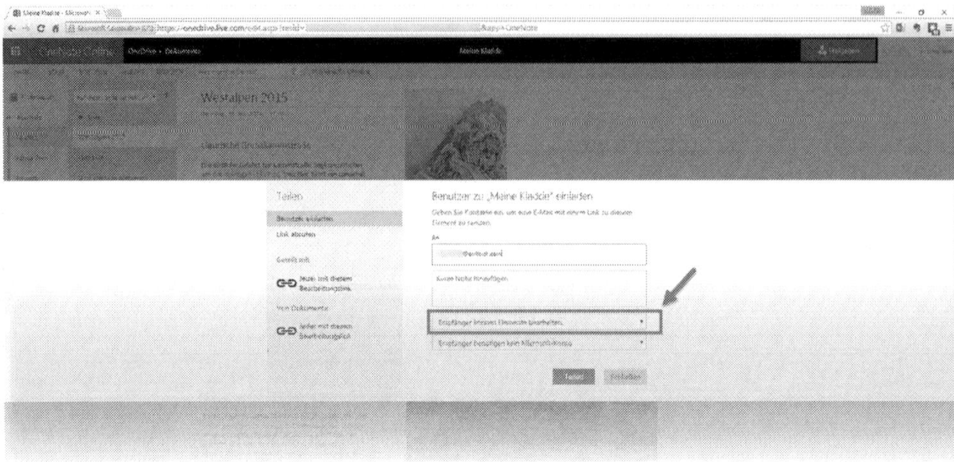

Dieses Verfahren setzt voraus, dass der freigebende Rechner in der Lage ist, E-Mail-Nachrichten zu verschicken, also ein entsprechender Mail-Client eingerichtet ist und das iPad Mails empfängt. Ansonsten gibt es noch eine Alternative:

Windows: Wählen Sie in Schritt 3 nicht ***Personen einladen***, sondern ***Freigabelink abrufen***. Klicken Sie auf ***Link erstellen***, markieren den erzeugten Link und kopieren ihn mit **[Strg]+[C]** in die Zwischenablage. Übermitteln Sie ihn von da aus auf einem beliebigen Weg an das iPad, etwa per Chat-Programm oder in einer Textdatei auf OneDrive o.ä.

Mac: Wählen Sie in Schritt 3 nicht ***Personen einladen***, sondern ***Link kopieren*** und dann ***Anzeigen und bearbeiten***. Der Freigabelink steht dann in der Zwischenablage des Mac. Von da aus übermitteln Sie ihn auf einem beliebigen Weg an das iPad. Zum Beispiel per Chat-Programm, in einer Textdatei im iCloud-Speicher o.ä.

Webbrowser: Vor Schritt 5 wechseln Sie links von ***Benutzer einladen*** auf ***Link abrufen***. Im Feld rechts erscheint ein langer Link, den Sie markieren, in die Zwischenablage kopieren und auf beliebigem Weg an das iPad übermitteln. Nutzen Sie gerade OneNote Online auf dem iPad, können Sie den Link auch einfach in die Adresszeile des Browsers einfügen.

Freigegebenes Notizbuch auf dem iPad öffnen

Hat Ihnen jemand (oder Sie selbst über einen anderen Rechner) ein OneNote-Notizbuch freigegeben, erhalten Sie eine Einladungs-E-Mail, die in etwa so aussieht:

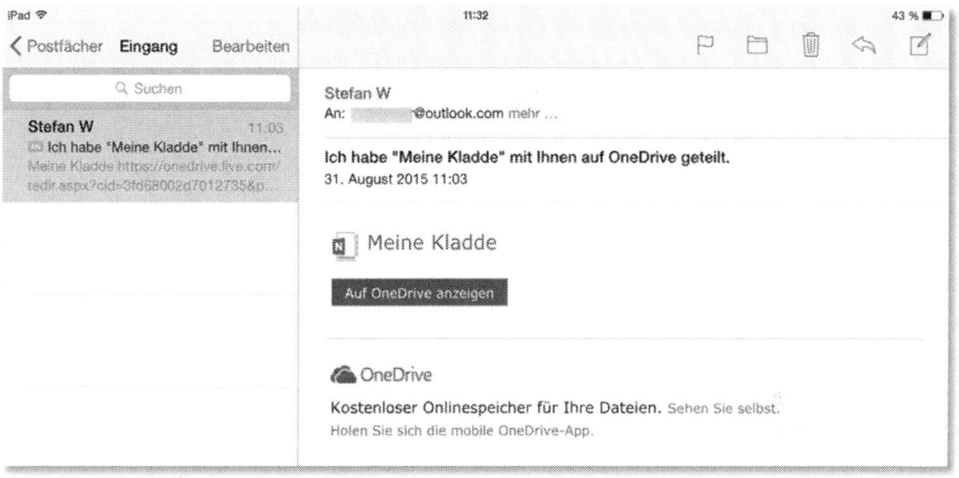

1. Tippen Sie den darin enthaltenen Link an
2. Der Webbrowser öffnet sich mit der Microsoft OneDrive-Seite und verlangt eine Anmeldung mit einem Microsoft-Konto. Gemeint ist das, das zum „empfangenden" Gerät oder Nutzer gehört.
3. Danach öffnet sich das freigegebene Notizbuch, allerdings zunächst noch im Webbrowser, also in OneNote Online.
4. Tippen Sie rechts oben auf die Schaltfläche ***In OneNote öffnen*** oder ***Open in OneNote*** (derzeit führt der Link noch auf die englischsprachige Version von OneDrive), um die OneNote-App zu starten und das Notizbuch darin zu öffnen.

Ab sofort steht es in der OneNote-App in der Notizbuchliste; der Umweg über den Browser ist also nicht mehr erforderlich.

In der Benachrichtigungsmail gibt es keinen Hinweis darauf, ob das Notizbuch nur mit Lese- oder auch mit Bearbeitungsrechten freigegeben wurde. Sobald Sie es vom Webbrowser aus das erste Mal in der OneNote-App auf dem iPad öffnen, erscheint aber am oberen Rand der Hinweis „Dieses Notizbuch ist schreibgeschützt". Den können Sie durch Antippen des „x" ausblenden. Er erscheint aber bei jedem Abschnittswechsel erneut.

Gemeinsam an Notizen arbeiten

Sobald ein Notizbuch erfolgreich geteilt ist, es sich also auf den Geräten und OneNote-Versionen der Beteiligten öffnen lässt, geht das Teamwork oder das Bearbeiten von mehreren Geräten aus von ganz alleine. Es ist nichts mehr zu beachten oder einzustellen.

Jeder mit Bearbeitungsrechten kann an beliebiger Stelle Ergänzungen oder Änderungen vornehmen; alle Beteiligen sehen die Änderungen fast sofort. „Fast" deshalb, weil natürlich auf allen betroffenen Geräten erst einmal eine Synchronisation mit dem Original auf OneDrive vorgenommen werden muss. Das kann schon ein paar Sekunden dauern, in manchen Fällen auch Minuten.

Auch wer aktuell gar keinen Internetzugriff hat, das Notizbuch aber noch von der letzten Synchronisation auf seinem Gerät im lokalen Zwischenspeicher, kann die Notizen bearbeiten. Seine Änderungen werden allerdings erst dann tatsächlich ausgeführt (und somit für alle Beteiligten sichtbar), wenn er wieder über eine Internet-Verbindung verfügt und seine lokale Fassung mit OneDrive synchronisiert.

Dabei kann es natürlich im Einzelfall zu Konflikten kommen. So könnte der Teilnehmer ohne Internet-Verbindung einen Absatz oder ein Objekt bearbeiten, dass jemand anderes schon längst aus der Notiz gelöscht hat. Was dabei herauskommt, ist leider nicht immer konsistent und vorhersehbar. In vielen Fällen gilt die schlichte Regel „wer zuletzt schreibt, hat recht". So kann ein komplett gelöschter Absatz wieder auftauchen, weil jemand anderes am alten Text etwas geändert und dann synchronisiert hat. Manchmal aber (wenn auch recht selten) produziert OneNote einen Konflikt-Fehler. Dann werden einfach zwei sich gegenseitig „widersprechende" Fassungen eines kompletten Abschnitts gespeichert. Es entsteht also ein zusätzlicher Abschnitt mit einer entsprechenden Bezeichnung. Für das Zusammenführen der korrekten Elemente muss dann per Hand gesorgt werden.

> Einige OneNote-Versionen zeigen an Inhalten wie Textabsätzen oder Bildern den Verfasser oder letzten Bearbeiter mit seinem Kürzel an. Die Office-Version für Windows (OneNote 2010/2013) erlaubt sogar den Bearbeiter als Suchkriterium. In der iOS-App sind diese Funktionen bislang noch nicht enthalten.

Notiz als E-Mail im PDF-Format senden

Eine andere, simplere Art der Informationsweitergabe aus OneNote ist das simple Senden einer einzelnen Notizseite per Mail.

Die OneNote-App wandelt die Seite dafür ins PDF-Format und hängt sie an eine Nachricht an. Das geht ganz einfach:

1. Öffnen Sie die betreffende Notizseite in der App.
2. Klicken Sie ganz rechts oben auf das Symbol mit der Person, neben der ein Pluszeichen steht.
3. Wählen Sie aus dem Menü ***E-Mail-Seite***.

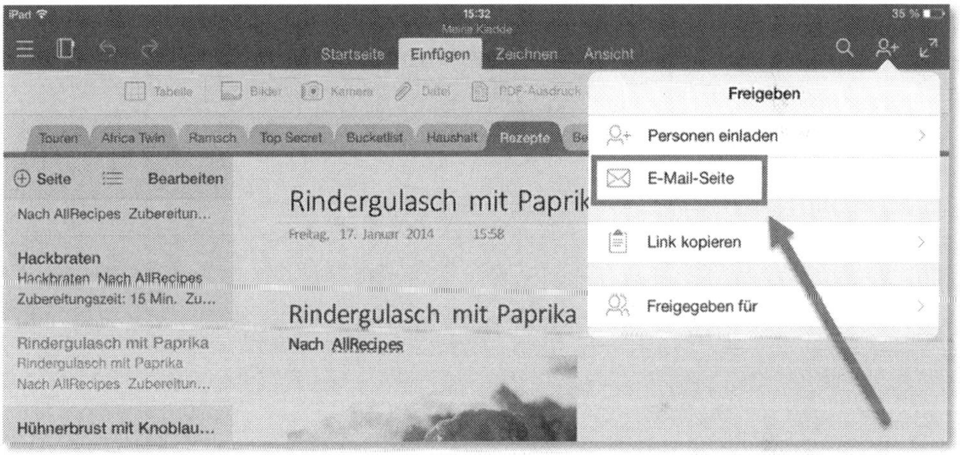

4. Nach ein paar Sekunden, die die PDF-Umwandlung benötigt, öffnet sich ein Fenster für die Eingabe von Zieladresse, Betreff und einem Nachrichtentext. Die Notiz ist als PDF-Datei bereits eingebettet; der Dateiname entspricht dem jeweiligen Seitentitel.

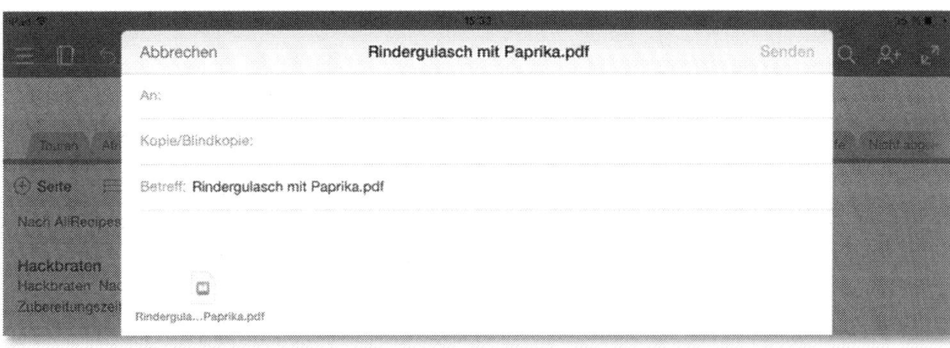

5. Tippen Sie rechts oben auf ***Senden***, um die Nachricht abzuschicken.

Der Empfänger erhält eine Mail mit der Notizseite im PDF-Format als Anhang. Die kann er mit jedem beliebigen PDF-Reader öffnen oder ausdrucken; OneNote benötigt er dazu in keinem Fall. Diese Methode ist natürlich eine „Einbahnstraße“ zum Weitergeben von Inhalten; ein Bearbeiten und Zurückführen ins OneNote-Format ist nicht möglich.

Das Senden von Notizen als PDF-Dokument vom iPad aus ist bislang auf einzelne Seiten begrenzt. Mit ganzen Abschnitten oder kompletten Notizbüchern klappt es nur mit OneNote 2010/2013/2016 für Windows.

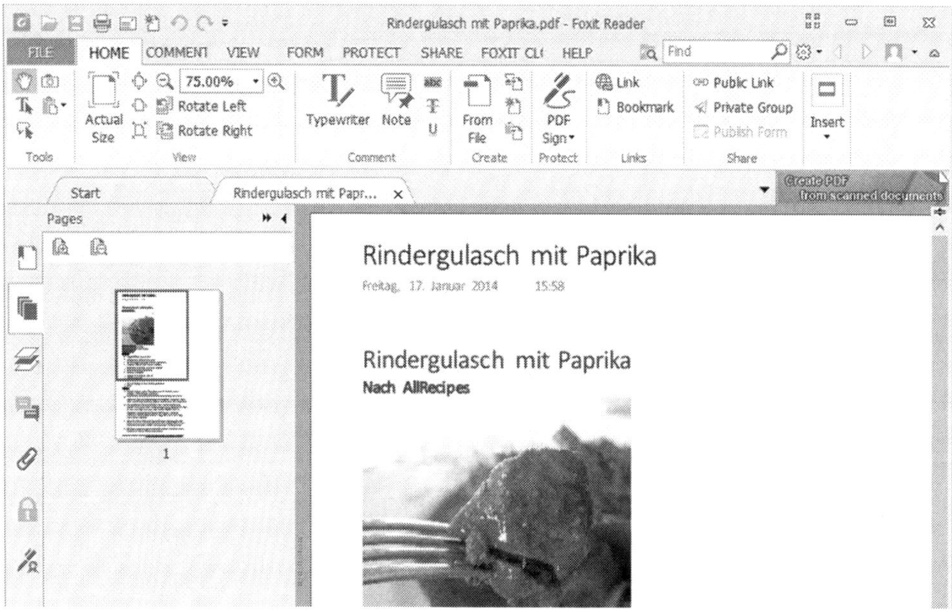

Die OneNote-Notizseite im Original-Layout; mit jedem PDF-Reader (hier: Foxit unter Windows) lesbar.

Zum Zeitpunkt der Entstehung dieses Buchs gab es eine wichtige Einschränkung: OneNote verwendet nur die iOS-eigene Mail-App für den Versand von Notizen. Diese muss also für den Versand von E-Mails eingerichtet sein. Die Outlook-App von Microsoft wurde hingegen ignoriert. Ich gehe davon aus, dass dieser Missstand bald von Microsoft behoben wird; vielleicht hat er sich inzwischen schon erledigt.

Schlusswort

Damit sind Sie am Ende dieses Buchs angelangt. Ich hoffe sehr, dass ich Ihnen eine hilfreiche Einführung in OneNote auf dem iPad geben, oder – wenn Sie sich mit dem Programm vorher schon auskannten – vielleicht den einen oder anderen Kniff zeigen konnte, den Sie noch nicht kannten.

Bitte verzeihen Sie, wenn die Realität in Form von Änderungen an der App das eine oder andere Detail in diesem Buch überholt hat. Während des Schreibens musste ich mehrfach einzelne Abschnitte oder sogar ganze Kapitel ändern, weil die OneNote-Entwickler wieder etwas an der App geschraubt hatten. Aber das ist gut so. Aus einigen "das geht leider nicht" - Hinweisen wurden dann doch Anleitungen für eine neu hinzugekommene Funktion.

Aber irgendwann muss das Buch raus. Daher ist die Mitte September 2015 zusammen mit iOS 9 erschienene Version (2.16) der OneNote-App für das iPad erst einmal die Basis für dieses Buch.

Das heißt aber nicht, dass ich Sie nicht weiter über Neuerungen in OneNote (und zwar in allen Versionen) informieren werde. In meinem OneNote-Blog unter **http://www.onenote-blog.de** berichte ich laufend über Neuerungen rund um OneNote, gebe Tipps, Anleitungen und Anregungen.

Über Ihren Besuch würde ich mich sehr freuen!

Ihr

Stefan Wischner

Mehr Lesestoff vom selben Autor:

OneNote 2013

Den digitalen Office-Notizblock effizient nutzen

Markt & Technik, 2014, 2. Auflage

Ca. 240 Seiten, Taschenbuch

OneNote 2013

Das inoffizielle Handbuch

E-Book-Version von „OneNote 2013“ von Markt & Technik

Exklusiv für Kindle (Amazon)

OneNote-Secrets

Tipps & Kniffe zu OneNote 2013

Inkl. Sonderteil OneTastic
mit Makroprogrammierung

Erhältlich als Taschenbuch bei Amazon und als E-Book (Kindle: Amazon, ePub: Online-Fachhandel)

44661329R00105

Printed in Poland
by Amazon Fulfillment
Poland Sp. z o.o., Wrocław